공자의 담론

논어의 시작 — 리더의 출발

논어의 시작 - 리더의 출발
공자의 담론

초판 1쇄 인쇄 2021년 08월 10일
초판 1쇄 발행 2021년 08월 20일

지은이 최종엽
펴낸이 백유창
펴낸곳 도서출판 더 테라스

신고번호 제2016-000191호
주　　소 서울 마포구 양화로길 73 체리스빌딩 6층

Tel. 070.8862.5683
Fax. 02.6442.0423
seumbium@naver.com

ISBN 979-11-958438-7-9 03190

값 15,900원

논어의 시작 — 리더의 출발

공자의 담론

이야기를 주고 받으면서 논하다

최종엽 지음

도서출판 THE TERRACE

프롤로그

논어에는 스토리가 있습니다.

논어는 어구가 간단하고 명료하기 때문에 그 어떤 고전보다도 간명하다는 평가를 많이 받습니다. 제자들의 질문에 공자의 대답은 군더더기 없이 명료합니다. 노나라 정치를 주름잡았던 정치 관료들의 질문에 공자의 대답은 간단하고 단호했습니다. 논어는 두 사람 혹은 서너 사람간의 질문과 대답(Q&A)을 편집해 놓았기 때문에 아무데나 펼쳐서 읽어도 된다고들 합니다. 사람들의 입에 자주 오르내리는 어구나 사람들의 글에 자주 등장하는 대목을 찾아 읽어볼 때는 그 말이 틀리지 않습니다.

하지만 춘추전국시대를 배경으로 등장한 제자백가의 다른 고전들을 읽어보면서 논어에도 논어를 처음 편집했던 저자들의 숨은 의도가 들어있었을 것이라는 생각이 들었습니다. 왜냐하면 『묵자』, 『맹자』, 『장자』, 『순자』, 『한비자』를 읽어보면 그 논리의 치밀함에 지금도 깜짝 깜짝 놀라기 때문입니다. 논어를 최초에 편집한 공자의 제자들에게도 그만함의 치밀함이 있었다면, 논어가 그저 공자의 이말 저말을 의미 없이 끌어 모아놓지는 않았을 것이라 생각하기 때문입니다.

스토리를 생각하면서 논어를 처음부터 다시 읽다보면 색다른 재미와 의미를 찾게 됩니다. 논어는 전체 20편으로 구성되었습니다. 그 첫 번째가 학이(學而)편 두 번째가 위정(爲政)편입니다. 학이편 1장은 2장으로 연결되고, 2장은 3장으로 연결됩니다. 그렇게 16장까지 의미가 연결되어 리더(군자)의 내적수양에 관한 다양한 제안과 사례를 알려줍니다. 또한 학이편은 위정편의 기반이 됩니다. 위정편 1장 역시 2장으로 연결되고 2장은 3장으로 연결됩니다. 그렇게 24장까지 연결되어 리더(군자)가 가진 역량의 외적 활용에 대해 설명합니다. 내적수양을 거쳐 리더가 된 사람이 자신과 가정과 국가를 위해 어떻게 기여하는 것이 좋은가를 다양한 사례를 통해 말해 줍니다.

전체 16장으로 구성된 논어 학이편은 리더의 내적수양에 관한 토론입니다. 리더는 학습, 자기주체성, 언행일치, 효도와 우애, 자존감이 있어야 함을 강조하고 있습니다. 리더는 배부름과 편안함을 추구하지 않으며, 일은 민첩하고 말은 신중해야 하며, 예의를 존중하고, 잘못이 있으면 고치기를 게을리하지 말아야 합니다. 학문(學問)은 사람 됨됨이가 바르고 행위가 바른 것을 배우고 묻는 것입니다. 먼저 제대로 인성을 갖춘 후에 학문(學文)을 해도 늦지 않습니다. 부모에게 효도하고, 밖에서는 공손하며 언행이 믿음직해야 합니다. 바른 배움의 자세를 유지하며, 절차탁마 정신으로 학문에 임해야 합니다. 국가를 통치하는 지도자는 국민의 신뢰를 기반으로 재정을 절약해야 합니다.

24장으로 구성된 논어 위정편은 안으로 수양과 학문을 연마한 리더가 그것을 어떻게 외적으로 활용할 것인가를 국가, 가정, 개인 등 3부분으로 나누어 토론을 이어갑니다. 국가 통치는 덕을 기반으로 해야 하며, 가정관리는 효가 기본이 되어야 하고, 개인수양은 온고지신의 방법을 제시합니다. 리더는 스스로 변화하는 사람이며, 말보다 실천을 앞세우는 사람이라 합니다. 노나라 왕이었던 애공과 당시 정치 실세였던 계강자를 실례로 들어 학문의 외적 활용인 정치에 대해서 보충 설명을 합니다. 마지막으로 리더는 믿음이 있어야 하고 이 모든 것을 실천하는 리더가 되기 위해서는 무엇보다 용기가 필요함을 강조합니다.

논어는 지금도 생생합니다.

지금까지 수많은 사람들이 논어에 주석을 달았습니다. 2500여 년 전 공자가 툭 던진 한마디를 읽고, 여러 전후좌우 사정을 고려하지 않은 채 그것을 이해하기란 쉽지 않았기 때문이었습니다. 그간 수없이 쏟아진 주석들로 인해 논어 500여 어구는 마치 사전에 등재된 단어와 문장처럼 밝아졌습니다. 학자들마다 미세한 차이가 있기는 합니다만 논어 원문을 해석하는 데는 크게 다르지 않습니다. 물론 송나라 주희나 일본 에도시대 오규소라이처럼 시대의 필요성이나 사회의 요구에 따라 기울어질 수는 있어도, 특히 현대 학자들의 해석이나 주석에 큰 거부감을 느끼는 독자들은 그리 많지 않습니다.

하지만 조금 아쉬운 것이 있습니다. 틀린 것 하나 없이 깔끔하게 해석은 되었는데도 무엇인가 허전함이 남을 때가 있습니다. 정말 멋진 공자의 말씀인데, 그래서 어떻게 하라는 것인지에 대한 답답함이 남습니다. 논어를 읽고 변화가 되면 좋으련만 아무리 읽고 또 읽어도 그저 좋은 말씀으로만 남는다면 그것만큼 허전한 것도 없을 것입니다. 논어를 자신에게 적용할 수 없다면 그것은 죽은 논어입니다. 지금 내가 논어를 활용할 수 없다면 그것은 무용지물 논어입니다. 공자가 나에게 손을 내밀든 내가 공자에게 손을 뻗치든 간에 연결이 되어야 논어가 다시 나에게 살아납니다.

논어 위정편에 "큰 수레에 멍에 채가 없고 작은 수레에 멍에 갈고리 걸이가 없다면 어떻게 수레가 굴러갈 수 있겠는가?"(大車無輗, 小車無軏, 其何以行之哉)라는 말이 있습니다. 수레에 소나 말을 연결하는 멍에가 없다면 수레를 가게 할 수 있는 방법이 없다는 것입니다. 수레의 멍에 혹은 자동차에 킹핀이 필요하다는 말인데요, 논어도 비슷하다고 생각합니다. 농부에게는 농부에게 맞는 논어 멍에가 필요하고, 직장인에게는 직장인에 맞는 논어 멍에가 필요합니다. 정치인에게는 정치인에게 맞는 논어 멍에가 필요하고, 조직의 리더에게는 조직의 리더에게 맞는 논어 멍에가 필요합니다. 그래야 2500년 전의 논어가 현대에도 생생하게 살아납니다.

이 책에서는 논어 어구를 다섯 단계로 나누어 설명했습니다. 직역(直譯)은 일반적인 논어의 해석입니다. 집주(集注)는 조선시대 이이, 일본 에도시대의 유학자 오규소라이, 현대 중국의 대표적인 유학자인 남회근, 우리나라의 대표적인 한학자인 성백효, 현대 한국의 대표적인 철학자인 김용옥의 주석을 모았습니다. 의역(意譯)은 원문의 이해도를 높이기 위해 풀어쓴 해석입니다. 온고(溫故)는 논어 원문과 관련된 것들에 대한 고찰과 사고에 관한 글이며, 지신(知新)은 현대인들이 논어를 바로 활용할 수 있는 노하우에 관한 글입니다. 지금 우리에게 필요한 논어 멍에이기를 바라면서 글을 썼습니다.

논어에 숨겨진 스토리
여전히 활용 가능한 논어

배움이 미천하여 몽매하고 어리석기 그지없지만, 회초리와 꾸짖음을 달게 받을 각오로 노둔하고 미련한 논어 풀이 '공자의 담론'을 시작합니다.

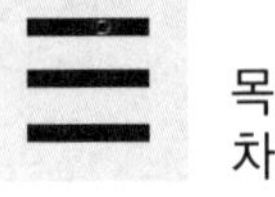

목
차

2. 위정편 爲政篇

3. 논어와 공자 論語와 孔子

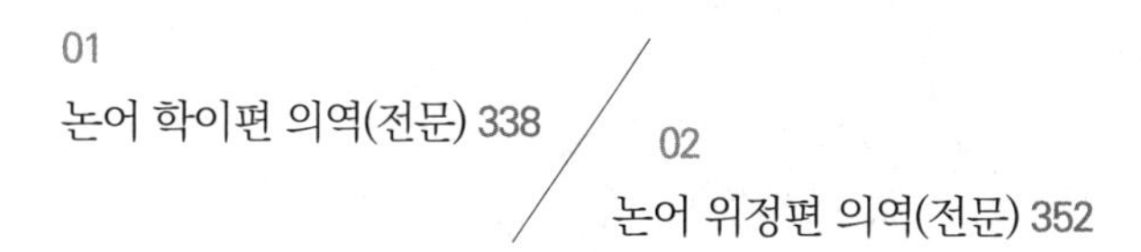

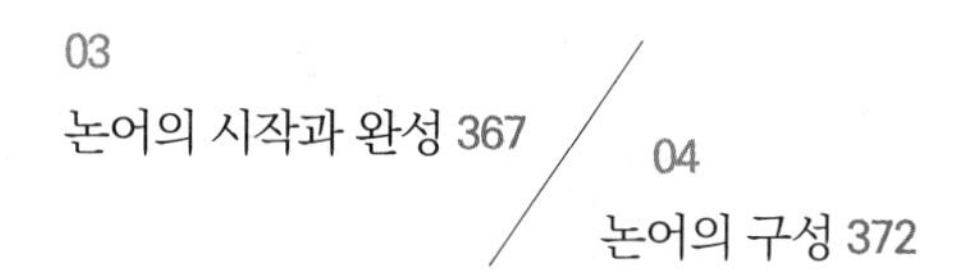

산동성 곡부 공묘림(孔廟林)에 있는 공자의 초상
(공자 BC551~BC479)

1

학이편

學而篇

1. 학이편 원문

1) 원문

子曰 學而時習之不亦說乎 有朋自遠方來不亦樂乎 人不知而不慍不亦君子乎. 子曰 其爲人也孝弟而好犯上者 鮮矣 不好犯上而好作亂者 未之有也. 君子務本 本立而道生 孝弟也者 其爲仁之本與. 子曰 巧言令色 鮮矣仁. 曾子曰 吾日三省吾身 爲人謀而不忠乎 與朋友交而不信乎 傳不習乎. 子曰 道千乘之國 敬事而信 節用而愛人 使民以時. 子曰 弟子入則孝 出則弟 謹而信 汎愛衆而親仁 行有餘力 則以學文. 子夏曰 賢賢易色 事父母能竭其力 事君能致其身 與朋友交言而有信. 雖曰未學 吾必謂之學矣. 子曰 君子不重則不威, 學則不固 主忠信 無友不如己者 過則勿憚改. 曾子曰 愼終追遠 民德歸厚矣. 子禽問於子貢曰 夫子至於是邦也, 必聞其政, 求之與 抑與之與. 子貢曰 夫子溫良恭儉讓以得之 夫子之求之也, 其諸異乎人之求之與. 子曰 父在 觀其志 父沒 觀其行 三年無改於父之道 可謂孝矣. 有子曰 禮之用 和爲貴 先王之道 斯爲美 小大由之 有所不行 知和而和 不以禮節之 亦不可行也. 有子曰 信近於義 言可復也 恭近於禮 遠恥辱也 因不失其親 亦可宗也. 子曰 君子食無求飽 居無求安 敏於事而愼於言 就有道而正焉 可謂好學也已. 子貢曰 貧而無諂 富而無驕 何如 子曰 可也 未若貧而樂 富而好禮者也. 子貢曰 詩云 如切如磋如琢如磨 其斯之謂與 子曰 賜也始可與言詩已矣 告諸往而知來者. 子曰 不患人之不己知 患不知人也. (490字)

2) 학이편 (음독音讀)

1章 子曰 學而時習之不亦說乎 有朋自遠方來不亦樂乎 人不知而不慍不亦君子乎
자왈 학이시습지불역열호 유붕자원방래불역락호 인부지이불온불역군자호

2章 有子曰 其爲人也孝弟而好犯上者 鮮矣 不好犯上而好作亂者 未之有也
유자왈 기위인야효제이호범상자 선의 불호범상이호작란자 미지유야

君子務本 本立而道生 孝弟也者 其爲仁之本與
군자무본 본립이도생 효제야자 기위인지본여

3章 子曰 巧言令色 鮮矣仁
자왈 교언령색 선의인

4章 曾子曰 吾日三省吾身 爲人謀而不忠乎 與朋友交而不信乎 傳不習乎
증자왈 오일삼성오신 위인모이불충호 여붕우교이불신호 전불습호

5章 子曰 道千乘之國 敬事而信 節用而愛人 使民以時
자왈 도천승지국 경사이신 절용이애인 사민이시

6章 子曰 弟子入則孝 出則弟 謹而信 汎愛衆而親仁 行有餘力 則以學文
자왈 제자 입즉효 출즉제 근이신 범애중이친인 행유여력 즉이학문

7章 子夏曰 賢賢易色 事父母能竭其力 事君能致其身 與朋友交言而有信
자하왈 현현이색 사부모능갈기력 사군능치기신 여붕우교언이유신

雖曰未學 吾必謂之學矣
수왈미학 오필위지학의

8章 子曰 君子不重則不威 學則不固 主忠信 無友不如己者 過則勿憚改
자왈 군자부중즉불위 학즉불고 주충신 무우불여기자 과즉물탄개

9章 曾子曰 愼終追遠 民德歸厚矣
증자왈 신종추원 민덕귀후의

10章 子禽問於子貢曰 夫子至於是邦也 必聞其政 求之與 抑與之與
자금문어자공왈 부자지어시방야 필문기정 구지여 억여지여

子貢曰 夫子溫良恭儉讓以得之 夫子之求之也 其諸異乎人之求之與
자공왈 부자온량공검양이득지 부자지구지야 기저이호인지구지여

11章 子曰 父在 觀其志 父沒 觀其行 三年無改於父之道 可謂孝矣
자왈 부재 관기지 부몰 관기행 삼년무개어부지도 가위효의

12章 有子曰 禮之用 和爲貴 先王之道 斯爲美 小大由之 有所不行
유자왈 예지용 화위귀 선왕지도 사위미 소대유지 유소불행

知和而和 不以禮節之 亦不可行也
지화이화 불이례절지 역불가행야

14章 有子曰 信近於義 言可復也 恭近於禮 遠恥辱也 因不失其親 亦可宗也
유자왈 신근어의 언가복야 공근어례 원치욕야 인불실기친 역가종야

14章 子曰 君子食無求飽 居無求安 敏於事而愼於言 就有道而正焉 可謂好學也已
자왈 군자식무구포 거무구안 민어사이신어언 취유도이정언 가위호학야이

15章 子貢曰 貧而無諂 富而無驕 何如 子曰 可也 未若貧而樂 富而好禮者也
자공왈 빈이무첨 부이무교 하여 자왈 가야 미약빈이락 부이호례자야

子貢曰 詩云 如切如磋如琢如磨 其斯之謂與 子曰 賜也始可與言詩已矣 告諸往而知來者
자공왈 시운 여절여차여탁여마 기사지위여 자왈 사야시가여언시이의 고저왕이지래자

16章 子曰 不患人之不己知 患不知人也
자왈 불환인지불기지 환부지인야

2. 학이편 등장인물

기원전 482년 춘추시대 말기 어느 봄날, 노나라 수도인 곡부(曲阜)에 위치한 공자학당에서 토론이 열렸습니다. 공자 곁으로 제자들이 모였습니다. 오늘의 대표 토론자는 유약(유자), 증삼(증자), 단목사(자공) 복상(자하)입니다. 공자의 핵심 제자로 알려진 다섯 명의 석학들입니다. 70살의 스승인 공자와 39세의 자공, 27세의 자유, 26세의 자하, 24세의 증자였습니다. 공자와 함께 등장하는 네 명의 제자를 「공자가어」와 「중국인문사전」을 근거로 간략히 소개하면 다음과 같습니다.

○ **공자(孔子)** BC551-BC479 이름은 구(丘), 자는 중니(仲尼), 춘추 말기 노나라 추읍 (현 산동성 곡부시 동남쪽)사람, 고대 저명한 사상가, 교육가, 유가학파 창시자, 후세 중국의 역대 통치자들은 공자를 가리켜 지덕이 뛰어난 성인을 지칭하는 지성(至聖), 만인의 스승이라는 만세사표(萬歲師表)라 했다. 세계적인 성인의 한사람으로 추앙받고 있으며, 당시 3천 제자와 72명의 현명한 제자와 10명의 철인 제자가 있었다. 시경과 서경을 엮었고, 예기와 악기를 정(定) 했으며, 주역을 서(序)했고 춘추를 지었다.

○ **자유(子有)** 노나라 사람으로 이름은 유약(有若), 자는 자유(子有)며 공자

보다 43세가 적었다. 사람됨이 강직하고 아는 것이 많았으며 옛 도(道)를 좋아했다. 공자와 생김새가 많이 닮아 공자가 죽은 뒤에 유약을 추대하여 공자를 대신하려 하였으나 일부 제자들이 동의하지 않았다.

○ 자공(子貢) 위나라 사람으로 성은 단목(端木), 이름은 사(賜), 자는 자공(子貢)으로 공자보다 31세가 적었다. 공문십철(孔門十哲)의 한 사람으로 언변과 외교술이 뛰어났다. 언변이 화려하고 상업에도 능하여 일찍이 조(曹)나라와 노나라 사이에서 장사하여 공자의 제자 중 가장 부자일 뿐 아니라 춘추시대 거부 중의 하나가 되었다. 자공은 자신의 사업과 경력을 바탕으로 외교무대에서도 크게 활약하여 노나라와 위(衛)나라에서 재상을 지냈으며 64세로 제나라에서 죽었다. 구변으로 이름이 났으므로 공자는 항상 그의 언변을 꺾었다. 집에 여러 천금을 모아서 항상 사마(駟馬)를 타고 호화롭게 다녔다. 공자가 죽자 그는 무덤 옆에 여막을 치고 6년 상을 살았다고 한다. 자공의 재력은 공문(孔門)을 번성시키는데 크게 기여하였다. 사마천은 『사기』「중니제자열전」에서 자공을 비중 있게 다루면서 공자의 제자 중에 그를 매우 높게 평가했으며, 「화식열전」에서도 자공의 상업과 부에 대하여 높게 평가를 했다. 자공과 관련된 유명어구로는 칼로 다듬고 줄로 쓸며 망치로 쪼고 숫돌로 갈듯 학문을 닦고 덕행을 수양하는 것을 비유한 절차탁마(切磋琢磨)와 내 담장은 어깨에 미칠 정도지만, 스승의 담장은 여러 길이라는 수인궁장(數仞宮牆)이 있다.

○ 자하(子夏) 위나라 사람으로 성은 복(卜), 이름은 상(商), 자는 자하(子夏)

로 공자보다 44세 적었다. 공문십철의 한 사람이다. 시에 익숙하여 그 뜻을 능히 통달했으며 문학으로 이름이 났었다. 성품이 넓지 못했으나 정미한 의론에 있어서는 당시 사람들 중에 아무도 그를 따를 사람이 없었다. 공자 사후 황하의 서쪽 지역인 서하(西河)서 제자들을 가르쳤는데 이때 위(魏)나라 제후인 문후가 자하를 스승으로 섬겼고 모든 국정을 그에게 물어서 행했다. 자하는 특히 공자의 사상을 후세에 전하는데 크게 기여했다는 평가를 받고 있다. 오기(吳起)가 그의 문하에서 배출되었다. 공자의 제자 중 장수(80세 전후)한 제자 중 한 사람이다.

○ **증자(曾子)** 노나라 무성사람으로 이름은 증삼(曾參),자는 자여(子輿)로 공자보다 46세가 적었다. 공자의 초기 제자인 증점(曾點)의 아들이다. 사마천은 『사기』 「중니제자열전」에서 증삼을 아둔하다고 평했다. 공자의 학설을 적극적으로 전파시켰는데, 공자의 손자인 자사에게 학문을 전수했다. 또 자사는 맹자에게 학문을 전수했기 때문에 후세에 증삼을 '종성(宗聖)'으로 받든다. 54세에 제나라에서 재상으로 초빙하고, 초나라에서 영윤으로 영접하려고 했고, 진(晋)나라에서 상경으로 영접하려고 했지만 모두 응하지 않았다고 한다. 편저서로 『논어』, 『대학』, 『효경』, 『증자십편曾子十篇』이 있다.

○ **자금(子禽)** 공자의 72제자 명단에 들지는 못했지만 공자학당의 제자중의 한명으로 잠깐 사례로 등장한다.

3. 학이편 요약

리더를 꿈꾸면 논어를 읽어라.

학이편은 군자의 자세와 학문의 내적수양에 관한 토론으로 전체 16장으로 구성되었습니다. 군자는 우선 학습으로 서야 하고, 자기주체성과 언행일치, 효도와 우애가 있어야 하며, 나라를 통치하는 군자는 백성들의 신뢰와 재정을 절약하고 백성을 사랑해야 합니다. 군자는 자존감이 있어야 하고, 잘못이 있으면 고치기를 게을리하지 말아야 합니다. 배부름과 편안함을 추구하지 않으며 일은 민첩하고 말은 신중하며 늘 정진해 나가는 예의를 존중하는 사람이 군자입니다. 학문(學問)은 사람 됨됨이가 바르고 행위가 바른 것을 배우고 묻는 것입니다. 먼저 제대로 된 인간이 된 후에 육예(六藝)와 같은 학문(學文)을 해도 늦지 않은 것입니다. 안에서는 효도를 밖에서는 공손하며 언행이 믿음직해야 합니다. 배울 때는 바른 배움의 자세를 유지해야 하며 절차탁마 정신으로 학문에 임해야 합니다.

4. 학이편 전문(全文)

산동성 곡부 공묘(孔廟)에 있는 행단(杏亶)
(공자와 제자들이 모여 공부하던 곳)

01 학이 01장

학이시습 學而時習 ▶ 배우고 익히다

子曰

學而時習之不亦說乎

有朋自遠方來不亦樂乎

人不知而不慍不亦君子乎

자왈

학이시습지불역열호

유붕자원방래불역락호

인부지이불온불역군자호

공자가 말했다.

"배우고 때때로 그것을 익히니 기쁘지 아니한가.

친구가 먼 곳에서 오니 즐겁지 아니한가.

남이 알아주지 않아도 서운해하지 아니하니

군자가 아니겠는가."

▧ 集註

‖子 가라사대,

學하고 時로 習하면 또한 기쁘지 아니하랴.

벗이 遠方으로부터 오면 또한 즐겁지 아니하랴.

사람이 알지 못해도 慍치 아니하면 또한 君子 아닌가. (이이)

‖공자가 말했다.

성인의 도를 배우고 때에 맞추어 익히니 또한 기쁘지 않은가.

제자들이 먼 지방으로부터 찾아오니 또한 즐겁지 않은가.

윗사람이 알아주지 않아도 억울해하지 않으니 또한 군자답지 않은가. (오규 소라이)

‖공자께서 말씀하셨다.

배우고 때때로 그것을 익히니 또한 기쁘지 아니한가.

벗이 먼 곳에서 찾아오니 또한 즐겁지 아니한가.

사람들이 알아주지 않더라도 원망하지 않으니 또한 군자가 아닌가. (남회근)

‖공자께서 말씀하셨다.

배우고 그것을 때때로 익히면 기쁘지 않겠는가.

동지가 친구가 먼 곳으로부터 찾아온다면 즐겁지 않겠는가.

사람들이 알아주지 않더라도 서운해 하지 않는다면 군자가 아니겠는가. (성백효)

‖ 공자께서 말씀하시었다.

배워 때에 맞추어 익히니 또한 기쁘지 아니한가.

뜻을 같이 하는 자 먼 곳으로부터 찾아오니 또한 즐겁지 아니한가,

사람들이 알아주지 않아도 노여워하지 않으니 또한 군자가 아니겠는가,

(김용옥)

▧ 意譯

공자가 먼저 강론의 시작을 알렸다.

"여러분이 군자로 혹은 리더로 당당히 서기 위해 먼저 해야 할 일이 있다면 그게 무엇이라 생각하느냐? 리더가 되기 위해 우리는 어떻게 준비하고 어떤 수양을 쌓아야 좋을까? 너희들이 모두 리더를 꿈꾸고 있다면 가장 먼저 학습을 통해 스스로가 서야 한다. 친구를 비롯한 주변 사람들과 함께 잘 지낼 수 있어야 한다. 학습을 통해 한 인간으로서 당당히 독립하는 것은 진정으로 기쁜 일이며, 가까운 사람은 물론 먼 사람들과도 잘 지내는 것은 인생에 더도 없는 즐거운 일인 것이다. 그렇게 학습으로 자신을 세우고, 함께하는 사람들과 잘 지내면서 해야 할 일이 하나 더 있다. 그것은 주변 사람들이 자신을 잘 알아봐 주지 못하는 것에 너무 마음을 두어서는 안 된다는 것이다. 학습, 어울림, 서운해하지 않는 마음, 이 세 가지가 바로 리더가 되기 위한 가장 중요한 핵심 요건으로 생각하면 좋을 것이다. 말은 쉬워 보여도 리더가 된다는 것은 결코 만만한 일은 아니라는 것을 이미 알고들 있겠지만 말이다."

▧ 溫故

러시아의 대문호 도스토예프스키의 『죄와벌』은 다음과 같은 문장으로 시작됩니다.

'찌는 듯이 무더운 7월 초순 어느 날 해 질 무렵, S골목 전셋집에 방 한 칸을 하숙하고 있는 한 청년이 자기 방에서 거리로 나와 좀 망설이는 듯한 느린 걸음으로 K 다리 쪽을 향해 걸었다.'

많은 사람들이 이 첫 문장을 소설 중 가장 기억에 남는 첫 문장으로 꼽습니다. 수백 페이지가 넘는 이 소설을 완독한 후에 다시 첫 문장으로 돌아와 천천히 읽어본다면 이 문장의 의미는 정말 새롭게 다가섭니다. 소설의 첫 문장에 대한 작가의 깊은 고뇌가 그대로 전달되는 듯한 느낌을 느끼게 됩니다. 작가에게 첫 문장은 그 상징성이 매우 크다 할 수 있습니다. 책을 쓰는 목적이 첫 문장에 들어갈 수도 있고, 책의 전체 내용을 상징하는 어구가 첫 문장으로 사용될 수도 있습니다. 그러니 눈치 빠른 독자는 그 어떤 책이든 첫 문장에 집중을 하게 되지요.

논어의 첫 문장은 이렇게 시작합니다.

學而時習之不亦說乎 학이시습지불역열호

배우고 때때로 그것을 익히니 기쁘지 아니한가.

공자의 일성(一聲)은 학습(學習)이었습니다. 리더를 꿈꾸는 사람들이 해야 할 첫 번째 일은 학습입니다. 내가 배우고 내가 익히는 것을 말합니다. 배우고 익히는 학습으로 자신이 먼저 당당한 세상의 주인으로 서야 한다는 말입니다. 삶의 주인인 내가 먼저 서야 다른 사람을 이끌 수 있기 때문입니다. 학습은 자신을 세우는 기둥이 되며, 학습은 성장의 기쁨을 가져옵니다. 그것이 바로 행복한 삶의 시작인 것입니다. 배우고 때에 맞게 익힌다면 진실로 기쁘지 않겠는가? 논어에는 실제로 배움과 실행의 구체적인 어구들이 반복하며 등장합니다.

학습에는 시습(時習)이 중요합니다. 시습이란 timely, 때에 맞추어, 필요하면 언제 어디서나 하는 평생학습 같은 것을 의미합니다. 배움도 중요하지만 복습, 학습, 연습, 반복이 없는 배움은 일회성에 불과합니다. 반복은 실행을 의미합니다. 배운 것을 모두 실행하기에는 어려운 일이기 때문에 필요한 우선순위에 따라 혹은 필요시기에 따라 적절히 취하고 선택하여 연습하고 반복하여 실생활에 적용해보는 것을 말합니다.

논어의 첫 글자는 학(學)입니다. 수많은 한자 중에서 하필이면 왜 학이라는 글자로 시작을 했을까요? 배움을 처음부터 강조한 이유는 무엇일까요? 공자의 제자들이 무엇을 생각했기에 스승의 수많은 어록 중에 이를 맨 선두에 배치해야만 했을까요? 혹시 그 이유가 열심히 살아보려고 노력하는 사람으로서 할 수 있는 최선의 방법이 배움에 있는 것이라는 것을 가르치려는 의도가 있었던 것은 아닐까요?

공자가 살았던 춘추시대 말기는 그간 500여 년간 유지해오던 주나라의 종법 봉건제도 사회질서가 붕괴되어가는 시점이었습니다. 천자(天子)가 종법의 막강한 힘을 가지고 제후들을 이끌던 봉건질서가 무너지고 있던 때였습니다. 철기시대를 맞아 소출이 급격히 늘어나는 농업혁명은 소득 증대로 이어지고 소득의 증대는 상업 발달로 이어졌습니다. 이에 제후들의 힘이 커지자 그동안 하늘처럼 모시던 천자를 무시하고 스스로 패자가 되려는 욕망이 커져만 가던 사회가 춘추시대였습니다. 당시 농업인, 상공인, 선비(士)들은 피지배 계급이었고 천자, 제후, 대부들은 지배계급이었습니다. 이들 피지배 계급 중 사(士)계급만이 유일하게 본인의 능력 여하에 따라 피지배 계급에서 지배계급으로의 신분 상승이 가능했습니다.

공자는 사(士)계급으로 출생했습니다. 사마천은 사기(史記)에서 공자를 천사(賤士)라고 기록했습니다. 사는 사인데 비천한 사 계급 출신이라는 것이지요. 비천했던 공자는 20세 전후에 위리(委吏)와 승전(乘田)으로 일했습니다. 창고지기로 일종의 회계업무와 목장에서 가축을 기르는 일을 했다는 것입니다. 50세가 넘어서야 중도재(中都宰), 사공(司空), 사구(司寇)를 거쳐 대사구(大司寇, 법무부장관)까지 올라갔습니다. 사회적 신분의 사다리로 학습만큼 확실한 것이 없다는 것을 공자의 제자들은 스승을 통해서 알게 됐을 것이고 맞물려 배움이란 도구가 그 어떤 것보다 중요한 의미로 다가왔기에 논어 1편 1장의 내용으로 학습(學習)을 채택했을 것으로 생각할 수 있습니다.

有朋自遠方來不亦樂乎 유붕자원방래불역락호

친구가 먼 곳에서 오니 즐겁지 아니한가.

리더를 꿈꾸는 사람이 해야 할 두 번째는 사람들과 함께하는 것입니다. 뜻을 같이하는 친구들과 함께하는 것, 나를 따르는 사람들과 함께하는 것입니다. 논어의 제 이성(二聲)은 혼자가 아닌 함께하는 인생의 즐거움에 대해 말하고 있습니다. 혼자만 즐거운 기쁨의 삶이 아닌 친구, 벗, 후배, 선배, 동료들과 함께할 때 인생의 진짜 즐거움이 시작된다는 말입니다. 도시에 살든 외딴섬에 살든 뜻을 같이하는 친구들과 함께하는 삶이라면 즐거운 삶이라 할 수 있을 것입니다. 벗이 먼 곳으로부터 스스로 찾아온다면 진실로 즐거운 일이 아니겠습니까?

리더가 당대에 칭송받기란 쉬운 일이 아닙니다. 어떤 리더는 10년 후, 100년 후 혹은 500년 후 혹은 2000년이 지난 다음에 그 리더의 본가를 인정받는 경우도 있지요. 리더의 생전이 아니라 사후 그 언제라도 자신의 행적과 삶을 인정해주는 후배들이 나와 준다면 이는 정말 즐거운 일이 아닐 수 없습니다. 멀리 살고 있는 친구들을 만나는 일도, 수백 년 후에도 자신을 잊지 않고 기려주는 사람들을 만나는 일도 그 즐거움은 다르지 않을 것입니다. 수백 년을 리드하는 리더로의 삶이 어찌 즐겁지 않겠습니까?

人不知而不慍不亦君子乎 인부지이불온불역군자호

남이 알아주지 않아도 서운해하지 아니하면 군자가 아니겠는가.

리더를 꿈꾸는 사람이 해야 할 세 번째는 사람들 속으로 들어가야 합니다. 나를 넘어 친구를 넘어 세상 속으로 한 발 더 들어가야 합니다. 사람들과 함께 살아가려면 사람들을 이해하고 마음을 열어야 합니다. 남이 자신을 알아주지 않더라도 노여워하지 않는다면 군자가 아니겠는가? 남이 알아주지 않더라도 노여워하지 않는다면 리더가 아니겠는가? 남 탓하지 않는 건강한 심리의 소유자가 되어야 진정한 리더가 된다는 말이지요.

그런 군자, 그런 리더야말로 가정과 사회와 국가와 인류를 위한 큰 리더가 되는 것입니다. 설사 일생동안 자신을 이해해 주는 사람이 없어도 원망하지 않는다는 말이 불온(不慍)이지요. 1단계 학습, 2단계 사람들과의 공감과 교류, 3단계 사람들의 이해와 사랑의 단계를 거쳐야 군자의 길, 리더의 길로 들어서게 되는 것입니다. 리더가 되는 것입니다.

논어 제1편 1장

子曰 學而時習之不亦說乎 有朋自遠方來不亦樂乎 人不知而不慍不亦君子乎

자왈 학이시습지불역열호 인부지이불온불역군자호 유붕자원방래불역락호

배우고 때때로 그것을 익히니 기쁘지 아니한가. 친구가 먼 곳에서 오니 즐겁지 아니한가. 남이 알아주지 않아도 서운해하지 아니하면 군자가 아니겠는가.

먼저 배웁니다. 배운 것을 익힙니다. 배우고 익힌 것을 실천합니다. 함께 배우고 함께 익히며 시간을 함께 보낸 친구들이 있어야 훗날 그 친구들과의 만남도 즐거운 것이 됩니다. 가까운 사람이나 먼 사람이나 먼저 관계가 형성

되어야 알고 모름의 오해도 생기게 되는 것이며 오해에 대한 서운함도 생기게 되지요. 학습의 기쁨으로 스스로가 서게 되며, 친구들과의 우정으로 즐거운 우리라는 무리가 만들어지며, 오해를 이해로 풀어내는 높은 인격으로 군자(리더)는 만들어진다는 것을 제1장은 말하고 있습니다.

논어 학이편 제1장은 공자의 인생 축약입니다. 공자가 그렇게 살았다는 것입니다. 공자는 그런 인생을 보냈습니다. 논어를 편찬한 제자들이 보기에는 더욱 그랬습니다. 누구보다 공부하기를 좋아했다고 공자는 스스로 밝혔습니다. 공자는 일생을 통해 수많은 제자들을 성심으로 가르쳤습니다. 나라에서 부르면 달려갔고 나라에서 내치면 절차탁마의 정신으로 학습하면서 제자들을 가르쳤습니다. 공자는 일생을 통해 사람들로부터 인격에 맞는 대우를 제대로 받지 못했습니다. 논어에는 그런 장면이 수없이 등장합니다. 노나라 계손씨와 그 가신들에게 인격적인 모멸감을 받았을 때도, 오십대 중반 이후 14년간의 천하주유 중 발생한 수많은 어려움에서도 공자는 원망하지 않았습니다. 학습을 통해 함께하는 사람들을 가르치고 이끌면서 또한 그들을 이해하면서 인생을 살았습니다. 단순하게 보이는 이것이 공자를 빅 리더(Big Leader)로 만든 노하우였습니다.

50여 년 전 초등학교 시절이 생각납니다. 고전경시대회라는 것이 있어 그곳에 학급대표나 학교대표로 나가기 위해서 논어, 맹자 같은 고전 책을 다분히 강제로 읽어야만 했던 때가 있었습니다. 당시 논어 읽기의 목적은 딱 하나, 우수한 성적을 거두어 학교의 명예를 올리는 것이었습니다. 그러니 읽고 외우는 논어가 저는 정말 고역이었습니다. 아무리 읽어도 이해되지 않고, 이

해될 수도 없는 그런 나무토막 같은 논어를 읽어야만 했으니까요. 그런데 거기에 배우고 때때로 익힌다면 또한 기쁜 일이라니 이게 말이나 됩니까? 배우고 익히는 것은 고통이고 힘든 일인데 기쁜 일이라니 그건 말도 안 되는 말이었습니다.

하지만 그것도 잠시 한때 바람처럼 다가와 바람처럼 가버린 논어였습니다. 중 고등학교를 거쳐 대학을 졸업할 때까지 아니 나이 오십이 넘도록 논어는 아무것도 아니었습니다. 그저 공자왈, 맹자왈하는, 시대 뒤떨어진 진부한 명언에 지나지 않았습니다. 회사에서 제시한 토익점수를 따지 못하면 직장인의 최대 수혜인 해외연수를 놓칠지도 모른다는 영어 강박 속에 한문이나 논어를 다시 본다는 것은 불가능한 일이었습니다. 입사시험과 승진시험에 필요한 것은 동양고전이 아니라 서양 영어라는 사실이 오십을 넘도록 괴롭혔으니까요.

공부 잘하면 좋은 고등학교에 갈 수 있고, 좋은 고등학교에서 더 공부를 잘하면 좋은 대학을 갈 수 있고, 좋은 대학에서 더 공부를 잘하면 좋은 회사에 갈 수 있고, 좋은 회사에서 더 열심히 하면 더 많은 돈을 벌어 행복하게 살 수 있다는 신념으로 청장년 시기를 보냈지만 끝이 보이질 않는 치열한 경쟁에 몸과 마음은 깊은 상처를 입고 말았습니다.

경쟁 사회에 살면서 자신의 능력 때문이지 다른 요인은 없는 줄 알았었는데 살아보니 그게 다가 아니라는 것을 알게 되었지요. 부모의 재산과 학력. 스펙이 자식의 학력과 출세를 좌지우지하는 지극히 공정하지 못한 사회에 살고 있다는 것을 말입니다. 고학력의 아버지를 둔 자식의 학력고사 점수와 저학력의 아버지를 둔 자식의 학력고사 점수가 두드러지게 차이가 나고, 지방이나 시골에 살고 있다는 이유 하나만으로 도시에 살고 있는 학생들과 학력 점수 차이가 난다는 것이 그것을 말해주고 있습니다.

그래서 그랬는지 모릅니다. 열심히 해라. 무조건 열심히 공부해라. 농사꾼인 아버지가 할 수 있는 유일한 말은 늘 열심히 하라는 말뿐이었지요. 그렇게 무조건 열심히만 하는 공부가 즐거운 학생이 과연 몇이나 될까요? 열심히 해도 결국엔 경쟁에서 지는 것을 뻔히 알면서도 열심히 해야만 하는 척하는 그런 상황이라면 그것에 행복하고 즐거워할 수 있을까요? 그런데 논어라는 고전을 펴는 순간 공자는 밑도 끝도 없이 학습은 기쁜 일이라고 하니 선뜻 동의하기가 어렵습니다. 이해도 되지 않습니다. 동의하기도 어렵고 이해도 안 되는 논어 어구를 무조건 외우라고만 했으니 기가 막히는 노릇이 아닐 수 없었습니다. 저에게 논어의 시작은 그랬습니다. 그런데 그 논어가 리더를 말하고 있습니다. 리더가 되는 방법을 가르치고 있습니다. 그것을 알아가는데 50년이나 걸렸습니다. 지난 시간 그토록 리더들이 부러웠고 리더들을 닮고 싶었는데 방법이 부실했습니다. 2000년이나 일관되게 리더를 가르치고 있는 논어가 있었는데도 말입니다

▧ 知新

논어는 군자학 입니다. 논어는 한마디로 리더학이라 말할 수 있습니다. 논어의 첫 문장에서 그 이유를 찾아볼 수 있습니다. 어떤 책이든 책의 첫 문장은 매우 중요한 의미를 가지고 있지요. 저자가 하고 싶은 이야기의 핵심을 첫

문장으로 만들기 때문입니다. 제1장 마지막 문장의 '군자(君子)'라는 단어에 논어의 목적이 있습니다. 이 군자를 리더(Leader)로 바꾸면 그 의미는 더욱 명확해집니다. 군자 혹은 리더가 되려면 먼저 학습을 해야 합니다. 두 번째로 사람들과 함께 잘 지낼 수 있어야 합니다. 그러기 위해서는 상대를 이해하는 마음의 수양이 되어야 합니다. 먼저 자기 자신을 학습으로 세우고, 상대를 이해하는 마음으로 주변 사람들을 잘 이끄는 리더로 성장할 수 있게 되는 것입니다. 이것이 공자가 논어라는 책을 통해 사람들에게 하고 싶었던 이야기입니다. 아니 논어를 편찬했던 공자의 제자들이 하고 싶었던 이야기입니다.

자고로 배우지 않고 리더가 된 사람은 아무도 없습니다. 공부하지 않고 사람을 이끄는 위치까지 오른 사람은 없습니다. 우리가 100년을 산다면 30년은 배우고 30년은 일하고 30년은 봉사하며 살라는 김형석 노교수님의 조언처럼 리더에게 배움은 필수조건이 됩니다.

세상 사람은 모두 리더입니다. 둘 이상이 모인 크고 작은 조직에는 모두 리더가 있습니다. 나라와 기업을 이끄는 리더도 있지만 가정이나 작은 조직을 이끄는 리더도 있습니다.

자고로 갈등 없는 리더는 없습니다. 두 사람 이상이 모이면 갈등은 필수입니다. 피를 나눈 가족들과도 갈등이 생기는데 친구는 더 말할 필요가 없습니다. 친구들이 늘 반가운 것만은 아닙니다. 그가 아무리 멀리에서 찾아온다고 해서 모두가 반가운 것은 아닙니다.

친구가 이렇다면 이익으로 뭉쳐진 조직에서의 동료나 상사, 부하간의 갈등은 어떻겠습니까? 조직발전의 힘은 직원들보다는 조직의 리더로부터 나온다는 것을 의심하지 않는다면, 사람들과 함께할 때 정말 즐거워할 수 있는 리더가 되어야 합니다.

남이 알아주지 않아도 서운해하지 않는다면 역시 군자가 아니겠는가? 바른 리더 되기가 어려운 점이 바로 이점이 아닐까요? 정말 얼마나 수양이 되어야 이게 가능할까요? 아이를 키워본 부모나 크고 작은 조직의 리더를 해본 사람이라면 누구나 공감할 내용입니다. 그런 수양이 될수록, 그런 수련이 될수록 큰 리더가 되는 것이라 제1장은 말하고 있습니다.

■ 學(배움)에 관한 논어 어구들

● 학이 11

옛것을 익혀 새로운 것을 알아낸다면, 다른 사람의 스승이 될 만하다.

子曰 溫故而知新 可以爲師矣

자왈 온고이지신 가이위사의

논어에 등장하는 배움에 대한 공자의 가르침은 개인 맞춤형 방식으로 배움에 대한 공자의 정의도 다양합니다. 첫 번째 배움은 바로 온고지신(溫故知新)입니다. 온고지신은 논어에 등장하는 유명한 말이지요. 옛것을 익혀 새로운 것을 알아낸다는 뜻입니다. 과거 지나간 것을 배워 현재나 미래의 새로운 것을 알아낸다면 이는 다른 사람을 가르치는 스승도 될 만하고 합니다. 배움에 대한 너무도 간명한 정의라 할 수 있습니다.

이는 공자가 행했던 학습법으로 공자 이후 대부분의 사람들이 행했던 학습 방법이기도 합니다. 지금 우리가 보고 읽고 행하는 모든 것들은 과거 누군가로부터 만들어지고 다져져 오늘에 이르게 된 것이지요. 그것이 설사 마음에 들지 않더라도, 화부터 낼 것이 아니라 왜 그럴 수 밖에 없었을까를 깊이 생각해서 더 좋은 방안을 창출해 낸다면 그게 바로 1류 학생, 1류 직장인, 1류 사회인 더 나아가 세상을 끌어가는 리더가 될 수 있다는 것입니다. 배움은 리더의 기본 조건이 됩니다.

● 학이 24

옛날에 배우는 사람들은 자기를 위하여 배웠는데 지금 배우는 사람들은 남을 위하여 배운다.

子曰 古之學者爲己 今之學者爲人

자왈 고지학자위기 금지학자위인

춘추시대 사람들의 배움에 대한 공자의 비판입니다. 위기지학(爲己之學) 옛날 사람들은 자기 내면과 덕성수양을 위해서 배웠는데, 위인지학(爲人之學) 요즘 사람들은 남에게 보이기 위해 배운다고 춘추시대 공자가 당시 학문을 하는 사람들을 걱정합니다.

2500년 전에도 그랬나 봅니다. 스스로의 수양을 위해 자기만족을 위해 하는 공부가 아닌 대학 가기 위해, 취업하기 위해, 승진하기 위해, 남에게 인정받기 위해 겉만 번지르르하게 공부하는 요즘이나 다를 바가 없어 보입니다. 필요에 따라 공부하는 편협한 배움을 피하기는 어렵겠지만 공부다운 공부를 하라는 공자의 독려로 들립니다. 옛날 배운 사람들은 행동을 먼저하고 말을 나중에 했지만 요즘 배운 사람들은 앞서는 말만큼 행동이 따르지 못함을 꼬집는 것 같습니다.

● 양화 08

어진 마음을 가졌어도 배우지 않으면 고지식해진다. 지혜롭지만 배우지 않으면 방탕해진다. 믿음이 강하면서 배우지 않으면 도둑이 되거나 사악해진다. 곧음을 좋아하면서 배우지 않으면 가혹해진다. 용감하면서 배우지 않으면 난폭해진다. 강건하면서 배우지 않으면 건방져진다.

子曰 好仁不好學 其蔽也愚 好知不好學 其蔽也蕩 好信不好學 其蔽也賊 好直不好學 其蔽也絞 好勇不好學 其蔽也亂 好剛不好學 其蔽也狂

자왈 호인불호학 기폐야우 호지불호학 기폐야탕 호신불호학 기폐야적 호직불호학 기폐야교 호용불호학 기폐야란 호강불호학 기폐야광

배우지 않으면 발생하는 여섯 가지 문제를 공자가 지적했습니다.

- **인(仁)**, 마음이 선하고 착하다고 해도 배우지 않으면 어리석게 됩니다. 착하지만 세상 물정 모르는 고지식하고 우매한 외골수의 사람이 됩니다. 하지만 어진 마음에 배움이 더해진다면 자기의 주관과 분명한 사리판단으로 어진 현자가 될 수 있습니다.

- **지(知)**, 지식이나 지혜를 좋아하지만 지속적인 배움이 이어지지 않는다면 자기가 알고 있는 지식이 최고인 줄 알고 방탕하거나 거만함에 빠질 수 있습니다. 하지만 지혜로운 사람이 배우기를 좋아한다면 시대 최고의 지식인, 지자가 될 수 있습니다.

- **신(信)**, 믿음과 신의가 강한 사람이 배우기를 게을리한다면 바르지 못한 것에 대한 신념과 믿음으로 결국 남에게 피해를 주는 사람이 됩니다. 하지만 믿음이 강한 사람이 또한 배우기를 좋아하면 사회를 이끄는 훌륭한 리더가 될 수 있습니다.

- **직(直)**, 대쪽같이 곧은 사람도 배우지 아니하면 인정사정 가리지 않고 곧음만을 강조하여 타인에게 가혹한 사람이 될 수 있습니다. 정직하고 곧은 사람이 배우기를 좋아하면 세상을 이끄는 리더가 될 수 있습니다.

- **용(勇)**, 용감한 사람도 배움을 게을리하면 편협한 이익이나 개인의 안위 편리만을 위해 용맹함을 사용하게 되어 난폭한 사람이 될 수 있습니다. 하지만 용감한 사람이 배우기까지 좋아한다면 지와 덕을 갖춘 최고의 장군이 될 수 있습니다.

- **강(剛)**, 굳세거나 강직한 사람이 배우기를 게을리하면 자신의 강함만을 믿고 건방지고 오만해 지기 쉽습니다. 하지만 굳세거나 강직한 사람이 배우기를 좋아하면 시대를 이끄는 묵묵한 리더가 될 수 있습니다.

인지신직용강(仁知信直勇剛) 어질고 지혜롭고 믿음직하고 정직하고 용감하고 강직한 장점을 가진 사람이라 해도 배우기를 좋아하지 않는다면 이 강점은 오히려 약점이 될 수 있다는 말입니다. 그 결과 고지식하고, 방탕하고, 사악하고, 가혹하면서 난폭하고 건방진 사람이 될 수 있다는 공자의 배움에 대한 경각심이라 볼 수 있습니다. 하지만 그가 배우기를 좋아한다면 이 강점은 그대로 더 큰 강점이 된다는 의미입니다. 그 결과 사람들을 사랑하는 리더, 이 시대 최고의 지식인, 시대가 요구하는 최고의 리더나 맹장이 될 수 있다는 공자의 배움에 대한 효용가치라 볼 수 있습니다. 타고난 본성도 중요하지만 그것보다 더 중요한 배움을 강조합니다.

● 계씨 09

나면서부터 아는 사람이 상급이고, 배워서 아는 사람이 그 다음이고, 곤경에 처해서 배우는 사람 또 그 다음이며, 곤경에 처해도 배우지 않으면 사람이 하급이 된다.

孔子曰 生而知之者上也 學而知之者次也 困而學之又其次也 困而不學 民斯爲下矣

공자왈 생이지지자상야 학이지지자차야 곤이학지우기차야 곤이불학 민사위하의

공자가 정의한 배움의 4단계입니다. 나면서부터 아는 사람이 상급이고, 배워서 아는 사람이 그다음이고, 곤경에 처해서 배우는 사람은 또 그다음이며, 곤경에 처해도 배우지 않으면 사람이 하급이 된다. 배움의 단계라고도 볼 수 있습니다.

원래 태어나면서부터 아는 사람은 없지요. 물론 선천적으로 두뇌가 명석하여 보통 사람들보다 빠르게 습득하는 사람들을 1등급 본다면 2등급은 스스로 마음이 우러나 배워서 터득한 사람이지요. 공자 스스로는 배움을 좋아해서 스스로 배워서 잘 알게 된 사람이라 칭했습니다. 공자가 2단계면 나머지 사람들이야 당연히 3단계 혹은 4단계겠지요. 3단계 사람들은 곤란함을 겪고 나서 배우기를 시작한 사람들로 필요에 따라 공부한 사람들입니다.

문제는 4단계 사람들이라고 공자는 지적합니다. 인생을 살면서 무지 때문에 혼쭐이 나고도 배우려고 하지 않는 사람들이 문제라는 겁니다. 그런 사람들은 가장 하급의 인생을 살아갈 수밖에 없다는 경고를 합니다.

● 자로 09

공자가 위나라로 갈 때 염유가 마차를 몰았다. 공자가 말했다. "위나라 백성이 많기도 하구나!"

염유가 물었다. "백성이 많아지고 나면 또 무엇을 더해야 합니까?" 공자가 답했다. "부유하게 만들어야 한다." 염유가 물었다. "부유해지고 나면 또 무슨 일을 추가해야 합니까?" 공자가 답했다. "가르쳐야 한다."

子適衛 冉有僕 子曰 庶矣哉 冉有曰 既庶矣 又何加焉 曰 富之 曰 既富矣 又何加焉 曰 教之

자적위 염유복 자왈 서의재 염유왈 기서의 우하가언 왈 부지 왈 기부의 우하가언 왈 교지

국가경영의 첫 번째 과제는 백성을 먹고 살 수 있게 만드는 것이고 두 번째는 교육입니다. 기업경영의 첫 번째 과제는 직원을 먹고 살 수 있게 만드는 것이고 두 번째는 교육입니다. 가정경영의 첫 번째 과제는 식구를 먹고 살 수 있게 만드는 것이고 두 번째는 교육입니다. 개인경영의 첫 번째 과제는 스스로 먹고 살 수 있게 만드는 것이고 두 번째는 교육입니다. 옛날이나 지금이나 바뀐 것이 없어 보입니다. 국가나, 기업이나, 가정이나, 개인이나 다르지 않아 보입니다.

○ 육예(六藝)

예(禮), 악(樂), 사(射), 어(御), 서(書), 수(數)

예(禮), 음악(樂), 활쏘기(射), 말타기(御), 글쓰기(書), 셈하기(數)

춘추시대의 학문은 육예(六藝)로부터 시작합니다. 예(禮), 음악(樂), 활쏘기(射), 말타기(御), 글쓰기(書), 셈하기(數)등의 육예는 요즘으로 말하면 도덕,

음악, 체육, 국어, 수학 등 그야말로 전인교육에 필요한 모든 요소를 의미한다고 볼 수 있습니다. 그러니 학(學)은 '사람됨', 즉 '인간학'을 배운다는 뜻으로도 풀이됩니다. 여기서 사람됨이란 전통적으로 어진 사람을 좋아하고, 효성으로 부모를 섬기며, 임금에게 충성하고, 친구에게 신뢰를 잃지 않는 사람을 의미합니다. 배우지 않고도 사람으로서의 기본(質: 효도, 충의, 공손, 사랑 신의)을 충실히 하는 것이 사람으로서 우선이 되어야 한다는 말입니다. 그 후 문(文: 학문, 예절, 도의, 예절(禮), 육예(六藝))를 배움(學)으로서 인간의 속과 겉이 완성된다고 볼 수 있습니다.

● 위정 15

생각 없이 배우면 그 끝이 허망하고, 배움 없이 생각만 하면 그 끝이 위태롭다.

子曰 學而不思則罔 思而不學則殆

자왈 학이불사즉망 사이불학즉태

학습과 실천을 통해 완결해지는 배움의 방법에 대해 공자는 이렇게 말합니다. 책이나 이론만 믿고 스스로 생각해 보거나 실천해 보지 않는다면 그 끝이 속임을 당하거나 실속이 없게 되며 그렇다고 해서 책이나 이론을 무시하고 자기의 마음만 믿고 행동하면 그 끝이 위태롭게 될 수 있다는 말입니다. 그러니 바른 공부란 학습과 실천이 함께 되어야 완성된다고 볼 수 있습니다.

● 태백 17

마치 미치지 못할 것 같은 갈급한 마음으로 배움에 임해야 하며, 배운 것을 잃어버릴까봐 두려워하듯이 배움에 임해야 한다.

子曰 學如不及 猶恐失之

자왈 학여불급 유공실지

공부에 임하는 자세에 대해 공자는 이렇게 말합니다. 합격점이 80점이라면 79점과 80점은 어떤 의미일까요? 여기서 1점은 그저 1점이 아닙니다. 합격과 탈락을 결정짓는 그 1점은 만점과도 같은 1점이지요. 마치 미치지 못할 것 같은 갈급한 마음과 같은 1점이지요. 평소 학습에 임하는 자세가 그래야 한다는 말입니다. 하나의 기억이 합격과 탈락을 가른다는 배운 것을 잃어버릴까봐 두려워하는 그 마음으로 평소 학습에 임해야 한다는 말입니다.

● 술이 08

답답해하지 않으면 일깨워주지 않았고, 표현하려 애쓰지 않으면 밝혀주지 않았다. 하나를 가르쳐주었을 때 스스로 세 가지를 알아내지 않으면 반복해 가르치지 않았다.

子曰 不憤不啓 不悱不發 擧一隅不以三隅反 則不復也

자왈 불분불계 불비불발 거일우불이삼우반 즉불부야

공자가 제자들에 사용했던 자기주도 학습법입니다. 제자가 무엇인가 궁금한 것을 밝혀내지 못해 괴로워하는 모습을 보이지 않으면 공자는 제자를 도와주지 않았습니다. 제자의 그 궁금한 마음을 열어주거나 계도 해주지 않았습니다. 제자가 무엇인가 표현하고 싶어 더듬거리는 상태가 되지 않으면 공자는 제자를 도와주지 않았습니다. 제자가 시원하게 드러낼 수 있도록 도와주지 않았습니다. 하나를 가르쳐주면 비슷한 나머지 세 개는 스스로 알아서 반응을 보이지 않으면 공자는 반복해서 그를 가르쳐주지 않았습니다. 배움에는 자세가 무엇보다 중요하다는 것이지요. 배우는 사람이 의지와 정열을 지니고 있어야 비로소 가르치는 사람이 그를 계발(啓發)할 수가 있다는 지혜를 말하고 있습니다.

● 위령 16

어찌해야 할까? 어찌해야 할까. 라고 스스로 말하지 않는 사람은 나도 그를 어찌할 수가 없구나!

子曰 不曰 如之何如之何者 吾末如之何也已矣

자왈 불왈 여지하여지하자 오말여지하야이의

그래서 학습에는 이런 자세가 필요하다고 했습니다. 비단 어디 공부만 그렇겠습니까? 세상사는 모든 일이 그렇지요. 우리가 살아있는 한 문제는 발행합니다. 그러니 문제가 생기는 것이 문제가 아니라 발생한 그 문제를 어떻게 대하는가가 더 중요한 문제라는 공자의 말입니다. 스스로 궁리하지 않으면, 스스로 풀어내려는 의욕과 의지가 없다면 그건 이 세상 그 누구도 풀 수 없다는 말이지요. 공자와 같은 성인조차도 어찌할 수 없다는 것입니다.

● 술이 22

세 사람이 가면 반드시 나의 스승이 있다. (나를 뺀 두 사람 중에) 나보다 나은 사람을 택해 따르고 나보다 못한 사람을 보면 그를 보면서 나를 바로잡아야 한다.

子曰 三人行 必有我師焉 擇其善者而從之 其不善者而改之

자왈 삼인행 필유아사언 택기선자이종지 기불선자이개지

학교나 직장에서 꼭 세 사람이 아니더라도 나와 함께하는 주변 사람들 중에 내가 가지지 못한 장점, 지식, 재능, 인성, 품성 등 배울 점이 있는 사람을 보면 그에게서 그것을 배우도록 노력을 하라는 말이다. 나와 함께하는 주변 사람들 중에 누가 보더라도 눈총을 받는 훌륭하지 못한 점을 가지고 있는 사람을 보면 그를 본보기 삼아 '나는 그러지 말아야지'하며 스스로를 바로잡으라는 말이다. 그러니 세상 사람은 모두 나의 스승입니다. 사람뿐이겠습니까? 세상의 많은 동물, 식물들 하다못해 돌덩이 하나, 바람 한 줌도 그렇지요. 내가 그것을 어떻게 생각하느냐 내가 그것을 어떻게 받아들이느냐에 달려 있지요. 세상의 모든 것은 나의 선생님입니다.

● 위령공 39

가르침에는 차별이 없다. 가르치면 종류가 없어진다.

子曰 有教無類

자왈 유교무류

유교무류(有教無類). 가르침에는 차별이 없습니다. 공자는 학생을 선발함에 있어 어떤 차별도 두지 않았습니다. 학생이 가난하거나 부유하거나 차별하지 않았습니다. 학생이 귀족의 자식이건 천민의 자식이건 차별을 두지 않았습니다. 학생이 노나라 백성이건 제나라 위나라 사람이건 구별하지 않았습니다. 공자를 처음 찾아올 때 육포 10조각만 가지고 와서 인사를 해도 제자로 받아들였습니다. 공자학당은 노나라 수도에 위치한 최고의 사립학교였음에도 불구하고 공부 잘하는 학생만 골라 선발하지 않았습니다. 부자 자제들만 선별하여 뽑지도 않았습니다. 외국어 수학을 잘하는 사람만 뽑지도 않았습니다. 수도권 학생만 선발하지도 않았습니다. 국적을 따지지도 않았고 나이를 따지지도 않았습니다. 배우겠다는 의지와 육포 10조각만 가지고 오면 누구든 제자로 받아들였습니다.

아파트 평수에 따라 친구를 사귀게 두지 않았습니다. 학생의 어떤 장애 때문에 차별을 하지도 않았습니다. 우등생과 열등생을 차별하지 않았습니다. 공자는 제자들마다 다르게 가르쳤습니다. 차별 교육이 교육 평등임을 실천했습니다. 2500년 전 공자는 유교무류 가치관으로 교육을 했습니다. 오늘날에도 감히 실천을 못하는 유교무류 정신으로 교육을 했습니다.

가르치면 종류가 없어집니다. 교육이 있으면 레벨이 달라집니다. 가르침을 받으면 격이 달라집니다. 이것은 예나 지금이나 다름이 없습니다. 교육을 받으면 함께 공부한 사람들은 동창이나 동문이 됩니다. 대학을 졸업하면 학사가 되고 대학원을 나오면 석사가 됩니다. 의학을 전공하고 자격증을 따면 의사가 되고 법학을 전공하고 자격증을 따면 변호사가 됩니다. 의사는 의사집단 변호사는 변호사 집단이 됩니다. 의사는 모두 의사라는 동류가 됩니다. 변호사는 모두 변호사라는 동류가 됩니다.

● 자장 13

벼슬을 하면서 여력이 있으면 배우고, 배우면서 여력이 있으면 벼슬을 한다. 벼슬에서 뛰어나면 학문을 하고, 학문에 뛰어나면 벼슬을 한다.

子夏曰 仕而優則學 學而優則仕

자하왈 사이우즉학 학이우즉사

문학(文學)에 뛰어나다는 평가를 받았던 자하(子夏)의 말입니다. 사이우즉학 학이우즉사(仕而優則學, 學而優則仕) 벼슬을 함에 여력이 있으면 배우고, 배움에 여력이 있으면 벼슬을 하라 합니다. 일을 함에 여력이 생기면 배우고, 배움에 여력이 생기면 일을 하라합니다.

대부분 경력이 쌓이면서 실력도 늘어나고 좋은 실적도 내게 됩니다. 거기서 만족하지 말고 한 단계 더 발전을 위해 다시 배우라는 것이지요. 일을 하면서 배우면 일의 깊이가 깊어지고 넓어져 실제와 이론의 통합으로 개인도 조직도 발전을 하게 됩니다. 또한 배움을 배움으로 끝내려하지 말고 그 좋은 실력을 바탕으로 일을 하라합니다. 그간 배웠던 우수한 실력을 일을 통해 결과를 내라 합니다. 우수한 배움으로 일을 하게 되면 그간 배운 것의 증명함이 넓어집니다. 실제와 이론의 통합으로 개인도 조직도 발전을 하게 됩니다. 주자도 그렇게 주석을 달았습니다. 벼슬을 하면서 배우면 벼슬하는데 그 이용함이 깊어지고 배우면서 벼슬을 하면 그 배운 것을 증명함이 넓어진다고 했습니다. 그렇지요. 일을 하면서 배우면 일의 깊이가 깊어지고 넓어지며 배우면서 일을 하면 배운 것의 실제 활용도가 넓어지고 깊어집니다. 이론과 실제의 통합을 통해 개인도 조직도 발전을 하게 됩니다. 한 발 더 나간다면 2500년 전 자하(子夏)는 일하면서 배우고 배우면서 일하는 평생학습시대를 미리 예견한 듯합니다. 원하던 원하지 않던지 사람들의 기대 수명은 길어져만 갑니다.

학교를 졸업하고 한 가지 전공으로 한평생을 살아내기가 어려워졌습니다. 10세에서 30세까지 배워 30세에서 50세까지 엔지니어로 편히 살았다면 50에서 55세까지 배워 55세에서 75세까지는 다른 일을 하면서 살게 될 가능성이 높습니다. 예전에는 공부하고 일하다 퇴직하면 되는 간단한 커리어였다면 이제는 공부하고 일하고 다시 공부하고 일하는 복잡한 커리어가 현실이 됩니다.

02 학이 02장

효제야자 孝弟也者 ▶ 리더의 바탕은 효제다.

有子曰

其爲人也孝弟而好犯上者鮮矣

不好犯上而好作亂者 未之有也

君子務本 本立而道生

孝弟也者 其爲仁之本與

유자왈

기위인야효제이호범상자선의

불호범상이호작란자 미지유야

군자무본 본립이도생

효제야자 기위인지본여

유자가 말했다.

"그 사람됨이 효도하고 우애하면서

윗사람을 범하기 좋아하는 경우는 드물다.

윗사람 범하기를 좋아하지 않는 사람이 난(亂)을

일으키기 좋아하는 경우는 일찍이 없었다.

군자는 근본에 힘써야하니, 근본이 서야 도(道)가 생기는 법이다.

효도와 우애는 인仁을 행하는 근본이리라."

▧ 集註

‖ 有子 가라사대, 그 사람됨이 孝하며 弟하고 上을 犯함을 好할 者 적으니, 上을 犯함을 好치 아니하고 亂을 作함을 好할 者 있지 아니하니라. 君子는 本을 힘쓸지니 本이 섬이 道 生하나니 孝弟는 그 仁을 本인져. (이이)

‖ 유자가 말했다. 그 사람됨이 효도하고 공손하면서도 윗사람을 범하기를 좋아하는 사람은 드물다. 윗사람을 범하기를 좋아하지 않으면서 난리를 일으키기를 좋아하는 사람은 지금까지 없었다. 옛말에 군자는 근본을 힘쓰니, 근본이 생기면 도가 생긴다고 했다. 효도와 공손은 인을 행하는 시초일 것이다. (오규 소라이)

‖ 유자가 말했다. 그 사람됨이 부모에게 효도하고 형제 자매간에 우애하면서도 윗사람을 범하기 좋아하는 사람은 드물다. 윗사람을 범하기 좋아하지 않으면서도 난동을 일으키기 좋아하는 사람은 아직 없었다. 군자는 근본에 힘써야 하니, 근본이 서야만 학문의 길이 생겨난다. 효도와 우애는 인을 실천하는 근본인저! (남회근)

‖ 유자가 말하였다. 그 사람됨이 효도하고 공경하면서 윗사람을 범하기 좋아하는 자는 드무니, 윗사람을 범하기를 좋아하지 않고서 난(亂)을 일으키기를 좋아하는 자는 있지 않다. 군자는 근본에 힘써야 한다. 근본이 서야 도(道)가 생겨나니, 효와 제는 아마도 인을 행하는 근본일 것이다. (성백효)

‖유자가 말하였다. 그 사람됨이 효성스럽고 공손하면서도 윗사람을 범하기 좋아하는 자는 드물다. 윗사람을 범하기를 좋아하지 않으면서 난을 일으키기를 좋아하는 자는 있어 본 적이 없다. 군자는 근본을 힘쓴다. 근본이 서면 도가 끊임없이 생성된다. 효성스럽고 공손하다는 것은 인을 실천하는 근본일 것이다. (김용옥)

▧ 意譯

그러자 공자 바로 곁에 앉아있던 제자 유약有若(유자有子)이 공자의 핵심사상인 인(仁)에 대한 자신의 생각을 조심스럽게 꺼냈다.

"사람들이 스승님의 인仁을 어렵다고들 하시는데, 인은 결코 어렵거나 멀리 있는 것이 아니라고 생각합니다. 인은 어떤 특별한 것이라기보다는 부모님께 효도하고 형제들과 우애롭게 지내는 것을 말함입니다. 제가 알기로 무릇 그 사람 됨됨이가 부모에게 효도하고 동생을 사랑하며 형을 공경하는 사람치고, 윗사람을 범하는 경우는 거의 없습니다. 윗사람에게 함부로 하지 않는 사람이 국가나 조직을 어지럽게 하는 경우를 저는 지금껏 본 적이 없습니다. 그러니 리더를 꿈꾼다면 우리는 기본에 충실해야 합니다. 근본이 서야 인생의 도가 생기는 것이기 때문입니다. 이 효도와 우애를 인仁의 근본이라 말할 수 있는 것입니다."

▧ 溫故

송나라 유학자인 정자(程伊川)는 논어는 유자(有子)와 증자(曾子)의 문인에게서 완성되었다고 주장했는데 그 이유로 논어에는 유독 이 두 사람만을 자(子)라고 일컫는 것을 들었습니다. 유자의 이름은 약(若)입니다. 노나라 사람으로 자는 자유(子有)며 공자보다 43세가 적었습니다. 사람됨이 강직하고 아는 것이 많았으며, 옛 도(道)를 좋아했다고 합니다. 공자와 생김새가 많이 닮아 공자가 죽은 뒤에 유약을 추대하여 공자를 대신하려 하였으나 일부 제자들이 반대했다고도 전해집니다.

그런 공자의 제자 유약이 공자의 핵심 사상의 하나인 인(仁)의 근본을 효제(孝弟)라고 정의하면서 효제는 사람 됨의 근본이라 말합니다. 도대체 효제가 무엇이기에 이렇게 거창하게 말하는 것일까요? 효제란 부모에게 효도하고 형제들과는 우애하며 지내는 것을 말합니다.

세상에 무조건 효도, 무조건 우애라는 말은 옳지 않습니다. 나를 낳아준 부모이기 때문에 자식의 효도를 받아야 하고, 나보다 세상에 먼저 나왔다는 이유만으로 동생의 존경을 받아야 한다는 것은 공감하기가 어렵습니다. 매일 화내고 매일 때리는 냉정한 부모에게 어떻게 효라는 감정이 생길 수 있을까요? 매일 시키고 매일 힘으로 억압하는 욕심 많은 형에게 어떻게 형을 사랑하고 공경하는 우애가 생겨날 수 있을까요?

그러니 이 효제는 자식으로서 혹은 동생으로서의 역할도 중요하지만, 그것 못지않게 부모로서 혹은 형과 누나로서의 역할도 중요하다는 의미가 포함되어 있습니다. 부모가 자식에게 자애와 사랑을 베풀면 자식 역시 부모에게 효로서 되돌려 드리는 것이 바로 효도입니다. 형이나 누나가 동생에게 먼저 베풀어 주고 잘해주면 동생 역시 자연히 형과 누나를 사랑하게 되는 것이 순서

일 것입니다. 제대로 사랑을 주고 제대로 모범을 보여야 합니다. 그러니 부모의 역할이 어렵고 형의 역할이 쉽지 않은 것입니다.

▨ 知新

새는 바가지는 집안이나 밖에서나 어디에 있든지 마찬가지입니다. 퇴근해서나 출근해서나 집에서나 회사에서나 마찬가지입니다. 그래서 기업에서는 면접 때마다 인성이 좋은 인재를 찾고 싶어 하는 것입니다. 조직에서는 실력도 실력이지만 인성이 좋은 인재와 함께 일하고 싶어합니다. 성과도 성과지만 조직의 화합과 미래발전을 위해 절대적으로 필요로 하는 인재가 인성을 갖춘 인재입니다.

2500여 년 전 유약의 발언이 오늘의 많은 조직 리더들에게 다르지 않게 들리는 이유입니다.

"부하 사원의 사람됨이 부모에게 효도하고 형제간에 우애하면서, 상사에게 대드는 일을 좋아하는 경우는 드물다. 상사 범하기를 좋아하지 않는 그런 직원이 조직경영을 어렵게 하는 치명적인 문제를 일으키기 좋아하는 경우는 없었다. 리더는 근본에 힘써야 하니, 근본이 서야 바른 경영의 리더십이 생기는 법이다. 효도와 우애는 조직을 발전시키고 매출을 끌어올리는 근본이리라."

그래서 혹시 신입사원 면접 때 이런 질문이 필요할지도 모르겠습니다.

- 지난 3년 동안 부모님에게 어떤 효도를 했는지 구체적인 사례를 들어 설명해 보세요.

• 어떤 경우에 부모님께서 가장 좋아하셨으며 왜 그러셨다고 생각하는지요?
• 어버이에게 효를 다해야 하는 이유가 어디에 있다고 생각하며, 본인의 효행을 보여준 가장 구체적인 최근 사례를 들어보세요.
• 부모님을 미워했던 경우가 있었다면, 언제 왜 그랬는지 사례를 들어 설명해보세요.

이렇듯 조직에서는 상존하비(上尊下卑)가 아니라 상존하존(上尊下尊)이 되어야 합니다. 팀장이기 때문에 존경받아야 하고 귀한 존재라고 생각한다면 그것은 오산일 수 있습니다. 팀장이기 때문에 팀원들에게 존경을 받는 것이 아니라, 팀원들에게 귀한 도움과 사랑을 주었기 때문에 존경을 받고 있다고 생각하는 것이 바람직 한 일입니다.

팀원은 어리고 못났기 때문에 팀장을 존경하는 것이 아니라, 미리 받은 만큼을 존경으로 되돌려 주는 것입니다. 그러니 팀원을 존중하고 사랑하고 인정해주면 그 존중과 사랑과 인정을 되돌려 받게 됩니다. 팀원을 무시하고 냉정하게 대하고 명령만 내린다면 그 무시와 냉정과 기계적인 보고를 되돌려 받게 됩니다. 세상에 거래가 아닌 것이 무엇이 있을까요? 주는 만큼 받고, 받는 만큼 주는 것이 세상의 보편적인 기준이 아닐까요? 그건 회사의 월급도 상사의 존경도 어버이의 효도도 형제간의 사랑도 마찬가지입니다.

역지사지(易地思之)입니다. 세상사 대부분은 입장 바꿔 생각하면 거기에 답이 있습니다. 월급도 존경도 효도도 사랑도 마찬가지입니다. 그러니 역지사지(易地思之)하는 마음이 인(仁)입니다. 역지사지하는 마음이 효제(孝弟)입니다. 강제로 해서 끝까지 잘되는 경우는 거의 없습니다. 내 생각만 주장해서 잘 풀리는 경우도 거의 없습니다. 월급도 존경도 효도도 사랑도 마찬가지입니다.

03 학이 03장

교언영색 巧言令色 ▶ 웃음에 가린 비수에 유의하라.

子曰
巧言令色 鮮矣仁

자왈
교언영색 선의인

공자가 말했다.
"말을 교묘하게 하고, 얼굴빛을 꾸미는 사람치고
인仁한 사람이 적다."

▧ 集註

‖ 자 가라사대, 言을 巧하며 色을 令히 하는 이 仁한 이가 鮮하니라. (이이)

‖ 공자가 말했다. 말을 교묘하게 하고, 얼굴빛을 꾸미는 사람 가운데는 드물도다, 인한 사람이! (오규 소라이)

‖ 공자께서 말씀하셨다. 듣기 좋게 말이나 잘하고, 보기 좋게 태도나 꾸미는 자들 중에는 인한 이가 드물다. (남회근)

‖ 공자께서 말씀하셨다. 말을 듣기 좋게 하고, 얼굴빛을 곱게 하는 사람은 인仁한 사람이 적다. (성백효)

‖ 공자께서 말씀하시었다. 말 잘하고 표정을 꾸미는 사람치고 인한 이가 드물다. (김용옥)

▧ 意譯

유자의 말을 듣고 있던 공자가 인에 대해 한마디를 더했다.

"유약이 맞는 말을 했구나. 다른 사람에게 말이나 듣기 좋게 하고, 가식적인 얼굴로 비위를 맞추는 사람치고 자고로 인仁한 사람을 내 보질 못했다. 그러니 그럴듯하게 들리는 사람들의 유창한 말이나, 비위를 맞추려는 듯 살랑거리는 아부의 모습을 가지고 그 사람을 판단하면 안 된다. 방금 유약이 말한 것처럼 사람은 먼저 그 기본에 충실해야 하는 것이야."

▧ 溫故

교언(巧言)은 교묘하게 하는 말을 의미합니다. 교언(巧言)은 호언(好言)이기도 합니다. 상대방이 듣기 좋아하는 말만 골라서 교묘하게 하는 말입니다. 영색(令色)은 얼굴색을 바꾸어 착하고 선량하게 보이게끔 하는 것입니다. 곱고 요염한 얼굴빛으로 상대방의 마음을 사려하는 것입니다. 말을 교묘하게 하는 사람은 대부분 얼굴빛도 꾸미게 됩니다. 요즘 말로 달콤하게 하는 말, 아부성 발언, 감언이설, 미사여구, 가식적인 말, 잘 보이려고 의도적으로 연출된 말과 표정들과 같은 것이라 할 수 있지요. 선의인(鮮矣仁), 인한 사람이 드물다. 교언영색 하는 사람치고 인한 사람이 드물다는 말입니다. 선(鮮)은 드물다, 선명하다는 뜻인데 여기서는 드물다는 의미입니다. 드물다는 것이 없다는 말은 아닙니다. 무인(無仁; 인이 없다)이 아닌 불인(不仁; 인하지 않다) 혹은 미인(未仁; 아직 인하지 않다)의 뜻으로 공자가 말한 것입니다.

'교언영색(巧言令色)'이란 말은 논어에 자주 등장하는 말 중의 하나입니다. 그만큼 자주 공자가 제자들에게 했던 말이기도 합니다. 양화편 제17장에는 동일한 어구가 나오고, 공야장편 제24장에도 비슷한 뜻의 어구가 등장합니다.

子曰 巧言 令色 足恭 左丘明恥之 丘亦恥之

자왈 교언 영색 주공 좌구명치지 구역치지

공자께서 말씀하셨다. 말을 좋게 하고 얼굴빛을 곱게 하며 지나치게 공손함을 보이는 것을 좌구명이 부끄러워하였는데 나 또한 이것을 부끄러워한다.

공자가 교언영색과 함께 미워했던 비슷한 부류가 있습니다. 바로 향원(鄕原)입니다. 향원은 겉으로는 멋지고 좋은 사람인 것처럼 보이게 하여 순진하고 선량한 사람들에게 환심을 사는 위선자로 덕을 망치는 사람들을 말합니다. 공자는 『논어』「양화편」에서 맹자는 『맹자』「진심장」에서 향원을 꼬집어 말했습니다. 다음은 양화편 제13장 내용입니다.

子曰 鄕原德之賊也

자왈 향원덕지적야

공자께서 말씀하셨다. 향원은 덕을 훔치는 도적이다

『맹자』「진심장」편에서는 이렇게 말합니다. 맹자의 제자가 묻습니다.

"한 고을 사람들이 모두 어진 사람이라고 부른다면 어디를 가더라도 어진 사람이 될 터인데 공자께서 덕을 해치는 사람이라고 여긴 것은 무엇 때문입니까?"라고 하자,

맹자가 말하기를 "비난하려고 들면 들어서 말할 것이 없고, 풍자하려고 들면 풍자할 것이 없으며, 흘러가는 시속에 동화되고 더러운 세상에 부합하며, 위인은 충직한 듯하고 행동은 청렴결백한 듯하여 여러 사람들이 다 그를 좋아하고 자신도 옳다고 여기지만 요순(堯舜)의 도에는 들어갈 수 없기에 '덕을 해치는 사람'이라고 하신 것이다"라고 했습니다.

『논어』「옹야편」 제16장에서는 이렇게 말합니다.

子曰 質勝文則野 文勝質則史 文質彬彬 然後君子

자왈 질승문즉야 문승질즉사 문질빈빈 연후군자

공자께서 말씀하셨다. 바탕이 꾸밈을 이기면 거칠고 꾸밈이 바탕을 이기면 번지레하다. 꾸밈과 바탕이 잘 조화된 후에야 비로소 군자답다.

바탕은 내적 충실, 꾸밈은 외적 충실입니다. 사람은 학습을 통해 내적으로 충실해질 수 있습니다. 또한 상대를 생각하는 인의 마음을 수양함으로써 내면이 충실한 사람으로 거듭날 수 있습니다. 그럼 외적 충실은 무엇으로 채울 수 있을까요? 사람에 대한 예의범절 혹은 에티켓과 상대와의 대화에서 보여주는 말이라 할 수 있습니다. 이 두 가지가 다 적절하게 구비가 되어야 군자라 볼 수 있다는 의미입니다.

학식과 덕망이 높기는 하지만 사람을 대하는 태도나 말이 형편없이 비속하다거나, 머리가 좋아 아는 것은 많으나 상대에 대한 기본적인 에티켓이 형편없는 사람은 거칠게 보일 수밖에 없습니다. 아무런 실력도 없고 속은 텅텅 비었는데도 겉모습은 화려하게 꾸미고, 학식과 상대를 배려하는 마음이 전혀 없음에도 입에 바른 찬사와 좋은 말로 현혹시키거나 화사한 웃음과 미사여구로 번드르르하게 꾸민다면 이것이야말로 교언영색이라는 말입니다.

그것은 문체에서도 볼 수 있습니다. 내용은 사실적이고 교훈이 되어 필요한 것이지만 무미건조하고 아무런 감동도 느낄 수 없게 작성된 문장은 거칠다 할 수 있습니다. 역으로 실체적인 내용은 없으면서 미사여구로 화려하게

만 쓴 문장은 너무 번지레하다 할 수 있습니다. 그러니 좋은 문장은 내용과 문제가 잘 어우러져야 합니다.

사람이 곧고 강직한 것은 리더가 가져야 할 좋은 바탕(質)이지만 적절한 표현과 적절한 예의, 적절한 매너라는 꾸밈(文)이 없다면 결국 그는 성미가 까다롭고 고집이 센 사람으로 낙인될 가능성이 높습니다. 사람이 공손한 마음을 갖는다는 것은 리더가 가져야 할 좋은 바탕(質)이지만 적절한 표현과 적절한 예의, 적절한 매너라는 꾸밈(文)이 없다면 그는 결국 고생만 하는 꼴이 될 가능성이 높습니다. 신중하다는 것은, 사람이 가져야 할 좋은 바탕(質)이지만 적절한 표현과 적절한 예의 적절한 매너라는 꾸밈(文)이 없다면 그는 결국 모든 일에 두려움을 느끼는 겁쟁이라는 오명을 쓸 가능성이 높습니다. 용감하다는 것은, 사람이 가져야 할 좋은 바탕(質)이지만 적절한 표현과 적절한 예의 적절한 매너라는 꾸밈(文)이 없다면 그는 결국 분란만 초래할 가능성이 높습니다.

▧ 知新

자기 자신의 편안과 영달이 아닌, 위기에 처한 가족을 살리기 위한 교언영색이었다면 그 이웃들은 비난할 수 있어도, 그 가족 어느 누가 욕을 할 수 있을까요? 가족을 살리기 위해 건강하지도 못한 몸으로 하루도 빠짐없이 출근하여 언어폭력과 인격적 모욕까지 참아가면서 어떻게 하면 좀 더 웃는 모습과 부드러운 말로 상사를 대할까를 고민하는 가장에게 가족 그 누가 욕을 할 수 있을까요? 자기 자신의 승진과 연봉을 위한 것이 아닌, 위기에 처한 팀을 살리기 위한 교언영색이었다면 그 이웃 팀들은 비난할 수 있어도 그 팀원 어느 누가 그 팀장을 욕할 수 있을까요?

같은 의미를 전달해도 상대방이 듣기 좋아 할만한 말을 찾아서 말을 하는 것과 선량하고 착한 얼굴빛으로 상대방의 마음을 사려 하는 교언영색은 보기에 따라 조금 다른 해석도 가능합니다. 교언영색을 하는 자와 하지 못하는 자가 문제가 아니라, 누구를 위해서 교언영색을 하느냐가 더 중요한 문제일 것입니다. 자기 자신만을 위해서인가, 자기 패거리를 위해서인가, 우리 전체를 위해서인가에 따라 분명 다를 수 있습니다.

말을 좋게 하고, 얼굴빛을 곱게 하는 사람치고 인(仁)한 이가 적다는 말은 자기 자신을 위해 말을 좋게 하고 얼굴빛을 곱게 하는 사람치고 인(仁)한 이가 적다는 의미가 큽니다. 개인적인 이익을 떠나 이웃을 위해, 지역을 위해, 사회를 위해, 국가를 위해 자신을 희생하며 말을 좋게 하고 얼굴빛을 곱게 하는 사람은 인(仁)한 사람이 아닐까요. 그러니 인의 기준은 내가 아니라 타인에 있는 것입니다.

상대를 설득하거나 정확한 정보를 전달하기 위해서는 이치에 맞고 순서와 논리에 합당하게 말을 해야 합니다. 정확한 어휘와 적당한 단어를 선택하여 호소력 있게 요약적으로 전달하는 기술은 모든 리더들에게 꼭 필요한 기술 중의 하나입니다. 그래서 리더들은 끊임없이 책을 읽으며 글을 쓰고 반복하여 연습을 합니다.

이는 상대를 현혹시키기 위한 임시방편적인 언사를 하는 '교언'과는 다른 차원입니다. 교묘하게 사람을 속이는 말을 하는 '교언'과는 다릅니다. 자기만의 이익을 얻기 위해 상대를 속여야만 하는 '교언'과는 다릅니다. 달콤한 임기응변으로 상대를 현혹시키는 '교언'과는 다릅니다.

리더의 행동은 윗사람에게나 아랫사람에게나 한결같아야 합니다. 아랫사람에게는 언어폭력과 굳은 얼굴로 일관하면서 윗사람에게는 아부성 발언과 선한 얼굴로 일관하는 것은 리더의 바람직한 모습은 아닙니다. 동료나 아랫사람에게는 '안하무인' 하면서 윗사람에게는 '교언영색'하는 리더는 없어져야 할 사이비 리더입니다.

하지만 조직에는 의외로 '교언영색'하는 리더들이 적지 않게 존재합니다. 조직의 발전과 미래를 위한 교언이 아니라 자신만의 이익을 위해 말과 표정을 바꾸어 가면서 땀을 흘리는 가짜들이 많습니다. 아이러니하게도 그 위의 리더들은 이런 가짜 리더들을 더 가까이 하는 경우가 많습니다. 앞에서 바른 소리를 하는 간부보다는 앞에서는 달콤한 감언이설과 아부를 하지만 뒤에서는 칼을 갈고 있는 이런 '교언영색자'를 말입니다.

04 학이 04장

오일삼성 吾日三省 ▶ 매일 3가지를 성찰하라.

曾子曰

吾日三省吾身

爲人謀而不忠乎

與朋友交而不信乎

傳不習乎

증자왈

오일삼성오신

위인모이불충호

여붕우교이불신호

전불습호

증자가 말했다.

“나는 매일 세 가지로 나 자신을 반성한다.

남을 위해 일을 도모하면서 최선을 다하지 않았는가?

친구와 교류하면서 신의를 지키지 않았는가?

스승에게 배운 것을 익히지 않았는가?”

▧ 集註

‖ 曾子 가라사대, 내 날로 세 가지로 내 몸을 살피노니, 사람을 爲하여 謨함에 忠치 못한가, 朋友로 더불어 交함에 信치 못한가, 傳코 習지 못한가니라. (이이)

‖ 증자가 말했다. 나는 날마다 세 번 내 자신을 살핀다. 남을 위하여 일을 도모하면서 진실하지 아니한가? 벗과 더불어 사귀면서 미덥지 아니한가? 익히지 못한 것을 전하였는가? (오규 소라이)

‖ 증자가 말했다. 나는 매일 세 가지로 나 자신을 반성한다. 남을 위해 일을 함에 있어 충실하였는가? 친구들과 사귐에 있어 신의를 잃지 않았는가? 스승의 가르침을 실천하였는가? (남회근)

‖ 증자가 말씀하셨다. 나는 날마다 세 가지로 나의 몸을 살피노니, 남을 위하여 일을 도모해줌에 충성스럽지 못한가. 붕우와 더불어 사귐에 성실하지 못한가. 전수받은 것을 익히지 못할까 함이다. (성백효)

‖ 증자가 말하였다. 나는 날마다 세 가지로 내 몸을 돌이켜 본다. 남을 위해 도모함에 충성스럽지 못하지 않았나? 벗을 사귐에 믿음직스럽지 못하지 않았나? 가르침 받은 것을 익히지 못하지 않았나? (김용옥)

▧ 意譯

이번에는 공자와 유자의 대화를 듣고 있던 제자 증삼(曾參)이 말을 이어받았다.

"유약 선배와 스승님의 말씀에 절대 공감합니다. 그래서 저는 그 기본에 충실하기 위해 매일저녁 하루를 정리하면서 스스로에게 세 가지 기준을 가지고 성찰을 하고 있습니다. 남을 위해 일을 도모하면서 최선을 다하지 않았는지? 맡은 바 소임에 충심을 다해 열심히 일했는지? 친구와 교류함에 신의를 지키지 못함은 없었는지? 친구들은 물론 낯에 만나는 여러 사람들과의 관계에서 신뢰에 금가는 행동이나 말을 하지는 않았는지 반성을 해 봅니다. 세 번째로는 스승님께 배운 것을 익히고 실천함에 게으름은 없었나를 생각해 보면서 잠자리에 듭니다. 이것이 인에 합당하는지는 잘 모르겠습니다만 제가 매일 지키려고 노력하는 기본이라 말할 수 있습니다."

▧ 溫故

사마천의 『사기』「중니제자열전」에 기록된 증자(曾子)에 대한 기록은 서른네 글자로 소략하기 그지없습니다. '증삼(曾參)은 노나라 사람으로 자는 자여(子與), 공자보다 46세가 적었다. 공자는 그가 효도에 능통했다고 생각하여 가르침을 주었다. 『효경』을 지었고 노나라에서 죽었다.'

이것이 사마천이 중니제자열전에 남긴 증자에 대한 전문입니다. 하지만 증자는 여러 사람들의 손을 거치면서 동양 5성(五聖)의 위치까지 올라가게 됩니다. (五聖 : 공자孔子, 안자顔子,증자曾子, 자사子思, 맹자孟子)

증자는 자사, 맹자와 관련이 깊습니다. 공자의 손자인 자사는 증자에게 학문을 배우고 맹자는 자사가 죽은 얼마 후에 태어나 자사의 학단에서 공부를 했습니다. 그러니 공문(孔門)의 도통(道統)이 공자 · 증자 · 자사 · 맹자로 이어지는데 증자가 중요한 역할을 하게 된 것이지요. 증자는 『대학』을 자사는 『중용』을 저술했습니다. 원래 「대학」은 『예기』 중의 한편이었는데 송나라 때 그것을 따로 분리해 사서의 하나로 자리 잡게 된 것입니다.

증삼은 공자 나이 70에 겨우 24살에 지나지 않은 공자의 말기 제자로 논어에서 공자로부터 노둔(魯鈍)하다(參也魯)는 평을 들었던 제자였습니다. 70대 노스승 앞에서 20대 청년 증삼이 할 수 있었던 이야기는 그렇게 심오한 내용은 아니지만, 하루하루 열심히 배우고 실천해가는 자신의 솔직한 모습을 스승과 동료 선배들에게 말하고 있는 노력하는 증삼의 모습이 보이는 듯합니다.

오일삼성오신(吾日三省吾身) 나는 하루에 세 번 혹은 세 가지로 자신에 대해 반성을 한다는 뜻입니다. 나는 매일 나 자신의 생활에 대해 자주 되돌아보는 시간을 가졌다는 의미입니다. 오일삼성(吾日三省)이라는 유명한 말이 여기서 나온 말이지요. 더 줄여 삼성(三省)이라는 단어도 요즘 많이 사용하는 어휘입니다. 하루에 세 번을 반성하든, 하루에 세 가지를 성찰하든 횟수와 가짓수가 중요한 것은 아니지요. 하루하루를 되돌아보고 성찰하면서, 스스로의 독려와 격려 속에 살아가는 삶의 태도가 중요한 것이지요. 공자로부터 노둔하다는 평을 들었던 증삼이 공자 학단의 중요한 사람으로 자리매김하는 데는 이런 성실한 태도가 바탕이 되었을 것입니다.

위인모이불충호(爲人謀而不忠乎) 남을 위해 일을 도모함에 충실하였는가? 다른 사람들과 함께 혹은 다른 사람을 위해 일할 때 충심을 다하여 임했는가? 한 가지 마음으로 최선을 다해 일하지 않았는가? 국가의 공직자로서 혹은 조직의 일원으로서 업무나 일을 할 때 최선을 다하지 않았는가? 맡은 바 소임에 충심을 다해 열심히 했는가를 스스로에게 물었다는 말입니다.

여붕우교이불신호(與朋友交而不信乎) 벗들과 더불어 교류를 함에 신의를 지키지 않았는가? 친구들과 함께 하면서 믿음에 벗어나는 행위는 하지 않았는가? 친구들은 물론 일을 함께하는 여러 사람들과의 관계에서 신뢰에 어긋나는 행동이나 말을 하지는 않았는가? 사람들에게 늘 신실(信實)함을 보였는가라는 의미입니다.

전불습호(傳不習乎) 전수받은 것을 익히지 못한 것은 없는가? 스승으로부터 전수해 배운 것을 스스로의 반복 학습을 통해 제대로 익혔는가를 반문하고 있습니다. 혹은 다르게 해석해 볼 수도 있습니다. 익히지 못한 것을 전수해 주었는가? 나 스스로도 익숙하게 알지 못하고 실천하지도 못한 것을 다른 사람들에게 전달해 주지는 않았는가라고 되돌아보는 것입니다. 내가 남에게 전한 것을 내가 익히지 않고 있지는 아니한가? 배운 것을 실천하지 않았는가? 스스로도 실천하지 못하는 것을 남에게 말로만 가르치고 있는 것은 아닌가? 각각의 처한 입장에 따라 다르게 생각해 볼 수 있는 간명한 어구입니다.

▧ 知新

남을 위해 일을 도모함에 충실하였는가.라고 자문하는 것은 출근하여 오늘도 업무에 충실하게 임했는가를 묻는 것입니다. 공직자로 일을 하든, 기업 직원으로 일을 하든, 아르바이트로 일을 하든, 다른 사람을 위하여 일을 하는 것입니다. 합당한 임금을 받고 일을 하는 것이라면 그 업무에 충실해야 하는 것은 사실 당연한 것이지요. 하지만 일을 반복하다 보면 그 당연한 것이 지켜지지 않는 경우가 종종 발생하기 때문에 증자의 이 말은 요즘에도 누구에게나 필요한 말일 것입니다.

자기 사업을 하는 사람들도 마찬가지입니다. 상사의 관리나 구속이 아닌 자기관리에 의해서만 진행되는 일을 하는 사람들에겐 더욱 필요한 말입니다. 하루 일에 충실하다는 것은 말처럼 쉽지 않습니다. 윗사람으로 일을 하든, 아랫사람으로 일을 하든, 매일 매일을 성실하게 충실하게 일한다는 것은 여간 어려운 일이 아닙니다. 그래서 증자의 평범한 이 말이 평범하게 들리지 않는 이유입니다. 그래서 매일 스스로를 성찰하라는 조언입니다. 쉽고 당연한 일처럼 보이지만 매일 매일 점검을 하지 않으면 놓치기 쉽기에 습관처럼 몸에 익히라는 아주 오래된 조언입니다.

벗들과 더불어 교류를 함에 신의를 지키지 않았는가.라고 하는 자문은 공자의 유붕자원방래불역락호(有朋自遠方來不亦樂乎) 친구가 먼 곳에서 오니 즐겁지 아니한가와 맥을 같이하는 어구입니다. 관계의 중요성을 말하고 있습니다. 세상은 혼자가 아닌 함께 살아가는 공간입니다. 학교에서는 친구들과 직장에서는 직원들과 시간을 함께 보내야만 합니다. 예나 지금이나, 사람 관계에 가장 중요한 것이 바로 인간에 대한 믿음입니다. 신의입니다. 우정도 사랑도 믿음에서 시작됩니다. 생산성도 존경도, 조직의 발전도 상호 신뢰로부터 시작됩니다.

나와 남의 시작은 친구로부터 시작됩니다. 어려서는 친구와의 믿음, 커서는 동료와의 신뢰가 인생의 탄탄한 기반이 됩니다. 한 사람을 잃으면 그 뒤에 숨어있는 수백 수천의 친구들이 멀어지거나 사라집니다. 한 사람을 믿게 되면 그 뒤에 숨어있는 수백 수천의 친구들이 생기게 됩니다. 그러니 오늘 내가 만났던 그 한 사람은 단순한 한 사람이 아닌 세상 모두입니다. 세상을 행한 문입니다. 그가 문을 열어주면 세상으로 나갈 수 있지만 그가 문을 닫아버리면 나에게 세상으로 나가는 문이 하나 닫히게 됩니다. 그 중요한 문을 열게 하는 열쇠가 바로 신의라는 것이지요.

전수받은 것을 익히지 못한 것은 없는가.라는 스스로의 자문은 논어의 첫 문장, 학이시습지불역열호(學而時習之不亦說乎). 배우고 때때로 그것을 익히니 기쁘지 아니한가와 같은 맥락입니다. 바로 온고지신(溫故知新)입니다. 옛것을 익혀 새로운 것을 배우는 것입니다.

참으로 요즘은 익힐 것이 한두 가지가 아닙니다. 날만 새고 나면 듣도 보도 못한 것들이 세상을 채우는 변혁의 시기에 우리가 살고 있습니다. 배운 것 중에서 무엇을 집중적으로 익힐 것인가를 고민하고 시원한 답을 얻기는 늘 어렵습니다. 지금까지 변화가 없었던 시기는 없었겠지만 요즘처럼 빠르게 변하는 시기는 일찍이 없었을 것입니다. 선택과 집중이 그 어느 때보다도 필요한 시대입니다.

스스로 학습하면서 함께하는 사람들과의 신뢰 속에서 열심히 일하는 사람이야말로 리더입니다. 기본에 충실한 것은 누구에게나 필요한 삶의 지혜이자 리더의 덕목이라 볼 수 있습니다. 리더는 기본에 충실한 사람들입니다. 아니 기본에 충실한 사람이 리더가 되는 것입니다.

하루하루가 쌓여 한 달 두 달이 되고, 일 년 이 년이 쌓여 경력이 됩니다. 사람들이 가지고 태어나는 천성이나 본성은 거의 비슷하다고 합니다. 하지만 그가 무엇을 반복하고 무엇을 꾸준하게 했느냐에 따라 인생은 승패가 갈린다고 합니다. 중학생이 되면 초등학교 때 좀 더 좋은 습관을 만들지 못했음을 후회하게 됩니다. 대학생이 되면 고등학교 때 좀 더 열심히 노력하지 못했음을 되돌아보게 됩니다. 마흔이 되면 서른을 되돌아보게 되고, 일흔이 되면 그냥 스쳐 지나온 50대를 가슴 아프게 생각합니다. 시간을 역으로 되돌리면서 곰곰이 생각해 보면 그 시작은 아주 사소한 습관에 있다는 것을 알 수 있습니다.

하루의 1%의 시간을 증자처럼 사용해 본다면 어떨까요? 하루의 1% 시간은 약 15분 입니다. 이 1%의 시간, 15분을 자기 성찰에 사용한다면 나머지 99%의 시간을 더 의미 있게 쓸 수 있습니다. 업무를 마치고 퇴근 전에 그 1%의 시간을 사용해도 좋습니다. 아니면 하루를 마치고 잠자리에 들어 그 1%

의 시간을 가져 볼 수 있습니다. 우리도 증자처럼 일과 인간관계와 자기계발로 나누어 생각해 봐도 될 것 같습니다. 아니 꼭 세 가지가 아니어도 상관없습니다. 하루에 단 한 가지씩이라도 생각하고 성찰하고 되돌아보는 습관만 가질 수 있다면 좋을 것 같습니다. 하지만 많은 사람들이 2000년 이상을 계속하여 이 구절을 읽고 읽었지만, 아직도 그렇게 하지 못해 아쉬워하는 것을 보면 역시 쉬운 일은 아닌 것 같습니다. 그러니 리더 되기가 어려운 일이긴 합니다.

曾子曰 吾日三省吾身 爲人謀而不忠乎 與朋友交而不信乎 傳不習乎
증자왈 오일삼성오신 위인모이불충호 여붕우교이불신호 전불습호

증자가 말했다. 나는 매일 세 가지로 나 자신을 반성한다. 남을 위해 일을 도모하면서 최선을 다하지 않았는가? 친구와 교류하면서 신의를 지키지 않았는가? 스승에게 배운 것을 익히지 않았는가?

증자는 충(忠), 신(信), 습(習)을 통하여 최고의 제자가 되었다고 해도 과언이 아닐 것입니다. 매일 이 세 가지를 기준으로 반성을 하면서 자신을 성장시켜 갔습니다.

충(忠). 자신이 하고 싶은 일을 하면서 월급을 받는다면 이보다 더 즐거운 일이 어디 있겠습니까? 하지만 우리의 현실은 그 반대인 경우가 더 많습니다. 싫어하는 일을 해야만 하거나 즐겁지도 않을 일을 해야 할 때가 많습니다. 심지어는 싫어하는 사람들과 싫어하는 일을 억지로 해야 하는 경우도 있

습니다. 월급을 받는 입장에서 최선을 다해 일하는 것이 당연하지만 그것을 몰라 최선을 다하지 못하는 것이 아니기 때문에 늘 갈등이 생기는 것입니다.

사람들과 함께 일을 함에 최선의 마음을 갖고 진심을 다해 일하기 위해서는 무엇이 필요할까요? 세상에 쉬운 일은 없습니다. 재미있는 놀이조차도 반복이 되면 지겨워지는 법이기 때문입니다. 그래서 약간의 전략이 필요합니다. 충심으로 일에 몰입되기 위해서는 자신의 일에 개인의 욕심이 들어가야 합니다. 뭔가 개인적으로 남는 것이 있다는 생각이 들어야 달려들게 됩니다.

여기서 개인의 욕심이란 무엇일까요? 그것은 자신의 일을 통해 개인 브랜드를 만들어 내겠다는 의지를 말합니다. 시키는 일만 대충대충 해서는 일의 의미를 발견해 낼 가능성이 적습니다. 먼저 일에 충성을 다해야 그 일을 잘 알게 됩니다. 일을 잘 알게 되어야 그 일을 발전시켜 자신의 강력한 브랜드로 만들어 갈 수 있습니다. 일에 정성을 보이면 그 일이 미래의 나를 살립니다. 지금 어떤 부서에서 어떤 일을 담당하든지 간에 모두에게 해당됩니다. 그래서 잠자기 전에 스스로에게 묻습니다. 오늘 사람들과 함께 일을 함에 최선의 마음을 다하지 못한 것은 없는가? 매일 매일 습관처럼 15분씩만 되돌아보면 오늘도 내일도 모두 속이 꽉 차게 된다는 뜻이 아닐까요?

신(信). 직장에서의 친구 혹은 동료란 누구입니까? 밥을 함께 먹고 커피를 같이 마시며, 같은 장소에서 같은 시간을 보내는 일터의 선배와 동료와 부하사원들, 상사들이 바로 그들일 것입니다. 친구가 아니면서 친구 이상의 시간을 함께 보내고, 길게는 10년, 20년을 동거동락하는 관계가 그들일 것입니다.

믿음은 어떻게 만들어지는 것일까요? 믿음이 마음만으로 될까요? 믿음의 관계를 만드는데도 작더라도 개인적인 전략이 필요합니다. 자신의 일에 자신감이 생기면 타인과의 관계에서도 자신이 붙습니다. 그러니 먼저 자신의 담당업무에 집중하여 실력을 키우면서 사람들과의 관계를 넓혀나가는 전략이 필요합니다. 사람만 좋고 실력이 없다면 다른 사람에게 속기 쉽습니다. 관계가 오래가지 못합니다.

믿음이란 막연히 상대를 믿는다고 되는 것이 아닙니다. 업무를 통해 자신의 실력이 성장하면 자신감이 생깁니다. 설사 동료나 상사가 나의 믿음에 실망을 준다고 해도 그것을 버텨낼 자신감이 있기 때문에 의연한 대처가 가능합니다. 관계는 믿음으로 풀어내야 하는데 그 기저에는 실력이 있어야 한다는 것입니다. 남들이 무시할 수 없는 업무 실력이나 인격을 가지고 있어야 합니다.

그래서 잠자기 전에 스스로에게 묻습니다. 직장에서 동료를 사귐에 후배를 사귐에 선배를 사귐에 상사를 대함에 충분한 믿음을 주었는가? 그 믿음의 기저인 실력을 만들기 위해 오늘 무엇을 하였는가? 매일 매일 습관처럼 15분씩만 되돌아보면 오늘도 내일도 모두 속이 꽉 차게 된다는 뜻이 아니겠습니까?

습(習), 상사나 선배에게 배운 것을 익히지 못한 것은 없는지 되돌아보아야 합니다. 조직의 사명이나 미션을 제대로 알면서 고객을 대하는 것인지, 상사의 의도나 지도를 제대로 이해하고 받아들이고 있는지, 멘토의 가르침을 제대로 배우고 있는지를 수시로 되돌아보아야 합니다.

사람은 배우지 않고는 성장할 수 없습니다. 배우고 익히지 않는다면 더 이상의 발전은 불가능합니다. 그 배움의 대상이 누가 되었던지 배울 수 있는 것은 모두 배워야 합니다. 책으로부터 배우든, 일을 통해 배우든 배움에 정해진 틀은 없습니다. 책을 통해 배우는 지식은 혼자 열심히 하면 가능하지만, 일을 통해 배우는 경우는 사람이 중요합니다. 그 일을 먼저 해본 상사나 선배의 역할이 핵심입니다. 그들로부터 배운 것을 익히고 적용해 보면서 자신의 성장을 도모하는 것입니다. 직장은 배움의 연속입니다.

누군가에게 믿음을 주고 믿음을 얻기 위해서는 실력이 있어야 하고 그 실력은 일을 중심으로 할 때 만들어집니다. 일을 진심으로 잘하기 위해서는 선배들의 가르침이 좋은 본보기가 되기 때문에 가르침을 받는데 집중해야 합니다.

05 학이 05장

도천승국 道千乘國 ▶ 정치리더의 5가지 전략

子曰
道千乘之國
敬事而信
節用而愛人
使民以時

자왈
도천승지국
경사이신
절용이애인
사민이시

공자께서 말씀하셨다.

"천승의 나라를 다스리는 일은 매사를 성실히 하여 신의가 있어야하며, 물자를 절약하고 사람을 사랑하며, 때에 맞게 백성을 부릴 줄 알아야 한다."

▧ 集註

‖ 자 가라사대, 千乘의 나라를 道하데 일을 敬하고 信하며, 쓰기를 節하고, 사람을 愛하며, 民을 부리데 時로써 할지니라. (이이)

‖ 공자가 말했다. 천승의 나라에 길을 내는데 일을 경건하게 하고 미덥게 하며, 쓰는 것을 절약하고 사람을 사랑하며, 백성 부리기를 때에 맞게 해야 한다. (오규 소라이)

‖ 공자께서 말씀하셨다. 천승의 나라를 이끌어가는 데 있어서는 매사를 성실히 하여 신의가 있어야 하며, 비용을 절약하여 사람을 사랑해야 하며, 백성을 동원하여 일을 시킴에 있어서는 때에 맞게 하여야 한다. (남회근)

‖ 공자께서 말씀하셨다. 천승의 나라를 다스리되 일을 공경하고 미덥게 하며, 쓰기를 절도 있게 하고 사람을 사랑하며, 백성을 부리되 철에 맞추어 해야 한다. (성백효)

‖ 공자께서 말씀하시었다. 천 수레의 나라를 다스릴 때는, 매사를 공경스럽게 하여 믿음이 가게 하며, 쓰임을 절도 있게 하며 아랫사람을 사랑하고, 백성을 부리는 데는 반드시 때에 맞추어 해야 한다. (김용옥)

▧ 意譯

증자의 발언을 듣고 있던 공자가 다시 말을 이었다.

"증삼의 이야기 또한 한 치 그릇됨이 없다. 개인의 입장에서 그렇게 한다고 했지만 이는 개인뿐만 아니라 나라를 통치하는 이치와도 매우 유사한 것이다. 자고로 4000필의 말과 1000대의 전차, 3000명의 병력을 운용할 수 있는 제후국을 다스리는 위정자는 어떤 일을 하던지 신중하게 하여 백성들로 하여금 신뢰를 갖게 하는 것이 그 무엇보다 중요하다. 국가재정은 개인의 자산처럼 절약해서 운용해야 하며, 사람들을 사랑하고 백성을 부릴 때는 농한기를 피하는 등 그 시기에 특히 신중을 기해야만 한다."

▧ 溫故

천승지국(千乘之國)은 춘추시대의 제후국을 말합니다. 일승(一乘)은 네 마리 말이 끄는 병차(兵車)로 천승이라 하면 말이 4천 마리가 됩니다. 일승에는 말을 모는 마부를 비롯하여 모두 세 명의 병사가 타게 되어, 천승이면 병사 수만 해도 3000명이 됩니다. 거기에 보병과 물자수송 지원인력까지 합하면 일승에 100명의 군단으로 하니, 천승이면 10만 대군의 거대병력을 꾸릴 수 있게 되어 춘추시대 천승지국은 제나라, 진나라 등과 같은 강대 제후국을 의미합니다. 그런 제후국을 다스리는 일에는 경(敬), 신(信), 절(節), 애(愛), 시(時)가 필요하다는 겁니다. 이를 줄여 경신(敬信), 절애(節愛), 시(時)가 필요하다는 말입니다. 나라를 다스리는 데는 일을 공경하여 백성들에게 신임을 얻어야 하며, 국가 재정의 절약으로 사람들을 사랑해야 하고, 백성의 부림에는 그 시기를 잘 선택하여 백성의 어려움을 최소화해야 함을 의미합니다.

경사(敬事)란 어떤 일을 할 때 성실하게 정중하게 하는 것을 말합니다. 맡은 소임을 공경하는 마음으로 경건하게 실행하는 것을 의미합니다. 공자는 군자가 가져야 할 9가지 생각을 말하면서 그중 하나를 사사경(事思敬)이라 했습니다. 일을 할 때는 공경함을 생각하라. 일을 할 때는 경건하게 하라. 웃어른이나 윗사람을 모실 때는 항상 공경하는 마음을 가지고 있어야 한다는 말이지요. 경사(敬事)와 같은 말입니다.

▧ 知新

나라를 통치하는 정치 리더나, 기업을 경영하는 경영 리더나, 가정을 꾸려나가는 가정 리더나 조직을 이끄는 원칙은 다를 바가 없습니다. 이 경영의 원칙은 대통령이나 CEO나 팀장이나 부장이나 집안의 가장이나 다르지 않습니다.

대통령을 위시한 국가를 경영하는 각 부문의 리더들은 매사를 성실히 하여 국민의 신뢰를 얻어야 합니다. 국가재정은 절약해야 하고 국민을 진심으로 사랑하는 마음을 가지고 있어야 합니다. 현재의 조건과 미래 비전에 맞게 국민을 키워 낼 줄 아는 혜안을 가지고 국가를 경영해야만 합니다. 국가의 막강한 자원을 개인의 이익 기준에 맞춰 국가를 운영한다면 그것은 리더와 국민 모두에게 손해가 되고 맙니다.

최고경영자를 위시한 기업을 경영하는 각 사업장의 리더들은 매사를 성실히 하여 안으로는 직원들과 밖으로는 고객들의 신뢰를 얻어야 합니다. 조직의 재정은 절약해야 하고 사원들을 진심으로 사랑하는 마음을 가지고 있어야 합니다. 현재의 조건과 미래 비전에 맞게 직원들을 키워 낼 줄 아는 전략을 가지고 기업을 경영해야만 합니다. 조직인력의 활용에 경중 완급에 맞는 전략을 써야 합니다. 조직의 막강한 자원을 개인의 이익 기준에만 맞춰 기업을 운영한다면 그것은 경영진과 직원 고객 모두에게 손해가 되고 맙니다.

20명을 리딩하는 팀장의 입장에서도 마찬가지입니다. 조직의 중간 리더인 팀장들은 매사를 성실히 하여 아래로는 직원들과 위로는 경영진들에게 신뢰를 얻어야 합니다. 팀으로 할당된 조직의 재정은 절약해야 하고 팀원들을 진심으로 사랑하는 마음을 가지고 있어야 합니다. 현재 업무와 다가올 미래 비전에 대비하여 직원들을 키워 낼 전략을 가지고 팀을 경영해야만 합니다. 조직인력의 활용에 경중 완급에 맞는 인력 운용 전략을 써야 합니다. 팀의 자원을 팀장 개인의 이익 기준에만 맞춰 팀을 운영한다면 그것은 결국 조직과 팀과 팀원 모두에게 손해가 되고 맙니다.

가정을 이끄는 가장에게도 마찬가지입니다. 가장은 매사를 성실히 하여 아래로는 가족들로부터 신뢰를 얻어야 합니다. 위로는 부모님의 신뢰를, 아래로는 자식들로부터의 신뢰를, 좌로는 일가친척들로부터의 신뢰를, 우로는 처가댁 친척들로부터의 신뢰를 얻어야 합니다. 가정의 재정은 절약으로 시작을 해서 저축으로 이어져야 하고, 가족을 진심으로 사랑해야 합니다. 스스로의 꿈과 미래 비전에 어울리는 자식으로 키울 교육 전략을 가지고 가정을 경영해야만 합니다. 모든 가정사는 경중 완급에 맞는 운용 전략을 써야 합니다. 가정이 가장 개인의 기호에만 맞춰 운영한다면 그것은 결국 가정과 가족 모두에게 손해가 되고 맙니다.

어쩌면 그것은 개인에게도 마찬가지인 것 같습니다. 나라를 통치하는 대통령, 기업을 경영하는 CEO, 조직을 이끄는 팀장, 과장, 가정을 이끄는 가장만이 리더가 아닙니다. 둘이 살아도 그중의 한 명은 리더가 됩니다. 혼자 살아도 리더가 필요합니다. 바로 셀프리더입니다.

셀프리더는 매사를 성실히 하여 먼저 스스로에게 신뢰를 얻어야 합니다. 스스로 목표를 세우고 스스로 관리를 하면서 바른 삶을 살아가고 있다는 셀프리더로서의 믿음을 구축해야 합니다. 개인 재정은 절약으로 시작을 해서 저축으로 이어져야 하고, 스스로를 누구보다 사랑해야 합니다. 스스로의 꿈과 미래 비전에 어울리는 자기 성장 교육에 전략을 가지고 스스로를 경영해야 합니다. 모든 일에는 경중완급에 따라야 합니다. 혼자 사는 자유로움 속에 스스로의 기준이나 규범을 무시하면 결국 자신에게 큰 손해가 되고 맙니다.

06 학이 06장

제자입효 弟子入孝 ▶ 공부보다 사람됨이 먼저다.

子曰

弟子入則孝 出則弟

謹而信 汎愛衆而親仁

行有餘力 則以學文

자왈

제자 입즉효 출즉제

근이신 범애중이친인

행유여력 즉이학문

공자께서 말씀하셨다.

"제자는 집에 들어가서는 효도하고 밖에 나와서는 공손하며, 행실은 삼가고 말은 믿음직해야 하고, 널리 사람을 사랑하며 인자를 가까이해야 한다. 이를 행하고 여력이 있으면 글을 배워야 한다."

▧ 集註

‖자 가라사대, 弟子 드러는 孝하고, 나는 弟하며, 謹하고 信하며 널리 衆을 愛하되 仁을 親히 할지니 行함이 남은 힘이 있거든 곧 글을 學할지니라. (이이)

‖공자가 말했다. 젊은이는 들어와서는 효도하고 나가면 공손하며, 삼가고 미덥게 하며, 널리 사람을 사랑하되 인한 사람과 친해야 하니, 행하고 남은 힘이 있으며 성인의 글을 배운다. (오규 소라이)

‖공자께서 말씀하셨다. 자제들은 집에 들어와서는 부모에게 효도하고, 밖에 나가서는 모든 이에게 우애해야 하며, 신중하여 믿음이 가게 해야 하며, 널리 사람들을 사랑하고, 학문과 도덕을 갖춘 사람을 친근히 하여야 한다. 이렇게 행하고도 남은 힘이 있거든 글을 배우라. (남회근)

‖공자께서 말씀하셨다. 제자가 들어가서는 효도하고, 나와서는 공손하며, 행실은 삼가고, 말을 성실하게 하며, 널리 사람들을 사랑하되 인한 이를 친근히 해야 하니, 이것을 행함에 여력이 있으면 그 여력을 이용하여 글을 배워야 한다. (성백효)

‖공자께서 말씀하시었다. 젊은이들이여, 들어가서는 효성스럽게 하고, 나와서는 다정하게 하시오. 말은 삼가되 믿음 있는 말만 하시오. 많은 사람을 널리 사랑하되 인한 자를 가까이 하시오. 이 모든 것을 실천하고 남음이 있으

면 곧 문자를 배우시오. (김용옥)

▧ 意譯

드디어 학이편의 중심 주제를 공자가 꺼낸다.

"자, 그렇다면 학문(學問)이란 무엇이며 학문(學文)은 언제 시작하는 것이 좋은가라는 주제를 토론해 보자. 여러분은 학문(學問)을 한다는 것이 무엇으로 생각하느냐? 내가 생각하는 학문(學問)은 사람 됨됨이가 바르고 행위 또한 바른 것을 배우고 묻는 것이다. 먼저 인간다운 사람이 되는 것이 중요하다는 말이다. 제대로 된 인간이 된 후에 육예(六藝)와 같은 학문(學文)을 해도 늦지 않을 것이다. 그러니 너희들은 집에서는 부모님께 효도를 다 하고, 집 밖의 사람들에게는 늘 공손하고 다정해야 한다. 행동은 삼가서 하고 말은 믿음직스럽게 해야 한다. 사람들을 사랑하면서 학문과 도덕을 갖춘 어진 사람을 늘 가까이하려고 노력해야 한다. 이를 충분히 행한 후 육예를 비롯한 학문(學文)은 해도 늦지 않다는 말이다. 어려운 역사를 줄줄 외우고 외국어에 능통하며 계산에 신속하다고 해도, 밖에서 어른들을 볼 때 인사도 제대로 못하고, 안에서는 어버이의 속을 썩게 한다면 이는 다른 사람을 이끄는 리더가 되기엔 아직 멀다는 말이다."

▧ 溫故

학문(學問)과 학문(學文)이란 무엇인가? 학문(學問)은 사람 됨됨이가 바르고 행위가 바른 것을 배우고 묻는 것입니다. 먼저 제대로 된 인간이 된 후에 육예(六藝)와 같은 학문(學文)을 해도 늦지 않은 것입니다. 먼저 사람이 된 후에 국영수와 같은 학문(學文)을 해도 늦지 않을 것입니다.

그러니 집에서는 부모님께 효도를 하고 밖에서는 사람들에게는 늘 공손해야 합니다. 행실은 삼가서 하고 말은 믿음직스럽게 해야 합니다. 현자를 만나 배울 때는 얼굴색을 신중히 하고 바른 배움의 자세를 유지해야 합니다. 공무를 진행할 때는 온몸을 다 바친다는 각오로 임해야 하고 친구들과는 늘 신의를 지켜야 하며 말에는 믿음이 있어야 합니다. 그게 바로 학문(學問)인 것입니다.

학문도 사업도 모두 처음에 어떻게 하느냐에 달려있습니다. 부모에게 효도하고 현자에게 현인의 모습을 배우고 동료나 친구들과는 신의를 무엇보다 중요하게 여기는 것이 인생성공의 기반이 된다는 말입니다. 그러니 부모가 살아계실 때는 부모님께서 어떤 뜻을 가지고 계신지를 늘 살펴서 그것이 도의에 어긋나지 않는 것이라면 충실히 따라야 하는 것입니다. 부모님이 돌아가신 뒤라 할지라도 그간 부모님이 남기신 선한 행위를 계속 따르는 것이 효라 할 수 있는 것입니다.

공자는 제자들에게 옥석을 가지고 옥 반지를 만들 때 톱으로 돌을 자르고, 자른 돌을 줄로 갈고, 반지 모형으로 정으로 쪼고, 다시 모래 종이로 윤이 나게 문지르듯 절차탁마 학문을 하라 가르쳤습니다.

▧ 知新

공자는 안에서 부모님께 효도하고 밖에서는 어른들을 공경하며 사람들을 공손하게 대하라는 이 당연한 말을 하신 이유가 무엇일까요? 그 옛날 춘추시대 사람들도 불효자와 불손하고 불경한 젊은이들이 적지 않았기에 제자들은 이런 스승의 당부를 들어야만 했을 것입니다. 조직과 사회를 이끌어가고자 하는 미래의 리더들에게 더욱 필요한 주문이기 때문입니다. 앞서가는 리더가 되고 싶다면 입측효 출즉제부터 시작하라는 가르침입니다.

2500년 전 공자는 집안에서는 먼저 부모에 대한 효부터 배우라 합니다. 밖에 나가서는 태도가 공손하고 윗사람에겐 공경하는 것을 배우라 합니다. 사람들과의 관계에서는 언행을 조심하고 믿음을 얻어야 하며 사람들과는 사랑을 나눌 줄 알아야 하며 어진 사람이 먼저 됨을 배우라 합니다. 이것들을 먼저 모두 배운 후에 글을 배우고 공부를 하라 합니다.

요즘 우리는 무엇을 먼저 배우고 있나요? 한글도 모르는 아이에게 외국어를 꾸역꾸역 가르치고 욕을 하며 덤벼드는 아이에게 태권도를 억지로 가르치고 인성이 자리잡기도 전에 아이를 외국으로 유학 보냅니다. 또한 과정을 무시한 채 수단과 방법을 가리지 않고 결과로만 박수 받고 인정받는 입시 경쟁 속에서 살아가는 것이 바른 길인 것 같은 사회에서 과연 공부다운 공부를 하고는 있는 것일까요?

부모의 입장을 이해하고 따르는 그것이 우리의 삶을 얼마나 의미 있고, 가치 있게 하는 것인지를 알고 싶다면 부모가 되면 누구나 알 수 있습니다. 윗사람에게 공손하고 윗사람을 공경하는 마음의 자세가 우리의 사회를 얼마나 아름답게 만드는 것인지를 알고 싶다면 어른이 되면 누구나 알 수 있습니다.

주변 사람들에게 믿음을 주고 신뢰를 주는 것이 우리의 사회생활에 얼마나 긴요한 것인지를 알고 싶다면 큰 사기를 당해 보면 누구나 알 수 있겠지요.

국어 영어 수학 철학 미술 음악, 인생에 이런 공부만 중요한 것이 아니라는 것을 어른이 되면 바로 알게 됩니다. 그래서 공자는 이 어구의 앞에다 '제자들이여'라는 토를 단 것 아닐까요. 인생을 살다 보면 모두 알게 되는 것들이지만 어린 사람들은 아직 잘 모르니까요. 문제는 공자는 이렇게 가르쳤는데 우리는 우리의 아이나 학생들에게 그냥 모른 척하면서 영어 수학만 종일 가르치고 있는 것은 아닐까요? 하지만 이 말은 요즘 아이들에게 하는 말이 아닌, 요즘 성인들에게 하는 말로 들립니다. 학교에서 좋은 성적만 받아온다면 그 나머지는 모든 것을 희생하고 생략해도 뭐라 할 말을 못 하는 요즘 학부모들에게 말하고 있는 것입니다. 자기 자식을 제외한 그 어떤 아이들에게도 신경 쓰고 있지 못한 요즘 사람들에게 하는 말입니다.

아무리 학교에서 선생님으로부터 '입즉효 출즉제'를 교육 받는다 해도 집안에서 부모들이 그것을 제대로 받아들이지 못하기 때문입니다. 이 시대의 부모들 역시 대부분 그렇게 살았기 때문입니다. 좋은 곳에 살아야 좋은 학교를 가고, 좋은 성적을 받아야 더 좋은 학교를 가고, 좋은 대학을 가야 좋은 곳에 취업을 하고, 좋은 곳에 취업을 해야 많은 월급을 안정적으로 받게 되어 편하게 살아갈 수 있고, 그것이 행복한 인생 성공적인 인생이라고 믿었기 때문입니다. 1등만 될 수 있다면 모든 것이 용서되고 우선순위가 되는 그런 시대를 살았고 그런 시대를 살고 있기에, 감히 집안에서 공부한다고 들어박혀 있는 아이들에게 뭐라 할 말도 못 하는 요즘 학부모들에게 공자가 답답하여 하는 말입니다.

그건 직장에서도 마찬가지입니다. 제5장이 리더들에게 한 가르침이라면 제6장은 아직 리더로 성장하기 전의 초학자들에게 던지는 공자의 가르침입니다. 회사로 치면 제5장은 CEO를 비롯하여 임원 부장 과장들에게 던진 당부라면 제6장은 신입사원이나 아직은 일을 배우는 경력이 많지 않은 사람들에게 던지는 공자의 당부라 생각하면 틀리지 않을 것입니다.

"제자는 집에 들어가서는 효도하고 밖에 나와서는 공손하며, 행실은 삼가고 말은 믿음직해야 한다. 널리 사람을 사랑하며 인자를 가까이해야 한다. 이를 행하고 여력이 있으면 글을 배워야 한다."

신입사원들은 출근해서는 직장 예절을 지키고, 생산 현장이나 영업 현장에 나가서는 만나는 사람들에게 공손해야 하며, 직장에서의 행동거지는 늘 조심해야 하고, 자기가 한 말에는 위아래를 막론하고 책임을 지는 신뢰감을 보여주어야 합니다. 직장 내의 사람들이나 직장 밖의 사람들이나 언제 어디서 어떤 인연으로 만날지 모르는 것이 사람의 일이기 때문에 최대한 사랑으로 인간관계를 확대해 나가야 합니다. 이렇게 먼저 주변과 사람들과의 관계 형성에 힘쓴 다음 업무지식을 배워도 늦지 않습니다.

직장에서의 일은 사람이 하는 것이지 지식이 하는 것이 아닙니다. 먼저 인간다운 직원이 되어야지 깊은 지식을 가지고는 있지만 예의범절이 제로인 비인간다운 직원이 된다면 그것은 인재(人材)가 아니라 인재(人災)로 전락할 가능성이 너무 높습니다.

다른 것도 마찬가지지만 효의 개념도 다분 상대적입니다. 부자자효(父慈子孝)라는 말이 있습니다. 부모가 자식에게 사랑을 주는 것이 먼저입니다. 부모가 자식을 사랑으로 먹여주고 길러주고 자애로운 마음으로 자식을 훈육함이 먼저라는 말입니다. 그러면 자연히 자식도 부모에게 효도를 하게 됩니다. 아니 효도를 다 해야 할 것입니다. 가끔 이를 역으로 해석하는 사람들이 있습니다. 자식을 세상에 던진 것 이외에 아무것도 자식에게 해준 것이 없는데도 자식으로부터 효도를 받아야만 한다고 착각하는 부모들이 바로 그들입니다.

07 학이 07장

현현역색 賢賢易色 ▶ 진정한 학문이란?

子夏曰

賢賢易色

事父母能竭其力

事君能致其身

與朋友交言而有信

雖曰未學 吾必謂之學矣

자하왈

현현역색

사부모능갈기력

사군능치기신

여붕우교언이유신

수왈미학 오필위지학의

자하(子夏)가 말했다.

"현자를 본받아서 태도를 바꾸고, 부모를 섬길 때에는

자기의 있는 힘을 다하며, 임금을 섬길 때에는

자기 몸을 다 바치고, 친구와 사귈 때 말에 신의가 있으면,

비록 그가 배우지 못했다 하더라도,

나는 반드시 그를 배운 사람이라 하리라."

▧ **集註**

‖子夏 가로대, 어진이를 어질게 여기되 色을 바꾸며 父母를 섬기되 能히 그 힘을 竭하며, 임금을 섬기되 能히 그 몸을 致하며, 朋友로 더불어 交하되 言함이 信이 있으면 비록 學하지 못하였다고 해도 나는 반드시 學 하였다 이르리라. (이이)

‖자하가 말했다. 현명한 사람을 현명하게 여기되 안색을 바꾸며, 부모를 섬기되 그 힘을 다할 수 있으며, 임금을 섬기되 그 몸을 바칠 수 있으며, 벗과 더불어 사귀되 말함에 믿음이 있으면, 비록 배우지 못하였다고 말하더라도 나는 반드시 그를 배웠다고 말하겠다. (오규 소라이)

‖자하가 말했다. 현인을 본받아서 태도를 바꾸고, 부모를 섬김에 그 힘을 다하며, 임금을 섬김에 극 몸을 바치며, 벗들과 사귐에 있어 말에 신의가 있다면, 비록 그가 글공부는 하지 않았다 하더라도 나는 반드시 그를 가리켜 학문을 한 사람이라 할 것이다. (남회근)

‖자하가 말하였다. 어진 이를 어질게 여기되 여색을 좋아하는 마음과 바꿔서 하며, 부모를 섬기되 능히 그 힘을 다하며, 인주(人主)를 섬기되 능히 그 몸을 바치며, 붕우와 더불어 사귀되 말에 성실함이 있으면 비록 배우지 못했다고 말하더라도 나는 반드시 그를 배웠다고 이르겠다. (성백효)

‖자하 말하였다. 어진이를 어진이로 대하기를 아리따운 여인을 좋아하듯

해라. 부모를 섬길 때는 있는 힘을 다하여라. 임금을 섬길 때는 그 몸을 바쳐라. 친구와 사귈 때는 믿을 수 있는 말만 하여라. 그리하면 배우지 않았다 하더라도 나는 반드시 그를 배운 사람이라 일컬을 것이다. (김용옥)

▧ 意譯

공자의 말이 끝나자 이번에 자하가 조금 더 구체적인 사례를 들어 스승의 가르침에 확신을 더했다.

"스승님, 저도 그렇게 생각합니다. 학문(學文)을 하기 전에 먼저 사람이 되어야 합니다. 현자를 만나 배울 때는 얼굴색을 신중히 하고 바른 배움의 자세를 유지해서 현자를 본받아야 합니다. 앞에서도 말씀들을 하셨습니다만 부모를 모실 때는 열과 성을 다해 자기의 있는 힘을 다해야 합니다. 공직에 나가거나 공무를 진행할 때는 온몸을 다 바친다는 각오로 해야 할 것입니다. 친구들과는 늘 신의를 지켜야 하며 말에는 믿음이 있어야 합니다. 저는 이것이 학문(學問)을 한 사람의 모습이라 생각합니다. 그러니 만약 어떤 사람이 학문(學文)을 배우지 못했다고 하더라도 저는 그를 이미 배운 사람이라고 말하고 싶습니다."

▧ 溫故

자하(子夏)는 위나라 사람으로 성은 복(卜), 이름은 상(商), 자는 자하(子夏)며 증자보다는 2살이 많고, 공자보다 44세 적었습니다. 시에 익숙하고 문학으로 이름이 났으며 거보(筥父)지역을 다스리기도 했습니다. 공자 사후 서하(西河)에서 제자들을 가르쳤는데 이때 위(魏)나라 문후가 그를 스승으로 섬겼고 국정을 그에게 물어서 행했다고도 합니다.

현현역색(賢賢易色)은 3가지로 해석이 가능합니다. 어진 현자를 어질게 여기기를 여색을 좋아하듯 하라는 해석입니다. 이는 易를 바꿀(역)으로 해석한 것입니다. 현자를 만나 배울 때는 얼굴색을 신중히 하고, 바른 배움의 자세를 유지해서 현자를 본받아야 한다고 해석하기도 합니다. 이때도 역시 易는 바꿀(역)으로 보아야 합니다. 또한 부인은 현명함이 중요하지 부인의 색(용모)은 가볍게 해야 한다는 해석도 가능합니다. 이는 易를 쉬울(이)로 해석한 것입니다.

공자의 제자인 자하는 사람이 배웠다라고 하는 것은 다음의 네 가지만 보면 알 수 있다고 했습니다. 첫째는 현자를 현자로 여길 줄 알아야 한다는 것입니다. 현명한 사람 혹은 훌륭한 사람을 보면 바로 알아보고 제대로 대우하여, 그에게 배우기를 마치 아름다운 여인을 보듯 자연스럽게 할 수 있다면 좋겠다는 것입니다. 물론 쉽지 않은 일이지요. 그러려면 먼저 어떤 사람이 정말 현명한 자인가를 알아야 합니다. 유명한 사람이 모두 현자가 아니듯, 내가 존경하는 사람만 현자도 아닙니다. 현명한 현자를 찾아내어 그를 존경하고 좋아하기를 아름다운 사람을 보면 자신도 모르게 눈길이 가듯 현자를 보면 자신도 모르게 그를 존경하고 배우라는 말이지요. 여기서 말하는 현자란 누구를 말할까요? 나보다 먼저 깨달은 자 혹은 나보다 먼저 배운 자입니다. 그 현자를 미워하고 질시하면 개인이나 조직이나 국가나 기울어지는 길로 접어들고, 그 현자를 좋아하고 즐거워하면 개인이나 조직이나 국가나 발전의 길로 접어듭니다.

두 번째로 부모를 제대로 섬길 줄 아는가? 부모를 따르고 존경하며 지극한 효를 다할 줄 알고 있는가. 세 번째로는 몸을 사리지 말고 나라를 위해 한목숨 던질 수 있는가. 네 번째로는 주변 사람들에게 늘 신뢰를 주는 사람인가. 그러면 비록 배우지 않았다 치더라도 비록 좋은 대학을 나오지 않았더라도 그는 분명 배움이 훌륭한 사람이라는 것입니다.

다시 한번 정리하면 제5장은 공자께서 리더들에게 한 가르침입니다. 제6장은 공자께서 아직 리더로 성장하기 전의 초학자들에게 한 가르침입니다. 제7장은 스승의 가르침에 대하여 자하라는 탁월한 제자의 사례를 들어 한 번 더 강조를 하고 있습니다. 논어의 구성 짜임새가 아주 치밀함을 알 수 있습니다. 훌륭한 멘토나 스승을 따르는데 성실해야 하고, 부모를 모시고 따르는데 성실해야 하며, 조직이나 국가에서 상사나 윗사람을 모시는데 성실해야 하고, 벗이나 친구 동료들에게 성실히 임한다면, 그것이 제대로 배운 사람 그것이 제대로 인생을 잘 살아가는 표본이 아니겠는가를 자하(子夏)가 우리에게 묻고 있습니다.

▧ 知新

현자를 본받아서 태도를 바꾸고, 부모를 섬길 때에는 자기의 있는 힘을 다하며, 임금을 섬길때에는 자기 몸을 다 바치고, 친구와 사귈 때 말에 신의가 있으면, 비록 그가 배우지 못했다 하더라도 나는 반드시 그를 배운 사람이라 하리라."

조직에는 생각보다 뛰어난 사람들이 곳곳에 숨어있습니다. 어떤 사람은 제조기술이 뛰어나고, 어떤 사람은 영업기술이 뛰어납니다. 어떤 사람은 사람 다루는 인용술이 뛰어나고 어떤 사람은 인간성이 뛰어납니다. 운이 좋다면 이 모두를 갖춘 사람을 만날 수도 있겠지만 우리가 사는 현장의 현실은 대개 그렇지 못합니다. 그러니 기술이 뛰어난 이에게는 기술을 배우고, 인성이 뛰어난 이에게는 인성을 배우면 됩니다.

Understand라는 말이 있습니다. 이해라는 뜻이지요. 무엇인가 배우려면 그의 아래(under)에 서라(stand)는 말입니다. 우선 겉으로라도 배우려는 겸손한 태도를 보이라는 실용적인 뜻이 들어있는 영어단어인 것 같습니다. 그것을 자하는 역색(易色)이라 했습니다. 얼굴색을 바꾸라는 것은 자세를 바꾸라는 말입니다. 진심으로 무엇인가 배우려는 진솔하고 성실한 자세를 보이라는 주문입니다.

바른 자세를 하고 찾아오는 겸손한 후배를 마다할 선배는 없습니다. 무엇인가 가르침을 달라 하는 진솔한 사람을 거부할 그런 뛰어난 사람은 없습니다. 미소 가득한 겸손한 자세의 학생을 마다할 선생은 없습니다. 그러니 배우고자 하는 자는 먼저 겸손한 자세, 진심으로 존경하는 마음을 가져야 합니다. 속으로는 비웃음을 겉으로는 가짜 미소를 가지고는 배울 수 없습니다. 그런 사람에게 진심으로 가르쳐주고 싶은 선배나 동료가 어디 있고 선생이 어디에 있겠습니까?

08 학이08장

군자부중 君子不重 ▶ 리더의 무게를 느껴라.

子曰

君子不重則不威 學則不固

主忠信

無友不如己者 過則勿憚改

자왈

군자부중즉불위 학즉불고

주충신

무우불여기자 과즉물탄개

"군자가 자중하지 않으면 위엄이 없고,

배워도 학문이 견고하지 않게 된다.

충실함과 신의를 위주로 하고, 자기보다 못한 벗은 없으니

잘못이 있으면 고치기를 꺼려하지 말아야 한다."

▧ 集註

‖ 子 가라사대, 君子 重치 아니 하면 威치 아니하나니, 學하면 固치 못하느니라. 忠信으로 主하며, 己만 갇지 못한 이를 友치 말고, 過어든 改함을 憚치 말 지어니라. (이이)

‖ 공자가 말했다. 군자는 중요한 일이 아니면 위엄을 부리지 않고, 배움을 고집하지 않는다. 진실과 믿음을 주로 하며, 자기보다 못한 이를 벗 삼지 말며, 허물이 있으면 고치기를 꺼리지 말아야 한다. (오규 소라이)

‖ 공자께서 말씀하셨다. “군자는 자중하지 않으면 위엄이 없고, 학문도 견고하지 않게 된다. 충실함과 신의를 위주로 하고, 자기보다 못한 벗은 없으니 잘못이 있으면 고치기를 꺼리지 말아야 한다.” (남회근)

‖ 공자께서 말씀하셨다. 군자가 자중하지 않으면 위엄이 없고, 배움도 견고하지 못하다. 충신을 주장하며, 자기만 못한 자를 벗 삼지 말고, 허물이 있으면 고치기를 꺼리지 말아야 한다.(성백효)

‖ 공자께서 말씀하시었다. 군자는 무게 있게 행동하지 않으면 위엄이 없고, 배워도 학문이 견고하지 못하게 된다. 우러나오는 마음과 믿음 있는 말을 주로 하며, 자기보다 못한 자를 벗 삼지 아니하며 허물이 있으면 고치기를 꺼리지 않는다. (김용옥)

▧ 意譯

자하의 발언을 귀담아듣던 공자가 자하의 말에 한마디를 더 했습니다.

"역시 복상의 말이 옳도다. 그것이 진짜 학문을 하는 리더의 모습이라 할 것이다. 거기에 한두 가지 더 첨언 하자면 자고로 사람과 조직을 이끄는 리더는 자중감이 있어야 한다. 자중감은 스스로를 중히 여기는 자존감과 같은 말이다. 자신은 중요한 존재라는 것을 스스로 알고 있어야 한다. 그 자중감이 없으면 속으로나 겉으로나 떳떳함을 드러내기가 어렵다. 스스로 중요한 사람이라는 자존감이 있어야 겸손하면서도 당당한 모습을 보일 수 있게 된다. 자존감이 없으면 배워도 배움이 견고하게 되지 못하고, 다른 사람의 주장이나 의견에 쉽게 빠져들게 된다. 우리는 늘 자신의 일에 최선을 다하면서 사람들과의 관계에는 신뢰를 유지해야 한다.

너희들은 잘 보거라. 이 세상에 과연 너희들보다 못한 사람이 얼마나 있겠느냐? 사람에겐 누구나 최소 한두 가지씩은 다른 사람보다 나은 것이 있게 마련이다. 세상에 자기보다 못한 사람은 없다는 겸손한 마음으로 주변의 친구들이나 사람들로부터 배우기를 게을리해서는 안 된다. 그러니 세상 사람은 모두 나의 선생이 될 수 있는 것이다. 그들을 보면서 자기 스스로를 되돌아보고 자신에게 잘못이 있으면 고치기를 게을리하지 말아야 한다."

▧ 溫故

제5장은 공자께서 리더들에게 한 가르침입니다. 제6장은 공자께서 아직 리더로 성장하기 전의 초학자들에게 한 가르침입니다. 제7장은 스승의 가르

침에 대하여 자하라는 탁월한 제자의 사례를 들어 한번 더 강조를 하고 있습니다. 본 8장에서는 리더의 내적 자세에 대해 가르치고 있고 마음 자세를 다시 한번 강조합니다.

군자는 먼저 자중감이 있어야 한다고 합니다. 중(重)을 무겁다는 뜻보다는 자중감 혹은 자존감으로 이해해야 합니다. 자중감은 스스로를 소중히 여기는 자존감과 같은 말입니다. 자신이 중요한 존재라는 것을 스스로 믿고 있어야 한다는 것이지요. 그 자중감이 없으면 속으로나 겉으로나 떳떳함을 드러내기가 어렵기 때문입니다. 겸손하면서도 당당한 모습은 스스로 중요한 사람이라는 자존감이 있을 때 가능한 일이기 때문입니다.

나 스스로에 대해서 혹은 내가 하고 있는 일에 대해서 당당한 마음이 있어야 합니다. 다른 사람의 떡이 더 커 보일 때가 많습니다. 내 직업보다 다른 사람의 직업이 더 멋져 보일 때가 종종 있습니다. 그래서 위축될 때가 가끔 있습니다. 따라서 공자가 이렇게 가르치고 있는지도 모릅니다. 당신이 리더(군자)라면 먼저 자기 자신과 자신의 일이 소중하고 중요하다는 것을 스스로 알아야 한다고 말입니다. 이는 특히 사람과 조직을 이끄는 리더에게는 더욱 중요합니다.

자중감이 없을 때 어떤 일이 일어날까요? 학즉불고(學則不固)라 했습니다. 즉 자존감이 없으면 배워도 배움이 견고하게 되지 못하고 다른 사람의 주장이나 의견에 쉽게 빠져들게 된다는 뜻입니다. 주변에서 좋은 강의나 교육이 있으니 무조건 들으라 해서 듣기보다는 자신의 일에 대한 발전과 개선을 위해 어떤 교육이나 강의를 들어야 할까 혹은 자신의 중장기적인 경력개발을 위해 스스로 찾아서 하는 교육이라야 그 학습의 결과가 견고하게 된다는 뜻입니다. 세상의 주인은 나 스스로임을 리더들은 늘 생각을 하라는 말입니다.

그 뒤에 나오는 주충신(主忠信)은 무슨 뜻일까요? 리더는 자중감을 가지고 늘 배우는 자세와 함께 자기 스스로에게는 충실하고 다른 사람에게는 믿음직스러운 사람이 되라는 뜻입니다. 사실 쉬운 일은 아닙니다. 자신은 소중한 사람이라는 스스로의 믿음과 함께 늘 배움에 힘쓰며 일에는 충실하고 다른 사람들에게는 믿음직스러운 사람이 되라는 공자의 가르침이 절대로 쉬운 일은 아니지요. 그러니 군자가 된다는 것은, 리더가 된다는 것은 쉬운 일이 아닌 것 같습니다. 하지만 그만큼 가치 있는 일이 분명합니다.

마지막으로 리더에게 정말 필요한 덕목을 공자는 이렇게 이야기합니다. 자기 스스로 소중한 사람이라는 것을 늘 인식하며 책임감 있고 리더답게 생활해야 되겠지만, 자중감이 너무 넘쳐 다른 사람을 무시하거나 건방을 떨면 안 된다고 말입니다. 우리는 늘 자신의 일에 최선을 다하면서 사람들과의 관계에서는 신뢰를 유지해야 합니다. 공자는 이렇게 이야기합니다.

"너희들은 잘 보거라. 이 세상에 과연 너희들보다 못한 사람이 얼마나 있겠느냐?"

사람에겐 누구나 최소한 한두 가지씩은 다른 사람보다 나은 것이 있게 마련입니다. 세상에 자기보다 못한 사람은 없다는 겸손한 마음으로 주변의 친구들이나 사람들로부터 배우기를 게을리해서는 안 된다는 말이지요. 세상 사람은 모두 나의 선생이라는 것입니다. 그들을 보면서 자기 스스로를 되돌아보고 자신에게 잘못이 있으면 고치기를 게을리하지 말아야 한다는 뜻입니다.

군자는 리더입니다. 그러니 리더는 먼저 자기 스스로 소중한 사람이라는 자중감을 갖고 있어야 밖으로 당당함을 보일 수 있게 됩니다. 자기 자신의 삶이 소중하다는 것을 알아야 다른 사람의 삶도 소중하다는 것을 알기 때문입니다. 그런 자중감을 바탕으로 한 학습과 배움이라야 한 가지를 배워도 확실히 내 것이 되는 것이지요. 자기 스스로에게는 충실하고 다른 사람에게는 믿음을 주는 그런 사람이 되어야 합니다. 리더는 주변의 동료들이나 후배들을 무시해서는 안 됩니다. 사람들에겐 모두 그들만의 장점이 있기 때문이지요. 함께하는 사람들로부터 좋은 것을 배우려 늘 노력해야 합니다. 혹여 리더 스스로 잘못을 했다면 바로 고치기를 꺼려하지 말아야 합니다.

약 1500여 년 전에 만들어진 천자문에 '지과필개(知過必改)'라는 유명한 어구가 있습니다. 잘못(過)을 알았으면(知) 반드시(必) 고쳐야(改)한다는 말입니다. 또한 논어의 다른 장에서는 이렇게 가르치고 있습니다. "세 사람이 길을 가면 그중에 반드시 나의 스승이 있다. 그중 선한 자에게선 선함을 따르고, 선하지 못한 사람을 보면 나를 고치면 된다."

子曰 三人行必有我師焉 擇其善者而從之 其不善者而改之

자왈 삼인행필유아사언 택기선자이종지 기불선자이개지

▧ 知新

논어는 누구를 위한 책일까요? 논어는 리더를 위한 책입니다. 논어를 한마디로 정의하면 어떤 책이라 할 수 있을까요? 논어는 군자학 혹은 리더학이라 할 수 있습니다. 먼바다를 가로지르는 함선에서는 함장이 리더입니다. 하늘을 나는 비행기에서는 기장이 리더입니다. 도로를 왕복하는 버스에서는 기사가 리더입니다. 앞에서 끌고 가는 것은 모두 리더의 일입니다. 그것이 나라든 가정이든 함선이든 비행기든 버스든 마찬가지입니다.

논어는 그 리더를 위한 책입니다. 큰 리더에게는 큰 리더십을 알려주고, 작은 리더에게는 작은 리더십을 알려주는 논어입니다. 그러니 예로부터 수많은 리더들이 논어로부터 다양한 리더십을 익혔습니다. 정치가는 정치 리더십을 배우고 기업가는 경영 리더십을 논어에서 배웠습니다.

어느 부서에서 어떤 일을 하든지 우리는 모두 리더입니다. 혹여 아직 리더가 아니라고 생각해도 내일이면 리더가 됩니다. 우리는 누군가의 선배이고 누군가의 상사입니다. 우린 누군가의 형이고 누군가의 언니입니다. 우린 누군가의 아버지고 누군가의 어머니입니다. 우리는 모두 리더입니다. 나는 소중한 사람이고 다른 사람 또한 나처럼 소중한 사람이라고 생각하는 당신이 리더입니다. 세상에 나보다 못난 사람은 없다고 말하는 당신이 바로 진정한 리더입니다. 다른 사람을 보고 배울 수 있는 당신이 리더입니다. 혹여 잘못했더라도 바로 고칠 수 있는 당신이 리더입니다.

09 학이09장

신종추원 愼終追遠 ▶ 시작과 마무리에 집중하라.

曾子曰

愼終追遠 民德歸厚矣

증자 왈

신종추원 민덕귀후의

증자가 말하였다.

“일은 그 결과를 신중히 예측하고, 그 시작을 따져 잘한다면

백성들의 덕은 너그럽고 신중해질 것이다.”

▧ 集註

‖ 曾子 가라사대, 終을 愼하며 遠을 追하면, 民의 德이 厚에 歸하리라. (이이)

‖ 증자가 말했다. 장례를 조심스레 치르고 먼 조상을 추모하면, 백성의 덕이 도타움으로 돌아올 것이다. (오규 소라이)

‖ 증자가 말했다. 일은 그 결과를 신중히 예측하고, 그 시작을 따져 잘한다면, 백성들의 도덕 기풍은 너그럽고 신중해질 것이다. (남회근)

‖ 증자가 말씀하셨다. 초상을 삼가서 치르고 돌아가신 분을 추모하면 백성의 덕이 후함에 돌아갈 것이다. (성백효)

‖ 증자가 말하였다. 삶의 마감을 신중히 하고 먼 조상까지 추모하면, 백성의 덕이 후하게 될 것이다. (김용옥)

▧ 意譯

공자의 보충 설명이 끝나자 자신의 수양에 대해 매일 세 가지 측면에서 성찰과 실천을 한다고 말했던 증삼이 다시 말을 이었다.

"어떤 일의 마무리를 완벽하게 마치거나 성공적인 결과를 얻기 위해서 우리는 그 시작점을 생각해 보아야 합니다. 시작이 제대로 되었는지를 추적해 볼 필요가 있지요. 시작이 반이라는 말도 있듯이 시작을 제대로 하는 것이 매우 중요합니다.

학문의 시작도 사업의 시작도 모두 처음에 어떻게 하느냐에 달려있다고 생각합니다. 지금껏 여러분들이 하신 말씀이 다 그것에 대하여 지적하신 거지요. 부모에게 효도하고 현자에게 현인의 모습을 배우고 동료나 친구들과는 신의를 무엇보다 중요하게 여기는 것이 인생성공의 기반이 된다는 말씀이지요. 나라의 백성들 모두가 그런 마음을 갖게 된다면 그 덕은 결국 우리 모두에게 되돌아오지 않겠습니까?"

▧ 溫故

제9장의 해석은 크게 두 가지로 나뉩니다. 일본 에도 시대의 사상가였던 오규소라이는 장례를 조심스레 치르고 먼 조상을 추모하면 백성의 덕이 도타움으로 돌아올 것이라 했고, 한학자 성백효 선생 역시 초상을 삼가서 치르고 돌아가신 분을 추모하면 백성의 덕이 후함에 돌아갈 것이라 했으며, 도올 김용옥 선생도 삶의 마감을 신중히 하고 먼 조상까지 추모하면 백성의 덕이 후하게 될 것이라 했습니다. 쉽게 말하자면 돌아가신 분의 장례를 정성껏 치르고 조상들에 대한 제사를 성심껏 모시면 후손들은 복을 받을 것이라는 말입니다.

하지만 중국의 저명한 고전 학자였던 남회근 선생은 다르게 해석했습니다. 일은 그 결과를 신중히 예측하고, 그 시작을 따져 잘한다면, 백성들의 도덕 기풍은 너그럽고 신중해질 것이라고 했습니다. 장례와 제사 같은 의미와는 전혀 다른 의미의 해석입니다. 이는 군자가 가져야 할 업무태도, 리더가 가져야 할 업무태도를 말하고 있습니다.

▧ 知新

신종추원(愼終追遠). 신종(愼終). 일의 끝맺음을 신중하게 하라. 어떤 일이든 그 끝마무리가 중요합니다. 그 이유는 추원(追遠)에서 바로 찾아볼 수 있습니다. 추원(追遠). 멀리를 추적해 보라는 말이지요. 멀리는 두 가지로 볼 수 있는데 그 첫 번째는 일의 시작 즉 초심을 생각해 보라는 것입니다. 초심을 생각하여 끝마무리를 깔끔하게 마치라는 말입니다. 일을 시작할 때의 그 설레는 마음, 그 기대되는 마음으로 일을 마무리한다면 당연히 그 결과도 좋지 않을까요. 또 다른 추원(追遠)으로 이번에는 미래를 생각해 보라는 것입니다. 이 일이 성공적으로 완성되었을 때 미래에 끼칠 영향을 생각해 본다면 그저 흐지부지 끝내지는 못할 것이기 때문입니다. 일은 그 결과를 신중히 예측하면서, 그 시작을 따져 잘한다면 분명히 좋은 결과를 얻을 것입니다.

어떤 일이든 처음 시작할 때의 초심과 일이 완성되었을 때의 모습을 상상하면서, 신중하게 결과를 예측하고 끝맺음을 신중하게 한다면 이보다 더 좋은 과정은 없을 것입니다. 그 일이 개인적인 일도 그렇지만 공적인 일이라면 더욱 빛날 것입니다. 공적인 일을 이렇게 신중하고 면밀하게 한다면 그 혜택을 직접 받는 시민의 입장에서 더없이 좋은 일이지요. 그러니 공자도 백성의 덕이 후하게 될 것이라고 말을 했을 것입니다.

추원(追遠) 멀리를 추적해 보라는 말은 멀리를 생각해 보라는 말입니다. 어떤 일이든 좋은 시작이 중요합니다. 또한 그 일이 가치 있고 많은 사람들에게 유익한 일이어야 합니다. 그러니 일은 시작이 좋아야 합니다. 시작이 원만

해야 하며 많은 박수와 격려를 받아야 합니다. 그러려면 그 일이 어떤 일이든 간에 올바른 일이면서 많은 사람들이 원하는 일이어야 합니다. 그러면 신종(愼終) 마무리가 신중하게 됩니다. 그러니 깔끔한 마무리가 되는 조건은 추원(追遠)에 있습니다. 결국 제대로 된 시작이 좋은 결과를 만들어 냅니다.

10 학이 10장

필문기정 必聞其政 ▶ 정치에 관심이 많았던 공자

子禽問於子貢曰

夫子至於是邦也 必聞其政 求之與 抑與之與

子貢曰

夫子溫良恭儉讓以得之 夫子之求之也

其諸異乎人之求之與

자금문어자공왈

부자지어시방야 필문기정 구지여 억여지

자공왈

부자온량공검양이득지 부자지구지야

기저이호인지구지여

자금이 자공에게 물었다.

"스승님께서는 한 나라에 도착하시면

반드시 그 나라의 정치에 대해 들으시는데,

스승님이 듣기를 요구하는 것입니까,

아니면 그 나라 임금이 스스로 들려주는 것입니까?"

자공이 말하였다.

" 스승님은 온화하고 진실되고 공손하고 절제하고 겸양하는 덕이 있어

자연히 듣게 되는 것이니, 스승님이 그것을 구하는 방법은 아마도

다른 사람이 구하는 방법과는 다르다 할 것이다."

▧ 集註

‖子禽이 子貢에게 물어 가로대 夫子 이 邦에 이르면 반드시 그 政을 들으시니 求하시느냐 與 하느냐. 子貢이 가로대 夫子는 溫하시며 良하시며 恭하시며 儉하시며 讓하심으로서 得하나니 夫子의 求하심은 그 사람의 求함이 다르신뎌. (이이)

‖자금이 자공에게 물었다. 선생님께서 이 나라에 이르시면 반드시 그 정치에 대해 들으시는데, 그것을 요구하신 것입니까? 생각하건데 허락한 것이겠지요? 자공이 말하였다. 선생님께서는 온화하며 훌륭하며 공손하며 검소하며 사양함으로 사람을 대우함으로써 그런 기회를 얻게 된 것이니, 선생님의 요구는 다른 사람들의 요구와 다르실 것이다. (오규 소라이)

‖자금이 자공에게 물었다. 선생님께서는 한 나라에 이르시면 반드시 그 나라의 정치에 대하여 들으시는데, 이는 스스로 듣고자 하셨기 때문입니까? 그렇지 않으면 남이 들려 드렸기 때문입니까? 자공이 말했다. 선생님께서는 온화 선량 공경 검소 겸양의 덕으로써 그것을 들으셨을 것이네. 선생님께서 듣고자 하셨다 하더라도 그것은 다른 사람들이 듣고자 하는 것과는 다르다네. (남회근)

‖자금이 자공에게 물었다. 부자께서 이 나라에 이르셔서는 반드시 그 정사를 들으시니, 구해서 되는 것입니까? 아니면 군주가 주어서 되는 것입니까? 자공이 말하였다. 부자는 온화하고 어질고 공경하고 검소하고 겸양하시

어 이것을 얻으시는 것이니, 부자의 구하심은 타인의 구하는 것과는 다를 것이다. (성백효)

‖ 자금이 자공에게 물어 말하였다. 선생님께서는 한 나라에 이르시면 반드시 그 나라의 정사를 들으시었습니다. 그것은 선생님께서 스스로 구하신 것입니까, 그렇지 않으면 그런 기회가 상대방으로부터 주어진 것입니까? 자공이 대답하였다. 선생님께서는 따뜻하고 솔직하고 위엄있고 검소하고 사양하심으로써 그런 기회를 얻으셨다. 선생님께서 구하신 것은 다른 사람들이 구하는 것과는 전혀 다르다고 해야 할 것이다. (김용옥)

▧ **意譯**

공자가 잠시 개인적인 용무로 자리를 뜨자 지금껏 묵묵히 듣고만 있던 자공(子貢)이 입을 열었다.

"스승님이 잠깐 자리를 뜨셨으니 한 말씀 드리겠습니다. 제가 얼마 전에 자금(子禽)에게 이런 질문을 받은 적이 있습니다. '공자님께서는 어떤 나라에 도착하시면 반드시 그 나라의 정치에 대해 들으시는데, 공자님이 정치에 관심이 있어 듣기를 먼저 요구하는 것입니까, 아니면 그 나라 임금이 스스로 스승님께 들려주는 것입니까?' 아마도 그 친구가 스승님께서 제나라나 위나라 등을 방문하셨을 때 제나라 환공이나 위나라 영공이 정치에 대해 질문을 하신 것을 보고 조금 이상하게 생각했던 것 같습니다. 우리 스승님께서 정치에 관심이 많은 것이 아닌가 하는 궁금증을 가지고 있었던 것이지요. 그래서 그에게 제가 가지고 있던 생각을 말해주었습니다. 제 말씀을 들어보시고 혹시 제가 잘못 말한 것이 있지나 않은지 헤아려주십시오.

'자네도 알다시피 우리 스승님은 온화하고 진실되고 공손하고 절제하고 겸양하는 덕이 있어 자연히 듣게 되는 것이니, 스승님이 그것을 구하는 방법은 아마도 다른 사람이 구하는 방법과는 다르다 할 것이네.' 라고 말했습니다. 우리가 알고 있듯이 스승님은 그 누구보다도 온화하시고, 거짓이 없으시며, 지위 고하를 막론하고 누구에나 공손하시며, 절제가 있으시고, 겸손과 사양의 덕을 가지고 계신 분이기 때문에, 그 어느 나라를 가시더라도 각국의 임금들이 서로 앞을 다투어 스승님의 고견을 듣고 싶어 하는 거라 생각합니다.

우리 스승님이 구하는 정치라는 것은 제나라나 위나라 임금이 생각하는 것과는 다르지요. 전쟁에서 이기고 사람을 죽이는 그런 패도 정치를 말함이 아니라, 백성을 사랑하고 전쟁이 없는 평화로운 나라 경영을 위한 덕의정치 예의정치라고 생각합니다. 따라서 스승님이 정치를 구하는 방법은 아마도 다른 임금들이 구하는 방법과는 다르다 할 것이라고 말해주었습니다. 혹시 제가 스승님을 오해하고 있는 것은 아니겠지요?"

자공의 말에 앉아있는 그 누구도 이견을 달지 않았다. 역시 오늘 모인 유약(유자), 증삼(증자), 복상(자하) 중에는 가장 연장자인 자공이 스승인 공자의 생각을 잘 가늠하고 있었다.

▧ 溫故

자공(子貢)은 위나라 사람으로 성은 단목(端木), 이름은 사(賜), 자는 자공(子貢)으로 공자보다 31세가 적었습니다. 공문십철(孔門十哲)의 한 사람으로 언변과 외교술이 뛰어났습니다. 언변이 화려하고 상업에도 능하여 일찍이 조(曹)나라와 노나라 사이에서 장사하여 공자의 제자 중 가장 부자일 뿐 아니라 춘추시대 거부 중의 하나가 되었습니다. 자공은 자신의 사업과 경력을 바탕으로 외교무대에서도 크게 활약하여 노나라와 위(衛)나라에서 재상을 지냈으며 64세로 제나라에서 죽었습니다. 공자가 죽자 그는 무덤 옆에 여막을 치고 6년 상을 살았다고도 합니다. 자공의 재력은 공문(孔門)을 번성시키는데 크게 기여했다는 평가를 받고 있습니다.

▧ 知新

천하주유(天下周遊)시 여러 열국을 돌아다니며 정치에 직간접적으로 관여를 했던 공자를 보면서 직제자들 보다 조금 멀리 떨어진 제자의 입장에서 공자를 오해할 수도 있었을 것입니다. 의심의 눈초리로 공자를 바라보는 제자에게 자공은 정치적 기회를 찾으려 한 것은 맞지만 다른 유세가들 하고는 질적으로 다르다고 설명합니다.

대 스승을 제자가 의심합니다. 그 의심이 그대로 기록되어 지금까지 날아옵니다. 논어는 꾸밈이 없습니다. 있는 그대로를 기술하고 있습니다. 어떤 각색도 하지 않은 날것 그대로의 글이 2500년을 이어져 오고 있습니다. 제자가 스승을 어떤 기준에 의해서만 생각하는 것이 아니라 자유롭게 자기 의견을 개진하고 질문합니다. 제자와 공자의 대화, 제자와 제자의 대화, 공자와 공자 친구의 대화, 공자와 대부나 왕과의 대화에 대화를 보면 대다수가 날 것 그대로입니다. 그 손대지 않은 날 것 같은 모습에서 2500년의 진실과 사실을 그대로 느끼게 됩니다. 그러니 백 명이 논어를 읽으면 100가지의 해석이 가능해지는 것입니다.

11 학이 11장

부재관지 父在觀志 ▶ 효를 완성하는 2가지 조건

子曰

父在 觀其志

父沒 觀其行

三年無改於父之道

可謂孝矣

자왈

부재 관기지

부몰 관기행

삼년무개어부지도

가위효의

공자께서 말씀하셨다.

"아버지가 살아 계실 때는 그 뜻을 살피고,

아버지가 돌아가셨을 때는 아버지가 그간 하셨던 행실을 살펴

삼 년 동안 아버지의 도를 고침이 없으면 효라 이를 만하다."

▧ 集註

‖ 子 가라사대, 父 在함에 그 志를 보고, 父 沒함에 그 行을 볼 때, 三年을 父의 道에 고침이 없어야 가히 孝라 이를 이니라. (이이)

‖ 공자가 말했다. 아버지가 계실 때에는 자식의 뜻을 살피고, 아버지가 돌아가셨을 때에는 자식의 행동을 살핀다는 말이 있는데, 삼 년 동안 아버지의 도를 고치지 않아야 효도라고 말할 수 있을 것이다. (오규 소라이)

‖ 공자께서 말씀하셨다. 아버지가 계실 때에도 자신의 언행이 일치하는지 살펴보고, 부모가 안 계실 때에도 언행이 일치하는지 살펴보며, 부모가 돌아가신 뒤 3년 동안 부모에 대한 도리를 바꾸지 않으면서 언행이 일치하면 효자라 할 수 있다. (남회근)

‖ 공자께서 말씀하셨다. (상대방의) 아버지가 살아 있을 때는 그 뜻을 관찰할 것이요, 아버지가 죽었을 때는 그의 행동을 관찰해야 하나 삼 년을 아버지의 도에 고침이 없어야 효라고 이를 수 있다. (성백효)

‖ 공자께서 말씀하시었다. 아버지께서 살아 계실 때는 그 뜻을 살피고, 아버지께서 돌아가셨을 때는 그 하신 일을 살핀다. 삼 년 동안 아버지의 도를 고침이 없으면 효라 이를 만하다. (김용옥)

▧ 意譯

잠시 후 공자가 자리로 돌아왔다. 토론이 계속 이어졌다. 인(仁)의 근본인 효(孝)에 대하여 공자가 부연 설명을 했다. 효의 개념을 조금 더 분명하게 제자들에게 알려주기 위함이었다.

"선한 부모의 마음을 따르는 것도 효라 할 수 있다. 그러니 부모가 살아 계실 때는 부모님께서 어떤 뜻을 가지고 계신지를 늘 살펴서 그것이 도의에 어긋나지 않는 것이라면 충실히 따라야 하는 것이다. 혹 부모의 뜻이 도의에 어긋나는 것이라면 조심스럽게 말씀을 드려야 한다. 부모님이 돌아가신 뒤라 할지라도 그간 부모님이 남기신 선한 행위를 계속 따르는 것이 효라 할 수 있는 것이다. 아버지가 돌아가신 뒤 최소 3년 동안은 아버지가 하던 방식을 고치는 일이 없어야 효(孝)라고 할 수 있을 것이다.

우리는 주변에서 이런 효의 사례를 언제든 찾아볼 수 있다. 아버지가 살아계시는데도 자식 마음대로 행동을 한다거나, 아버지의 선한 뜻에 어깃장을 놓고 부모의 속을 아프게 하는 자식은 효자라 볼 수 없는 것이다. 혹여 아버지가 돌아가시자마자 이제는 내 세상이라 여겨 하루 아침에 아비의 흔적을 지우는 것을 보면서 이를 효자라 여길 사람 또한 없을 것이다."

▧ 溫故

효(孝)에 관한 논어 어구들

● 학이2장

유자가 말했다. "그 사람됨이 효도하고 우애하면서 윗사람을 범하기 좋아하는 경우는 드물다. 윗사람 범하기를 좋아하지 않는데 그런 사람이 난(亂)을 일으키기 좋아하는 경우는 일찍이 없었다. 군자는 근본에 힘써야 하니, 근본이 서야 도(道)가 생기는 법이다. 효도와 우애는 인(仁)을 행하는 근본이리라."

有子曰 其爲人也孝弟而好犯上者 鮮矣 不好犯上而好作亂者 未之有也
君子務本 本立而道生 孝弟也者 其爲仁之本與
유자왈 기위인야효제이호범상자 선의 불호범상이호작란자 미지유야
군자무본 본립이도생 효제야자 기위인지본여

● 학이6장

공자께서 말씀하셨다. "제자는 집에 들어가서는 효도하고 밖에 나와서는 공손하며, 행실은 삼가고 말은 믿음직해야 한다. 널리 사람을 사랑하며 인자를 가까이해야 한다. 이를 행하고 여력이 있으면 글을 배워야한다."

子曰 弟子 入則孝 出則弟 謹而信 汎愛衆而親仁 行有餘力 則以學文
자왈 제자 입즉효 출즉제 근이신 범애중이친인 행유여력 즉이학문

● 위정5장

맹의자가 효에 관하여 여쭈어보자 공자께서 말씀하셨다. "어기지 않는 것이다." 번지가 공자를 모시고 수레를 몰 때 공자께서 그에게 말씀하셨다. "맹손이 나에게 효도가 무엇인지를 묻기에 내가 어기지 않는 것이라고 대답했다." 번지가 "무슨 말씀입니까?"라고 하자 공자께서 말씀하셨다. "살아 계실 때는 예로써 섬기며, 돌아가셨을 때는 예로써 장사하고 예로써 제사 지내는

것이다."

孟懿子問孝 子曰 無違 樊遲御 子告之曰 孟孫問孝於我 我對曰 無違 樊遲曰 何謂也 子曰 生 事之以禮 死 葬之以禮 祭之以禮

맹의자문효 자왈 무위 번지어 지고지왈 맹손문효어아 아대왈 무위 번지왈 하위야 자왈 생 사징례 사 장지이례 제지이례

● 위정6장

맹무백이 효에 관하여 여쭈어보자 공자께서 말씀하셨다.

"부모는 오직 자식이 병들지 않을까 그것만을 걱정한다."

孟武伯問孝 子曰 父母唯其疾之憂

맹무백문효 자왈 부모유기질지우

● 위정7장

자유가 효도에 관하여 여쭈어보자 공자께서 말씀하셨다.

"오늘날의 효도란 단지 부모를 먹여 살릴 수 있는 것을 말한다. 그러나 개와 말에 이르기까지도 모두 먹여 살리는 일이 있을 수 있으니 공경하지 않는다면 무엇으로 개나 말과 구별할 것인가?"

子游問孝 子曰 今之孝者 是謂能養 至於犬馬 皆能有養 不敬 何以別乎

지유문효 자왈 금지효자 시위능양 지어견마 개능유양 불경 하이별호

● 위정8장

자하가 효도에 관하여 여쭈어보자 공자께서 말씀하셨다. "얼굴빛을 온화

하게 갖는 것이 어렵다. 힘든 일이 있을 때 자식이 그 수고로움을 다하고 (또) 술과 음식을 부모님께 먼저 드시게 한다고 하여 이런 일만으로 효라고 할 수 있겠는가."

子夏問孝 子曰 色難 有事 弟子服其勞 有酒食 先生饌 曾是以爲孝乎

자하문효 자왈 색난 유사 제자복기로 유주사 선생찬 증시이위효호

● 이인18장

공자께서 말씀하셨다. "부모를 모실 때는 (잘못이 있으면) 완곡하게 간하며, (부모님의 뜻을) 따르기 어려움이 있어도 공경하면서 (부모님의 뜻을) 어기지 않아야 한다. 이렇게 하는 것이 노고를 감수해야하는 곡진한 마음이며 이를 원망하지 말아야 한다."

子曰 事父母 幾諫 見志不從 又敬不違 勞而不怨

자왈 사부모 기간 견지부종 우불위 노이불원

● 이인19장

공자께서 말씀하셨다.

"부모님이 생존해 계시면 멀리 나가지 않으며, 나가면 반드시 미리 행방을 알려야 한다."

子曰 父母在 不遠遊 遊必有方

자왈 부모재 불원유 유필유방

● 이인21장

공자께서 말씀하셨다.

“부모의 나이를 알고 있지 않으면 안 된다. 한편으론 즐겁지만 다른 한편으론 두렵기 때문이다.”

子曰 父母之年 不可不知也 一則以喜 一則以懼

자왈 부모지년 불가부지야 일측이희 일측이구

● 양화19장

재아가 “삼년상은 기간이 너무 깁니다. 군자가 삼 년 동안 예를 행하지 않으면 예가 틀림없이 파괴될 것이고, 삼 년 동안 음악을 연주하지 않으면 음악이 틀림없이 무너질 것입니다. 묵은 곡식이 다 없어지고 햇곡식이 등장하며 나무에 구멍을 뚫고 마찰하여 새로운 불을 얻게 되는 기간이니 일주기가 지나면 복상을 그만두어도 될 것입니다"라고 여쭈어보자 공자께서 삼 년이 지나기 전에 쌀밥을 먹고 솜옷을 입는 것이 너에게는 편안하냐?”라고 하셨다.

“편안합니다”라고 하자 “네가 편안하면 그렇게 하여라. 대체로 군자는 상중에 있으면 맛있는 음식을 먹어도 감미롭지 않고 음악을 들어도 즐겁지 않으며 집 안에 가만히 있어도 편안하지 않기 때문에 그리 하지 않는 것이다. 이제 네가 편안하다면 그렇게 하여라”라고 하셨다. 재아가 나가자 공자께서 말씀하셨다. “여의 어질지 못함이여! 자식이 태어나서 삼 년이 지난 연후에 부모의 품에서 벗어난다.

대체로 삼년상은 천하의 공통적인 상례이다. 여는 삼 년 동안 그의 부모에게 사랑을 받은 일이 있는가?”

宰我問 三年之喪 期已久矣 君子三年不爲禮 禮必壞 三年不爲樂 樂必崩 舊穀既沒 新穀既升 鑽燧改火 期可已矣 曰 食夫稻 衣夫錦 於女安乎 曰 安 女安則爲之 夫君子之居喪 食旨不甘 聞樂不樂 居處不安 故不爲也 今女安 則爲之 宰我出 子曰 予之不仁也 子生三年 然後免於父母之懷 夫三年之喪 天下之通喪也 予也有三年之愛於其父母乎.

재아문 삼년지상 기이구의 군자삼년불위례 례필괴 삼년불위악 악필붕 구곡기몰 신곡기승 찬수개화 기가이의 자왈 식부도 의부금 어여안호 왈 안. 여안즉위지. 부군자지거상 식지불감 문악불락 거처불안 고불위야 금여안 즉위지 재아출 자왈 여지불인야 자생삼년 연후면어부모지회 부삼년지상 천하지통상야 여야유삼년지애어기부모호

▧ 知新

2020년 충남 예산군의 한 장례예식장에서 극단적인 선택을 한 친구를 지키지 못했다며 피켓을 들고 70대 친구는 절규했습니다. “언제부터 우리 사회가 이렇게 됐습니까. 고생해서 자식을 키워 사회인으로 성장시켰는데 외면해 쓸쓸히 극단적인 방법으로 생을 마감했습니다.”

숨진 A씨와 56년 된 오랜 친구 사이였습니다. A씨가 지난 6년 전 어려운 암 수술을 받고 1년 정도 충남 당진의 고향에서 요양하고 있었는데, 가족들이 A씨를 돌보지 않아 부동산 사무실에서 잠을 자고 친구와 지인들이 식사를 제공하는 등 근근한 생활을 해오다 극단적인 선택을 하게 됐다 합니다. 숨진 A씨의 큰딸은 학원을 운영하고 작은딸은 공무원이었습니다.

70대 친구는 "아무리 사회가 각박하다 해도 우리나라가 언제부터 자식이 부모를 버리는 사회가 되었습니까?"라며 "친구를 돌보지 못한 저에게도 침을 뱉어 달라"고 호소했습니다.

그러면서 "우리나라 모든 국민께 부탁드린다. A씨의 자녀들은 공무원으로, 학생을 가르치는 교육가로 자질이 없다"며 "냉혹히 심판하여 달라. 그리고 자녀들은 피를 토하는 심정으로 아버지께 사죄하라"고 강조했습니다. (에이티엔뉴스 2020.02.02. 인용)

12 학이 12장

유자왈예 有子日禮 ▶ 예의 목적은 조화와 화합이다.

有子曰

禮之用 和爲貴

先王之道 斯爲美 小大由之

有所不行 知和而和 不以禮節之

亦不可行也.

유자왈

예지용 화위귀

선왕지도 사위미 소대유지

유소불행 지화이화 불이례절지

역불가행야

유자가 말했다.

"예의 쓰임은 조화를 귀하게 여긴다.

선왕의 도는 이를 아름답게 여겼고 크고 작은 모든 일을

그에 따라 행했다.

어떤 일이 잘 행해지지 않는 바가 있다고 해서 조화의 중요함을 알아

조화시키기만 하고 예로써 조절하지 않으면 행하여지지 않을 수도 있다."

▧ **集註**

‖ 有子 가로대, 禮의 用이 和 貴하니 先王의道 이 아름다운지라. 小와 大 말미암으니라. 行치 못할바 있으니 和를 알아 和만하고 禮로써 節치 않으면 또한 行치 못하느니라. (이이)

‖ 유자가 말했다. 예는 조화로움을 귀하게 여기니, 선왕의 도는 이것을 아름다움으로 삼는다. 작고 큰일이 이것을 따르나 행하지 못할 것이 있다. 조화로움을 알아서 조화롭게만 하고 절제하지 않으면 또한 행하지 못할 것이다. (오규 소라이)

‖ 유자가 말했다. 예의 작용은 조화를 귀하게 여긴다. 선왕의 도는 그래서 훌륭하였으며, 크고 작은 모든 일을 그에 따라 행했다. 그러나 어떤 일이 잘 행해지지 않는 바가 있다고 해서 조화시키기만 하고 예로써 조절하지 않으면 행해질 수 없는 것이다. (남회근)

‖ 유자가 말하였다. 예의 용은 화가 귀함이 되니, 선왕의 도는 이것이 아름다움이 된다. 그리하여 작은 일과 큰일이 모두 이것을 따른 것이다. (그러나) 행하지 못할 것이 있으니, 화만 알아서 화만하고 예로써 조절하지 않는다면 이 또한 행할 수 없는 것이다. (성백효)

‖ 유자가 말하였다. 예의 쓰임은 악(樂)의 조화로움을 귀하게 여긴다. 선왕의 도는 이를 아름답게 여겼다. 그러나 크고 작은 일이 모두 이 조화로움에만

말미암는다면 때로 행해지지 않는 바가 있을 수도 있다. 오직 조화만을 알고 조화를 도모하고, 예로써 절제하지 않는다면 또한 행하여지지 않을 수도 있는 것이다. (김용옥)

▨ 意譯

인(仁)의 기본은 효제(孝悌)라고 말문을 열었던 유자가 이번에는 예(禮)라는 주제를 꺼내들었다. 부모에 대한 효도와 형제간의 우애, 윗사람에 대한 공경이 인의 근본이 되며, 이 근본이 제대로 서야 사회생활과 성공적인 인생의 길(道)이 열린다고 열변을 토했던 유자였다.

"예의, 예도, 예의범절, 사회규칙 등 예(禮)가 우리 사회에 중요한 것이라는 것에 그 누구도 이견을 달지 않겠지만 우리가 살고 있는 가정이나 사회, 이 나라에서 과연 예의 용도는 무엇일까요? 제가 판단하기에 예의 용도는 조화를 중요하고 귀하게 여기고 있기 때문일 것입니다.

우리가 혼자 살아간다면 무엇이 문제가 되겠습니까? 그 무슨 예의가 필요하겠습니까? 그저 자기가 하고 싶은 대로 해도 아무런 문제가 없지요. 하지만 나와 다른 사람들과 함께 살아가는 공동사회에서는 나도 편하고 너도 편한 그런 조화로움이 있어야 하는데 그것이 바로 예라는 것입니다. 그래서 자고로 우리의 정치 사회 문화의 전통에서는 이 조화로움을 아름답다고 했던 것이지요. 그간 우리 사회, 나라의 대소사는 모두 이런 바탕 위에서 행해졌던 것입니다.

하지만 유의할 것도 있습니다. 예의 쓰임이 조화를 이루는 데 있다는 것만을 강조하여, 그 어떤 일이든 조화만을 강조해서는 안 됩니다. 예를 행함에 끊고 맺는 절도가 있어야 하는데, 이가 없다면 이런 조화만을 위한 예는 제대로 행해지기가 어려울 것이라 생각합니다."

▧ 溫故

유자가 말합니다. 예의 쓰임은 조화를 귀하게 여기기 때문이라고 합니다. 우리 사회에 조화, 하모니가 중요하기 때문에 예의라는 것을 만들어 쓰고 있다는 것이지요. 예의 용도는 조화를 귀하게 생각하기 때문이다. 예의 용도는 화합을 귀하게 생각하기 때문이다. 예의 용도는 어울림을 귀하게 생각하기 때문이다. 예의 용도는 공감을 귀하게 생각하기 때문이다.

임금은 임금답고 신하는 신하답고 아버지는 아버지답고 아들은 아들다워야 한다는 공자의 군군신신부부자자(君君臣臣父父子子) 역시 이를 두고 한 말일 것입니다. 그래야 국가는 국가대로 가정은 가정대로 제대로 경영이 될 것입니다. 임금은 임금의 예의를 지키고 신하는 신하의 예의를 제대로 지키면 국가 경영에 무슨 부조화가 있겠습니까? 아버지는 아버지의 예의를 지키고 자식은 자식으로서의 예의를 제대로 지킨다면 가정관리에 무슨 부조화가 생기겠습니까? 사장은 사장의 예의를 지키고 임원들은 임원의 예의를 제대로 지킨다면 회사 경영에 무슨 부조화가 생길까요? 팀장은 팀장의 예의를 팀원은 팀원의 예의를 지킨다면 팀 관리에 그 어떤 부조화도 생기기가 어려울 것입니다.

▧ 知新

하지만 어떤 일이 잘 행해지지 않는 바가 있다고 해서 조화의 중요성만을 강조한 나머지 예로써 조절하지 않으면 일이 행해지지 않을 수도 있다는 유자의 언급을 잘 기억해야 합니다.

팀 분위기나 화합이 중요하다는 명분 아래 선배와 후배 혹은 리더와 팔로워 사이에 명확한 업무 구분이나 책임소재가 불분명해진다면 팀의 업무성과는 당연히 떨어지게 됩니다. 인간적인 화합만으로 조직성과를 낼 수만 있다면 그것보다 좋은 것은 없겠지만 적절한 조절이 없다면 그 화합은 오래가지 못합니다. 그 적절한 조절이 바로 무엇일까요?

바로 예(禮)라고 표현되는 예의, 예도, 예의범절, 규칙입니다. 팀장과 팀원 간에는 적절한 예의가 있어야 서로 인정하고 서로 어려워하면서 일을 해나가게 됩니다. 공(共)은 공이고 사(私)는 사여야 합니다. 업무시간과 휴식시간이 구분되지 않고 물에 물 탄 듯 술에 술 탄 듯 어영부영 넘어간다면 그것은 예의 있는 사이가 아닙니다. 일시적으로는 팀의 분위기나 화합이 잘 되는 듯 보여도 자동차 타이어에서 실바람이 새듯 어느새 조직에 치명타를 날리게 됩니다. 시장에도 상도가 있듯이 조직에도 엄연히 예도가 있어야 합니다. 어느 조직이든 예의범절이 있어야 하며 엄연한 규칙이 있어야 합니다. 그것은 가정에도 국가에도 마찬가지입니다. 화합과 조화로움이 중요하기는 하지만 서로에게 득이 되는 예의와 규칙들이 필요한 이유입니다.

13 학이 13장

신근어의 信近於義 ▶ 의로운 약속이 실천 가능하다.

有子曰

信近於義 言可復也

恭近於禮 遠恥辱也

因不失其親 亦可宗也

유자왈

신근어의 언가복야

공근어례 원치욕야

인부실기친 역가종야

유자가 말하였다.

"약속이 의에 가까우면 그 약속한 말을 실천할 수 있으며,

공손이 예에 가까우면 치욕을 멀리할 수 있다.

가까운 사람들을 잃지 아니하면 또한 존경할만하다."

▧ 集註

‖有子 가로대 信이 義에 가까우면 言을 可히 復하며, 恭이 禮에 가까우면 耻와辱을 遠하며, 困함에 그 親한 이를 일치 아니하면 可히 宗 하얌즉 하니라. (이이)

‖유자가 말했다. '말을 실천함이 의에 가깝다'고 하는데, 이와 같다면 말을 실천할 수 있고, '공손함이 예에 가깝다'고 하는데 이와 같다면 치욕을 멀리할 수 있으며, 인척과 친하면서도 친족을 잃지 않는다고 하는데, 이와 같다면 또한 우두머리로 삼을 수 있다. (오규 소라이)

‖유자가 말했다. 신의가 의리에 가까우면 약속한 말을 실천할 수 있다. 공손함이 예절에 가까우면 치욕을 멀리할 수 있다. 하는 일의 동기에 어느 정도 사사로움이 있더라도 존경할만하다. (남회근)

‖유자가 말하였다. 약속이 義에 가까우면 약속한 말을 실천할 수 있으며, 공손함이 禮에 가까우면 치욕을 멀리할 수 있으며, 주인을 삼은 것이 그 친할 만한 사람을 잃지 않으면 또한 그 사람을 끝까지 종주로 삼을 수 있다. (성백효)

‖유자가 말하였다. 약속이 의로움에 가까워야 그 말이 실천될 수 있다. 공손함이 예에 가까워야 치욕을 멀리할 수 있다. 그렇게 함으로써 가까운 사람들을 잃지 않으면 또한 본받을 만하다. (김용옥)

▧ 意譯

공자를 비롯한 다른 동료들은 유자의 발언을 계속 듣고 있었다. 유자가 잠시 말을 멈추었으나 다른 사례를 하나 더 들어 예(禮)를 계속 설명했다.

"약속을 하나 예로 들어보겠습니다. 약속은 우리 서로에게 중요한 것입니다. 그러니 지키지 못할 약속은 아예 애초부터 하지 말아야 합니다. 그럼 서로 약속을 하고 지키지 않는 혹은 지키지 못하는 이유는 무엇일까요? 그것은 서로의 약속이 올바른 의(義)와는 멀어서입니다. 올바른 것을 약속한 것이 아니기 때문입니다. 부정적인 것이나 바르지 못한 것을 어떤 강압이나 불편한 상태에서 한 약속이기 때문에 그럴 가능성이 높지요. 분명 서로 간의 약속이 공평 공정하고 바른 것이었다면 그 약속을 실천할 수 있을 것입니다.

공손한 태도 역시 비슷한 개념입니다. 상대에게 공손한 태도를 보이는 것은 리더로서 꼭 필요한 인성입니다. 하지만 도를 넘어 지나치게 공손한 모습을 보인다면 자칫 비굴하게 보일 수도 있기 때문에 예의범절에 맞게 공손함을 적절히 표해야 합니다. 그래야 상대로부터의 치욕에서 멀리할 수 있습니다. 예를 표하는 것에도 적절함과 절도가 있어야 합니다. 그러니 이런 리더들은 하는 일의 동기에 어느 정도 사사로움이 있다고 해도 존경할만하다 하겠습니다."

▧ 溫故

유자(有子)는 노나라 사람으로 이름은 유약(有若), 자는 자유(子有)며 공자보다 43세가 적었습니다. 사람됨이 강직하고 아는 것이 많았으며 옛 도(道)를 좋아했습니다. 공자와 생김새가 많이 닮아 공자가 죽은 뒤에 유약을 추대하여 공자를 대신하려 하였으나 일부 제자들이 동의하지 않았다고 합니다.

▧ 知新

지위가 올라가면서 자아도취에 빠진 리더들이 너무 많은 세상입니다. 나중에 알게 됩니다. 그 지위에서 내려오거나 그 조직을 떠나게 되면 스스로가 얼마나 자기만족과 타인에 대한 무시의 시각을 가지고 조직과 사람들을 관리했는지 말입니다. 당시에는 그 속 좁은 관리가 스스로는 대단한 리더십을 발휘하고 있다고 자부를 했는지 말입니다. 그 어떤 전임자보다 훌륭한 리더의 모습을 보여주었다고 생각하지만 나중에는 알게 됩니다. 그게 얼마나 큰 자아도취였는지를 스스로 느끼게 됩니다.

약속이 의에 가까우면 그 약속한 말을 실천할 수 있으며, 공손함이 예에 가까우면 치욕을 멀리할 수 있다. 그렇게 함으로써 가까운 사람들을 잃지 않으면 또한 존경할 만하다는 유자의 이 말은 그런 리더들에게 꼭 필요한 말과 행동의 기준을 제시합니다.

리더의 말이 법이 아니라, 바른 것을 바르게 처리하고 약속하는 것이 법이 되어야 합니다. 그래야 그 말과 약속이 상호 간 원만하게 실천할 수 있는 기반이 됩니다. 리더가 너무 굽실거릴 필요도 없습니다. 윗사람을 대할 때나 아랫사람을 대할 때나 마찬가지입니다. 특히 상사를 대할 때 너무 공손함만을 생각하여 행동하게 되면 상사로부터 부정적인 오해를 받게 됩니다. 간도 쓸개도 없는 중심 나사가 빠진 사람, 어떻게 대해도 문제없는 사람으로 인식을 하게 될지도 모르기 때문입니다.

너무 웃어도 너무 무표정해도 안 됩니다. 너무 비굴하게 보여서도 너무 거만하게 보여서도 안 됩니다. 너무 말을 많이 해도 너무 말을 적게 해도 안 됩니다. 너무 자주 만나도 너무 가끔 만나도 안 됩니다. 너무 연락을 자주 해도 너무 연락을 하지 않아도 안 됩니다. 너무 가까이 다가가도 너무 멀리 떨어져도 안 됩니다. 리더는 정말 중용의 자세가 필요합니다. 중용의 기준이 되는 것이 바로 예라는 것입니다. 그래서 바로 앞장에서도 예의 쓰임은 화라고 했습니다. 예의 용도는 조화, 어울림이라 했습니다. 그 어울림의 미학이 바로 예의 시작이며 예의 끝이라 볼 수 있습니다.

바른 것을 공정하게 해야 실천이 가능해지고, 중용의 자세로 대인관계를 해야 관계가 원활해집니다. 옳지 않은 일은 아무리 권모술수를 써서 실행해 보려 해도 결국엔 파행으로 끝을 보게 됩니다. 한쪽으로 치우친 자세로 사람들을 대하면 결국 문제 있는 사람으로 낙인찍힐 가능성이 높습니다. 그러니 상호 간의 약속은 공정하고 바른 것을 기준으로 삼아야 합니다. 즉 의(義)를 판단 기준으로 삼아야 합니다. 그러니 상호 간의 처신은 공경함을 기준으로 한 중용의 자세가 필요합니다. 즉 예(禮)에 맞는 행동을 해야 합니다. 바른말과 바른 행동, 남과의 관계에서 지켜야 하는 존경심의 표현과 삼가야 하는 말과 몸가짐, 예의(禮儀)란 바로 그런 것을 말합니다.

리더는 예의가 무엇보다 필요합니다. 그래야 주변 가까이에 있는 사람들을 잃지 않게 됩니다. 주변의 사람들을 잃지 않아야 비로소 존경받는 리더가 가능한 것입니다. 2500년 전 공자학당의 유자가 이미 우리에게 리더의 언행과 자세를 말해주고 있습니다. 결코 쉬운 일은 아니지만 잊어서도 안 될 생존의 법칙입니다.

14 학이 14장

식무구포 食無求飽 ▶ 배움을 좋아하는 리더의 모습

子曰

君子食無求飽 居無求安

敏於事而愼於言

就有道而正焉

可謂好學也已

자왈

군자식무구포 거무구안

민어사이신어언

취유도이정언

가위호학야이

공자께서 말씀하셨다.

"군자가 먹음에 배부름을 구하지 아니하고, 거처함에 편안함을 바라지 않으며, 일에는 민첩하고 말은 신중히 하고, 도 있는 자에게 나아가 자신을 바르게 한다면, 배움을 좋아한다고 말할 수 있을 것이다"

▧ 集註

‖子 가라사대, 君子 食 함에 飽함을 求치 아니하며, 居함에 安함을 求치 아니하며, 事에 敏하며 言에 信하고 道 있는데 나아가 正하면, 可히 學을 좋게 여긴다 이를 만하다. (이이)

‖공자가 말했다. 군자는 먹음에 배부름을 구하지 않으며, 거처함에 편안함을 구하지 않으며, 일에 민첩하며, 말을 신중히 한다. 그러면서도 도를 가진 사람에게 나아가 바르게 한다면 배움을 좋아한다고 말할 만하다. (오규 소라이)

‖공자께서 말씀하셨다. 군자가 먹는데 배부름을 구하지 아니하고, 사는데 편안함을 구하지 아니한다. 일에는 민첩하고 말은 신중히 하며, 도 있는 곳에 비추어 자신을 바로 잡는다. 이렇게 하면 학문을 좋아한다고 말할 수 있을 것이다. (남회근)

‖공자께서 말씀하셨다. 군자가 먹음에 배부름을 구하지 않으며, 거처함에 편안함을 구하지 않으며, 일에 민첩하고 말에 삼가며, 도가 있는 이에게 찾아가 질정한다면 배움을 좋아한다고 이를 만하다. (성백효)

‖공자께서 말씀하시었다. 군자는 먹음에 배부름을 구하지 아니하고, 거함에 편안함을 구하지 아니하며, 일에는 민첩하고 말에는 삼갈 줄 알며, 항상 도가 있는 자에게 나아가 자신을 바르게 한다. 이만하면 배움을 좋아한다 이를 만하다. (김용옥)

▧ 意譯

어느덧 토론은 중반을 넘어 결론을 향해 갔다. 리더(군자)가 되기 위해서는 배우고 익혀야 된다는 공자의 첫 가르침에 유자는 효제가 인의 기본이라 했고, 공자 역시 묻고 배우는 학문(學問)을 통해 먼저 사람이 되고 난 후에 책을 통한 학문(學文)을 해도 늦지 않다고 했다. 효는 만행의 근본이라는 것에 공자와 여러 제자들은 어떤 간극도 없었다. 예의 또한 조화로운 사회를 위해 꼭 필요한 덕목임을 유자를 통해 듣고 있던 공자가 이번 토론의 기본 주제인 배움으로 다시 화제를 돌렸다.

"너희들은 진정 배움을 좋아하느냐? 배우기를 좋아한다는 것이 무엇을 의미하는지 생각해 보았느냐? 진정한 리더라면 먹을 때 배부르길 바라지 않을 것이다. 굶지 않을 정도만 되면 먹는 것에 대해 집착을 가지지 않아야 리더로 불리는데 모자람이 없을 것이다. 마찬가지로 진정한 리더는 거처할 때 편안함을 추구하지 않는다. 집이란 춘하추동 눈비 피하고 더위만 피하면 되지 대궐 같은 집에 살기를 바라지 않는 사람이다. 정말 리더다운 리더란 자신의 일에는 누구보다 민첩하고 치밀하며 성실한 사람을 말한다. 신중하게 말하며 말이 행동을 앞서지 않는 사람이다. 주변에 진정한 현인이나 도를 따르는 사람을 찾아가서 그에게 옳고 그름을 배워 정진해 나가는 사람이 리더인 것이다. 그런 리더의 자세야말로 배우기를 좋아하는 사람의 표본인 것이다.

리더는 그런 태도로 배우기를 좋아하는 사람인 것이다. 그러니 학문을 즐겨한다고 하는 사람이, 혹은 배우기를 좋아한다고 하는 리더가 부와 권세에 목을 매고 있다면 그건 겉으로만 배우기를 좋아하고 겉모습만 리더인 척하는 가짜 리더인 것이다. 말과 행동이 다른 사람이고 앞뒤가 다른 위인인 것이다."

▧ 溫故

춘추시대 군자(君子)는 어떤 사람이었을까요? 춘추시대는 예악이 무너지고 귀족사회를 지탱하던 법도가 무너진 사회였습니다. 천자에게서 나오던 예악의 기준이 춘추시대에는 제후에게서 나왔고, 노나라의 제후는 대부(삼환)에 의해, 대부는 그들의 가신에 의해 통제되었습니다. 제후는 무력했으며, 대부들은 무례했고 가신들은 무질서로 위아래가 없었습니다.

이에 공자는 서주(西周)시대의 군자를 진정한 군자로 생각했습니다. 서주시대의 군자란 사회의 법도를 지키며 덕과 예를 갖춘 학식이 높은 사람으로, 즉 내적으로는 높은 덕성과 외적으로는 품위 있는 예의로 법도를 잘 지키며 학문의 깊이가 깊은 사람을 말합니다.

덕이란 인간의 도리를 행하려는 어질고 올바른 마음입니다. 구체적으로는 다음의 열 가지 마음을 말한다. 인(仁) 어진 마음, 의(義) 의로운 마음, 효(孝) 효성스러운 마음, 우(友) 우애 깊은 마음, 충(忠) 한마음으로 섬기는 마음, 신(信) 말에 책임을 지는 마음, 관(寬) 너그러운 마음, 서(恕) 용서하는 마음, 공(恭) 공손한 태도, 경(敬) 공경하는 마음을 말합니다.

禮(예)란 예의, 예절, 마땅히 해야 하는 것의 외적 규정으로 사람의 도리인 내적인 덕을 외적으로 나타내는 규범을 말합니다. 어느 문화권이나 그곳에 소속된 사람들만의 행동규범을 말합니다. 예를 들어 효(孝)는 사람들이 가져야 할 중요한 내적 덕성 중의 하나인데 이를 실행하고 실천하는 데는 적절한 방법이 있어야 합니다. 어른을 공경한다고 해서 할아버지 앞에서 아버지를 먼저 챙겨드린다고 한다면 아버지 입장에서는 버릇없는 매우 민망한 일이 될 것이다. 어른을 공경하는데도 순서와 차례가 있다는 규범이 필요한 것입니다.

장례에도 장례를 위한 적절한 예의범절이 필요합니다. 슬픔을 당한 상주에게는 어떻게 위로를 하는 것이 가장 적당한지, 돌아가신 분에게는 어떻게 마음을 전달해야 하는지 마땅히 정해놓은 규범이 없다면 사람들은 모두 제 생각대로 자기의 마음을 전달할 것이기 때문에 예를 표하는 사람도, 예를 받는 사람도 오해의 소지가 크게 될 수 있습니다.

예의 규범이란 적절해야 합니다. 더하지도 덜하지도 않으면서, 서로 보기에 아름답고, 행하기에 편안한 그런 행동규범 마음의 선한 덕을 밖으로 적절하게 드러내기 위해서는 그것에 맞는 공통의 행동규범이 필요한 이유입니다. 가정엔 가정에 적당한 예의 규범이 있어야 질서와 조화가 만들어집니다. 자유로우면서도 질서가 무너지지 않는 예의 규범이 있어야 행복한 가정이 됩니다. 조직엔 조직에 적당한 예의 규범이 있어야 질서와 조화가 만들어집니다. 상호 선을 넘지 않는 존중과 성실이 존경받는 예의 규범이 있어야 조직 성과가 가능합니다. 사회엔 사회에 적당한 예의 규범이 있어야 질서와 조화가 만들어집니다. 어른을 존중하고 아랫사람을 사랑하는 상호 예의 규범이 있어야 행복한 사회가 가능합니다. 국가엔 국가에 적당한 예의 규범이 있어야 질서와 조화가 만들어집니다. 국가 정상 간의 만남에는 그 격에 맞는 절차를 따라야 품격이 더 높아집니다.

▧ 知新

배움을 좋아하는 리더의 5가지 특징을 공자는 이렇게 말했습니다.

- **먹음에 배부름을 구하지 않아야 한다.**
- **거처함에 편안함을 바라지 않아야 한다.**
- **일은 민첩하게 해야 한다.**
- **말을 신중히 해야 한다.**
- **배울만한 사람에게 다가가 자신을 바르게 할 줄 알아야 한다.**

리더가 배부름을 구하기 시작하면 생각이 바뀝니다. 오늘 배부르면 내일 역시 배부르게 먹을 것을 생각하고 행동하게 됩니다. 어떻게 하면 이윤을 더 많이 남길 수 있을지를 궁리하게 됩니다. 리더가 그렇게 생각하면 팔로워들도 그렇게 생각하기 때문에 팀은 순식간에 깨지고 맙니다. 배가 부르면 배움과는 거리가 점점 멀어집니다. 배움과 거리가 멀어지면 사람답게 사는 것과도 점점 멀어지게 됩니다. 배부른 돼지의 삶으로 바뀌게 됩니다.

리더가 거처함에 편안함을 바라기 시작하면 생각이 바뀝니다. 오늘 안락의자에 앉게 되면 내일은 폭신한 소파에 눕고 싶어 합니다. 편안함이 오래되면 생각과 행동에 나태함이 스며들어 머지않아 다시 궁한 상태가 됩니다. 행동은 의지의 결과라기보다는 필요의 결과물에 더 가깝습니다. 지금 편안하다면 그것은 정체를 의미합니다. 지금 불편하다면 그것은 발전하고 있다는 징

표입니다. 리더가 편안함에 안주하는 순간 팔로워들 역시 편안한 오늘에 만족하게 됩니다. 조직의 발전은 그날로 정지하게 됩니다. 아니 이미 퇴보를 시작하는 것입니다. 안락함에 빠지면 배움과는 거리가 점점 멀어집니다. 배움과 거리가 멀어지면 사람답게 사는 것과도 점점 멀어지게 됩니다. 집 밖으로는 단 한 발자국도 넘을 수 없는 안락한 애완동물 같은 삶으로 바뀌게 됩니다.

리더는 일을 함에 민첩하게 해야 합니다. 리더가 어기적거리면 팔로워들은 아예 움직일 생각조차 하지 않습니다. 굼뜨게 일하는 리더에게서 배울 것이란 아무것도 없습니다. 조직에 생기를 넣고, 조직을 살리는 리더에게는 늘 생동감 넘치는 민첩함이 있습니다. 그 민첩함의 힘은 배움에서 옵니다. 방법과 원리를 배우고 원칙과 철학 배우기 좋아하는 리더에게서 찾을 수 있는 공통분모는 바로 민첩함입니다. 배움과 거리가 멀어지면 사람답게 사는 것과도 점점 멀어지게 됩니다. 서서히 끓는 물에서 서서히 죽어가는 개구리의 삶으로 바뀌게 됩니다.

리더는 말을 신중하게 해야 합니다. 직위가 올라갈수록 말의 무게는 더욱 무거워지고 한마디를 하더라도 신중하게 해야 합니다. 리더십의 표현은 반 이상이 말에서 시작됩니다. 리더가 사용하는 말속의 단어는 품위가 있어야 합니다. 신의가 있어야 합니다. 돌이킬 수 없는 것이 말이기 때문입니다. 리더가 신중하지 않으면 팔로워들도 신중하게 말하지 않습니다. 결국 고객에게까지 피해를 끼치게 됩니다. 말실수가 많은 조직일수록 조직의 리더를 잘 살펴볼 필요가 있습니다. 리더의 말은 리더의 학습결과에 비례합니다. 배움과 거리가 멀어지면 리더답게 사는 것과도 점점 멀어지게 됩니다.

배울만한 사람에게 다가가 자신을 바르게 할 줄 알아야 진짜 리더입니다. 세계 최고의 프로골프 선수들에게도 그들을 지속적으로 가르치는 코치들이 있습니다. 실력으로야 코치를 이미 뛰어넘지만 그래도 선수들은 끝없이 지도를 받습니다. 배울만한 사람에게 다가가 자신을 바르게 할 줄 알아야 진짜 리더라는 공자의 말이 지금도 지켜지고 있는 현장은 우리 주위에 너무도 많습니다.

15 학이 15장

절차탁마 切磋琢磨 ▶ 절차탁마하는 리더가 되라.

子貢曰 貧而無諂 富而無驕 何如

子曰 可也 未若貧而樂 富而好禮者也

子貢曰 詩云 如切如磋如琢如磨

其斯之謂與

子曰

賜也始可與言詩已矣

告諸往而知來者

자공왈 빈이무첨 부이무교 하여

자왈 가야 미약빈이락 부이호례자야

자공왈 시운 여절여차여탁여마

기사지위여

자왈

사야시가여언시이의

고저왕이지래자

자공이 말했다. "가난하지만 아첨하는 일이 없고 부유하지만 교만을 부리는 일이 없으면 어떻습니까?"

공자께서 말씀하셨다. "괜찮지만 가난하면서도 즐길 줄 알고, 부유하면서도 예를 좋아하는 것보다는 못하다."

자공이 말하였다. "시경에 자르고, 갈고, 쪼고, 문지른다고 하였는데, 이를 두고 한 말인가 봅니다."

공자께서 말씀하셨다. "사야, 비로소 너와 시를 논할 수 있겠구나. 지난 일을 말해주니 앞 일을 아는구나."

▧ 集註

‖ 子貢이 가로대, 貧하여도 諂함이 없으며, 富하여도 驕함이 없으면, 어떠하니잇고. 子가라사대 可하나 貧하고 樂하며 富하고 禮를 好하는 者만 못하니라. 子貢이 가로대 詩에 이로대 切하고 磋하고 琢하고 磨한다하니 그 이를 일옴인뎌. 子 가라사대, 賜는 비로소 可히 더불어 詩를 니노리오다. 往을 고함이 來者를 아는구나. (이이)

‖ 자공이 말했다. 백성들로 하여금 가난하면서도 아첨함이 없고 부유하면서도 교만함이 없게 하면 어떻습니까? 공자가 말했다. 괜찮으나 가난하면서도 음악을 좋아하며, 부유하면서도 예를 좋아하게 하는 것만 못하다. 자공이 말했다. 시경에 말하기를 자르는 듯하고 미는 듯하며 쪼는 듯하고 가는 듯하다 했으니 이것을 말한 것입니까? 공자가 말했다. 사는 비로소 더불어 시를 말할 만하다. 효과를 알려주니 유래를 아는구나. (오규 소라이)

‖ 자공이 말했다. 가난해도 아첨하지 않고, 부유해도 교만하지 않다면 어떻겠습니까? 공자께서 말씀하셨다. 괜찮다. 그러나 가난하면서도 도를 즐거워하고, 부유하면서도 예를 좋아하는 것만은 못하다. 자공이 말하였다. 시에 이르기를 자르고, 갈고, 쪼고, 문지르는 것 같다고 했는데 바로 이를 두고 한 말이군요. 공자께서 말씀하셨다. 사야, 비로소 너와 시를 논할 수 있겠구나. 한 가지 도리를 일러주었더니 다른 도리까지 미루어 아는구나. (남회근)

‖ 자공이 묻기를 가난하면서도 아첨함이 없으며 부유하면서도 교만함이

없는 것이 어떻습니까? 하자 공자께서 대답하셨다. 그것도 괜찮으나 가난하면서도 즐거워하며 부하면서도 예(禮)를 좋아하는 자만은 못하다. 자공이 말하였다. 절단해 놓고 다시 그것을 간듯하며 쪼아놓고 다시 곱게 연마한 듯하다 하였으니 아마도 이것을 말함일 것입니다. 공자께서 말씀하셨다. 사는 이제 비로소 함께 시를 말할 만하구나. 지난 것을 말해주면 올 것을 아는구나. (성백효)

‖ 자공이 여쭈었다. 가난하면서도 아첨하지 아니하고, 부유하면서도 교만하지 아니하면 어떻겠습니까? 이에 공자께서 말씀하시셨다. 괜찮지. 그러나 가난하면서도 즐길 줄 알고, 부유하면서도 예를 좋아하는 것만 같지는 못하니라. 자공이 말하였다. 시경에 '자른 듯, 다듬은 듯, 쪼는 듯 간 듯이라는 말이 있습니다. 바로 이것을 두고 한 말이겠군요. 공자께서 말씀하시셨다. 사야 이제 비로소 너와 詩를 말할 수 있겠다. 지난 것을 알려주니 올 것을 알아차리는구나. (김용옥)

▧ 意譯

이번엔 자공이 마지막 토론 주자로 나서 공자에게 관련 질문을 한다.

"스승님이 저를 두고 하신 말씀 같습니다. 잘 새겨듣도록 하겠습니다. 여러분들이 잘 알듯이 저는 스승님의 은덕으로 우리 노나라에서 몇 손가락 안에 꼽히는 부를 일구었습니다. 하여 사람들이 저를 보고 배우기를 좋아하기보다는 부를 일구는데 더 뜻이 있지 않은가 하는 눈초리를 보내는 것 같습니다. 그래서 스승님께 감히 여쭙겠습니다. 저는 어려서 매우 가난했습니다. 하지만 그 누구에게도 아첨하지 않았습니다. 불평불만이 없는 것은 아니었지만 주어진 환경을 탓하지 않고 성실히 일한 결과 적지 않은 부를 일구게 되었습니다. 저는 부자가 되었습니다만 지난 어려웠던 시절을 생각하여 교만을 부리는 않았습니다. 스승님, 제가 이렇게 살아왔다면 저는 배우기를 좋아한 사람이라고 말할 수 있을까요?"

공자가 잠시 생각을 하더니 빙그레 웃으면서 자공에게 말했다.

"사야, 잘 살아왔구나. 그것도 괜찮지만 가난하면서도 즐겁게 살고 부유하면서도 예(禮)를 좋아하는 것보다는 못하다고 나는 생각한다. 가난하다고 모두가 불행한 것은 아니란다. 가난하게 보낸 시간도 너에겐 소중한 삶의 시간이 아니겠는가? 그러니 가난하지만 가난함을 인정하면서 한편으로는 즐거운 마음으로 살아갈 수 있다면 그게 더 멋진 인생이라 생각한다. 부유하면서도 다른 사람에게 뽐내지 않고 사는 것도 쉬운 일은 아니다만, 예에 맞게 조금 더 절도 있는 모습을 보인다면 사람들로부터 더 많이 존경받는 리더가 될 수 있기에 하는 말이다."

역시 리더인 자공은 스승의 가르침을 바로 알아차렸다.

"스승님, 지금 하신 말씀은 더 노력하라는 말씀이지요? 시경에 이런 시가 있음을 알고 있습니다. 옥석을 가지고 옥 반지를 만들 때 톱으로 돌을 자르고, 자른 돌을 줄로 갈고, 반지 모형을 만들기 위해 정으로 쪼고, 다시 모래 종이로 윤이 나게 문지르라는 시가 있습니다. 지금 스승님이 저에게 내린 말씀이 바로 이를 두고 하신 말씀이 아니신지요? 절차탁마하라. 이 말씀이지요?"

공자께서 자공의 말을 듣고 크게 흡족해하시면서 한마디를 더했다.

"기특하구나. 사(賜)야, 이제 너와 함께 시(詩)를 말할 수 있게 되었구나. 지난 일을 말해주니 앞일을 예견하고, 오래된 옛 시를 통해 미래를 통찰하는구나!"

▧ 溫故

사마천의 『사기』, 「화식열전」에 의하면 자공(子貢)은 공자에게서 학문을 익힌 후 위(衛)나라에서 벼슬을 했습니다. 그는 조(曹)나라와 노(魯)나라를 오가며 물건을 비축했다가 사고팔았습니다. 70명에 이르는 공자의 제자들 중에서 그가 가장 부유했습니다. 공자의 제자였던 원헌(原憲)은 술지게미나 쌀겨조차도 배불리 먹지 못하고 후미진 골목에 숨어 살았습니다. 자공은 네 마리의 말이 끄는 마차와 많은 수행원을 거느리고 이런저런 예물을 들고 제후들을 만났는데, 그가 가는 곳마다 국군들과 대등하게 예를 나누지 않는 경우가 없었습니다. 무릇 공자의 명성이 천하에 널리 드러나게 된 것도 자공의 도움이 절대적인 역할을 했습니다. 사마천은 이렇게 마무리를 했습니다. 이야말로 주자가 세력을 얻으면 명성과 지위가 더욱 빛난다는 것이 아니겠는가?

절차탁마(切磋琢磨)

끊을 절(切) : (톱이나 칼로) 자르다, Cut

갈 차(磋) ; (줄로) 쓸다, 갈다, Eliminate

쪼을 탁(琢) : (정이나 끌로) 쪼다, 다듬다, Trim

갈 마(磨) : (숫돌로) 갈다, Polish

절차탁마는 돌 속에 묻힌 옥으로 보석을 만드는 4단계 공정 순서입니다. 옥이 섞여있는 널찍한 돌덩이를 가져다가 먼저 톱으로 돌을 자르는 것을 절

(切)이라 하고, 쓸 만한 옥을 찾아내어 옥 주변의 돌을 줄로 갈아내어 불순물을 없애는 것을 차(磋)라 하며, 옥을 쪼아 무늬 같은 것을 새겨 넣어 가락지나 팔찌 등을 만드는 것을 탁(琢)이라 하고, 완성된 옥을 다시 반들반들하게 문질러 빛이 나게 하는 것을 마(磨)라고 합니다. 즉 절차탁마는 상아나 옥, 돌 따위를 깎고 갈고 닦아서 빛을 낸다는 뜻으로 학문을 힘써 갈고 닦음의 비유합니다.

▧ 知新

절차탁마切磋琢磨 1

한 권의 책을 쓸 때도 필요한 것이 절차탁마입니다. 맨 먼저 무엇에 대해서 쓸 것인가를 선택해야 합니다. 우리가 많은 것을 글로 쓸 수는 있지만 많은 것을 써내는 것은 그리 만만한 것이 아니기 때문입니다. 톱으로 잘라내듯 주제를 정리하여 과감하게 잘라내고 잘할 수 있는 부분을 선택하여 책의 주제로 잡아야 합니다. 두 번째로 해야 할 일은 주제에 집중하는 일입니다. 줄로 쓸어 갈아내듯 사설을 줄이고 주제에 합당한 소재들을 선택하여 글을 써나가는 일입니다. 세 번째로는 정으로 끌로 옥을 다듬듯 다양한 사례를 준비하여 글에 활력을 불어넣는 일입니다. 반복적인 주장이나 외침보다는 그것을 간접적으로 보여줄 수 있는 적절한 현실 사례들을 찾아내어 글로 만들어야 합니다. 그리고 마지막으로 숫돌로 칼을 갈아내듯 윤기 나는 문장을 만들기 위해 마지막 노력을 다해야 합니다. 절차탁마입니다. 세상의 모든 책은 이런 절차를 거쳐 탄생하게 되었다고 볼 수 있습니다.

절차탁마切磋琢磨 2

잘나가는 강사가 되기 위해서도 필요한 것도 절차탁마입니다. 첫 번째로 톱으로 잘라내듯 오늘을 잘라내야 합니다. 보통의 강사가 목적이라면 그저 오늘처럼 해도 되지만, 잘나가는 강사가 되기 위해서는 어제와 같은 오늘을 잘라내는 새로운 결심이 필요합니다. 톱으로 자른다는 것은 새로운 결심을 의미합니다. 새로운 선택을 말합니다. 어제와 같은 행동과 생각으로는 새로운 내일을 만들어 낼 수 없다는 말이 이미 진부해지고 있습니다.

두 번째로 해야 할 일은 강의 주제와 내용에 집중하는 일입니다. 줄로 쓸어 갈아내듯 곁가지는 쳐내고 핵심을 다잡아야 합니다. 시대에 합당한 강의 소재들을 선택하여 자료를 만들고 다듬어야 합니다. 강사가 하고 싶은 이야기가 아닌 고객들이 듣고 싶은 이야기로의 재구성이 필요합니다. 들으면서도 편안하고 행복한 그런 이야기로 발전해야 합니다.

세 번째로는 정으로 끌로 옥을 다듬듯 다양한 사례를 준비하여 살아 있는 강의가 되어야 합니다. 훈장님 말씀 같은 바른 이야기만 반복적으로 해서는 청중의 잠을 깨울 수도 없고 그들의 시간을 보상해줄 수도 없습니다. 마음의 강사 멘토를 정해 끌로 혹을 다듬듯 자신의 강의 기법이나 내용을 쪼아내고 다듬어내는 과정을 다시 한번 밟아야 합니다.

마지막으로 숫돌로 칼을 갈아내듯 윤기 나는 강사가 되기 위한 꾸준한 노력을 해나가야 합니다. 절차탁마입니다. 세상의 잘나가는 강사들은 대개 이런 과정을 거쳐 만들어지고 있습니다.

절차탁마切磋琢磨 3

리더의 길이 바로 절차탁마의 길입니다. 리더는 늘 스스로를 되돌아보면서 모나는 것은 깎아내고, 부족함이 있으면 갈고 닦아 더욱 빛을 내려고 노력하는 사람입니다. 부족해서가 아니라 더 나은 사람이 되기 위해 절차탁마를 하는 사람이 바로 리더입니다.

공자께서 출중한 제자였던 자공에게 이른 것이 바로 그것입니다. 가난해도 아첨하지 않고 부자가 되어서도 교만하지 않았던 그런 이미 훌륭한 자공에게 조금 더 노력해서 더 나은 리더가 되라고 가르친 것입니다. 비록 가난하지만 가난함을 인정하면서도 조금만 더 즐거운 마음으로 살아갈 수 있다면 그게 더 행복한 인생이라고, 부유하지만 예에 맞게 조금 더 절도 있는 모습을 보인다면 사람들로부터 더 많이 존경받는 리더가 될 수 있다고 말입니다.

절차탁마切磋琢磨 4

궁즉통(窮則通)의 길이 절차탁마의 길입니다. 궁하면 통한다는 말이 있습니다. 주역 계사전에 나오는 말입니다. 궁하지만 변화를 하면 무엇인가 이룰 수 있다는 것이 세상의 이치라는 것인데요, 하지만 이는 말처럼 쉬운 것이 아니라 절차탁마의 단계를 거쳐야 비로소 가능한 일이라 생각합니다.

궁한 상태를 벗어나는 첫 번째 단계는 끊을 절(切), Cutting, Choice를 하는 것입니다. 무엇인가 끊어 잘라낸다는 것은 무엇인가를 새롭게 선택한다는 말입니다. 지금까지 해왔던 방식이나 방법에서 벗어나 새로운 절차나 방향으로의 터닝을 의미합니다. 지금까지의 고민과 갈등에서 벗어나 새로운 목표를 잡고 과거와의 단절을 말합니다. 그 새로운 목표가 간절할수록 목표가 분명할수록 우리의 발목을 잡고 있는 과거와의 단절을 쉽게 할 수 있습니다.

궁한 상태를 벗어나는 두 번째 단계는 갈 차(磋), Eliminating, Change를 하는 것입니다. 곁가지를 쳐내는 단계입니다. 부정적인 생각에 젖어있었다면 그 부정적인 생각의 가지를 쳐내고요, 게으름에 힘들어하고 있었다면 그 게으름의 가지를 쳐내며, 조금만 더 긍정적인 생각과 행동으로 변화하는 것을 의미합니다. 이는 절(切), Cutting, Choice를 어떻게 했는지에 따라 다르기는 하겠지만 새로운 목표에 따라 생기는 미래에 대한 희망으로 현재 자신을 잡아당기고 있는 부정으로부터 벗어나는 단계입니다.

궁한 상태를 벗어나는 세 번째 단계는 쪼을 탁(琢), Trimming, Charge를 하는 것입니다. 학습하는 단계, 공부하는 단계입니다. 지금까지의 방법과는 다른 방식으로 새로운 목표를 달성하기 위한 충전의 단계입니다. 가치 있는 목표일수록 그것을 달성하기 위해서는 철저한 준비를 해야 합니다. 지식이 필요하면 학습을 하고, 재원이 필요하면 그 재원을 충전하는 단계입니다. 스스로를 쪼는 아픔이 있겠지만 스스로가 좀 더 나은 사람으로 성장해 나가는 원하는 사람으로 형성되는 과정입니다. 이 기간은 다 다를 수 있습니다. 목표와 꿈의 간절함과 크기에 따라 설정될 것입니다.

궁한 상태를 벗어나는 네 번째 단계는 갈 마(磨), Polishing, Challenge를 하는 것입니다. 스스로를 갈아내면서 도전하는 단계입니다. 성취의 마지막 단계입니다. 어떤 사람은 이 도전의 시간이 생각보다 오래 걸릴 수 있습니다. 그래서 필요한 것이 있습니다. 시간 관리가 필요합니다. 효율적인 시간 경영이 그 어느 때보다도 필요합니다. 건강관리가 필요합니다. 도전에 빠져 건강을 소홀히 하면 성취의 의미가 없어지기 때문입니다. 하나 더 필요한 것이 있다면 그것은 제1단계에서 선택한 목표가 자신이 좋아하는 것이라면 너무 좋을 것 같습니다. 왜냐하면 어떤 힘든 일을 오랫동안 한다고 했을 때 보통은 지루하고 괴로운 일일 수 있기 때문입니다. 목표 당성을 위해 하기는 하지만 쉽게 지칠 수 있기 때문입니다. 이럴 때 필요한 것이 바로 자신이 좋은 하고 있다면 그 위기를 나름 쉽게 넘길 수 있지 않을까요?

16 학이 16장

불환인지 不患人之 ▶ 마음을 얻는 리더가 되라.

子曰

不患人之不已知

患不知人也

자왈

불환인지불기지

환부지인야

공자께서 말씀하셨다.

"남이 나를 알아주지 않는다고 걱정할 것이 아니라, 내가 남을 알아보지 못하는 것을 걱정해야 한다."

▧ 集註

‖子 가라사대, 人의 己를 알지 못함을 患치 말고, 人을 알지 못함을 患 할지니라. (이이)

‖공자가 말했다. 남이 자기의 재주를 알아주지 못함을 걱정하지 말고, 남의 재주를 알아주지 못함을 걱정해야 한다. (오규 소라이)

‖공자께서 말씀하셨다. 남이 자기를 알아주지 않는 것을 걱정하지 말고, 내가 남을 알지 못하는 것을 걱정해야 한다. (남회근)

‖공자께서 말씀하셨다. 남이 나를 알아주지 못함을 걱정하지 말고, 내가 남을 알지 못함을 걱정해야 한다. (성백효)

‖공자께서 말씀하시었다. 남이 나를 알아주지 않음을 걱정하지 말라. 내가 남을 알지 못함을 걱정할지니. (김용옥)

▧ 意譯

공자와 네 명의 제자들 사이에 오간 토론이 막바지에 이르렀다. 공자가 말을 했다.

"자 이제 토론을 마칠 시간이 되었구나. 그럼 마지막으로 오늘 나왔던 내용정리를 해보도록 하겠다. 오늘 너희들과 '학문의 내적 수양'에 관해 토론을 해보았다. 오늘 내가 맨 처음 했던 말을 다시 한번 강조하면서 오늘 강론을 마쳐야 할 것 같다. 리더(군자)가 되기 위해서는 어떻게 해야 하는 것이 좋을까? 리더가 되기 위해서는 먼저 학습으로 스스로가 서야 하며, 친구를 비롯한 주변 사람들과 함께 잘 지낼 수 있어야 하고, 주변 사람들이 잘 알아봐 주지 못하는 것에 너무 마음을 두어서는 안 된다.

여기 마지막 문장을 생각해 보자. 리더는 다른 사람들에게 주도권을 빼앗겨서는 안 된다는 말이다. 다른 사람들이 나를 어떻게 평가하든지 그것에 마음의 상처를 받아서는 안 된다. 비록 하고자 하는 일이 많은 사람들에게 부딪쳐도 그게 세상의 법도에 맞는 일이라면 묵묵히 끌고 나가는 것이 리더인 것이다. 그게 군자의 길이라는 말이다. 그러니 남이 나를 알아주지 않는다고 걱정할 것이 아니라, 내가 남을 알아보지 못하는 것을 걱정해야 한다는 말이다. 내가 리더인데 사람들이 나를 몰라주는 것은 분명 마음 상하는 일이기는 하나, 거기엔 분명 어떤 연유가 있을 것이기 때문이다. 상대가 나를 알아주고 몰라주는 것이 중요한 것이 아니라 정작 중요한 것은 내가 상대를 잘 모르고 있다는 데 있는 경우가 더 많다는 말이다."

이렇게 학이편 토론이 끝났다.

▧ 溫故

논어 학이편은

子曰 學而時習之不亦說乎 有朋自遠方來不亦樂乎 人不知而不慍不亦君子乎

자왈 학이시습지불역열호 유붕자원방래불역락호 인부지이불온불역군자호

공자께서 말씀하셨다. "배우고 때때로 그것을 익히니 기쁘지 아니한가. 친구가

먼 곳에서 오니 즐겁지 아니한가. 남이 알아주지 않아도 서운해하지 아니하니 군자가 아니겠는가."

로 시작하여

子曰 不患人之不己知 患不知人也

자왈 불환인지불기지 환부지인야

공자께서 말씀하셨다. "남이 나를 알아주지 않는다고 걱정할 것이 아니라, 내가 남을 알아보지 못하는 것을 걱정해야 한다."

로 끝이 납니다.

"남이 알아주지 않아도 서운해하지 아니하니 군자가 아니겠는가?" 질문으로 시작해 "남이 나를 알아주지 않는다고 걱정할 것이 아니라, 내가 남을 알아보지 못하는 것을 걱정해야 한다"는 대안을 제시하며 마무리를 합니다.

▨ 知新

옛날이나 지금이나 사람의 마음을 얻는 것은 쉬운 일이 아닙니다. 사실 사람의 마음을 얻는다는 것은 세상을 다 얻는 것이나 다름이 없는 일이기 때문입니다. 남자와 여자가 만나 사랑을 하고 가족이 되어가는 과정이나, 생면부지의 사람들이 만나 한 회사의 가족이 되는 과정은 그야말로 보통 일이 아닙니다. 검은 머리 파뿌리 되도록 백년해로하면서 생을 함께하는 것도 기적과도 같은 일이지만, 사원 대리 과장 부장 임원을 거치면서 20년 30년 한 회사에서 함께한다는 것도 기적 같은 일입니다. 그런 기적을 가능하게 하는, 아주 오래된 지혜가 있습니다. 그것의 시작은 바로 사람의 마음입니다.

사람의 마음을 나타내는 한자가 심(心)자 입니다. 심(心)이라는 글자는 사람의 마음을 아주 그럴듯하게 그려냈습니다. 사람의 심장 모습을 그대로 담아냈습니다. 우리의 심장은 좌심방 좌심실 우심방 우심실로 구성되어 있는데, 심(心)은 사람의 심장을 한 획 한 획 네 획으로 옮겨 놓은 듯합니다. 마음을 얻는다는 것은 그 사람의 뜨거운 가슴을 얻는다는 것을 말해주는 것처럼 말입니다. 마음을 얻어야 우정이 시작되고, 마음을 얻어야 사랑이 시작됩니다. 마음을 얻어야 진정한 가족이 되고, 마음을 얻어야 완전한 행복이 됩니다. 마음을 얻어야 존경받는 상사가 되고, 마음을 얻어야 믿음직한 부하가 됩니다. 면접관의 마음을 얻어야 면접에 합격하고, 고객의 마음을 얻어야 주머니가 두둑해집니다.

마음(心)을 생각해 봅니다. 마음을 잡는 일은 중심을 잡는 일입니다. 마음(心)이 흔들리지 않도록 중심(中)을 잡는 것 그게 바로 충(忠)이라는 글자입니다. 마음과 몸을 다해, 정성을 다한다는 의미입니다. 어떤 일을 할 때 한 가지만을 중심으로 생각하며 일을 하는 것이 바로 충(忠)입니다. 마음(心)에 적중(的中)시키는 것이 충(忠)입니다. 그러니 나 스스로에겐 조금 팍팍한 잣대를 들이대야 합니다. 삐뚤어지는 마음을 잡아야 하나가 되고 중심을 잡아야 충심(忠心)이 되기 때문입니다.

그런데 마음에 중심이 두 개가 생기면 어떻게 될까요? 어떤 것을 선택할 때 이것도 중요하고 저것도 중요하다는 생각이 들면 근심(患), 걱정이 생기게 됩니다. 이럴 때 쓰이는 한자가 바로 근심 환(患)자입니다. 근심은 나 혼자 있을 때보다, 보통 다른 사람들과의 관계에서 더 많이 생겨납니다. 세상 대부분의 문제는 나와 다른 사람들과의 관계에서 만들어집니다. 나 혼자 아무리 잘해도 다른 사람들과의 관계를 잘 풀지 못하면 꼭 문제가 생깁니다. 미움이 발생하고, 시기심이 생기고, 질투가 생깁니다. 상대 때문에 상처가 생기고, 상대로 인해 슬픔과 증오가 만들어진다고 생각합니다. 상대가 있어 사랑이 만들어지는 것이기도 하지만, 상대방 때문에 아픔이 생기는 경우도 많이 있습니다.

공자께서 말씀하셨습니다.

"남이 나를 알아주지 않는다고 걱정할 것이 아니라, 내가 남을 알아보지 못하는 것을 걱정해야 한다."

다른 사람이 나를 대우해 주지 않는 것에 걱정하지 말고, 그에 대해 잘 모르는 나 자신을 걱정하라는 말입니다. 남을 제대로 알지 못하면 그를 바르게 판단할 수가 없습니다. 다른 사람이 나를 알아주든 말든, 리더는 자신의 덕과 역량의 부족함을 근심하여 끊임없이 수양에 힘써야 한다는 뜻이지요. 다른 사람이 나를 제대로 알아주지 못함을 걱정하지 말라고 하지만, 대부분의 사람들은 다른 사람이 자신을 알아주지 못하는 것에 안달복달을 하고 있습니다. 내가 남을 제대로 알지 못하는 것을 걱정하라고 하지만, 대부분의 사람들은 다른 사람들을 제대로 알려고 하지 않습니다.

논어에 나오는 공자의 이 말을 요즘 언어로 바꾸면 이렇게 될 것입니다. '상사가 나를 몰라주는 것을 걱정하지 말고, 내가 상사를 잘 모름을 걱정하라.' 상사가 돼보지 않고는 상사의 상황이나 형편을 알기가 어렵습니다. 그 위치에 서보지 않고는 그를 이해하기가 쉽지 않습니다. 무작정 자기중심으로 상대를 생각해서는 풀리지 않는 문제가 너무 많은 것이지요.

'부하가 나를 몰라주는 것을 걱정하지 말고, 내가 부하를 잘 모름을 걱정하라.' 이번에는 상사 입장에서도 마찬가지입니다. 내가 누군데, 내가 부장인데, 내가 임원인데, 감히 나를 어떻게 무시해? 라고 생각하기가 쉽지만, 오늘 부하 사원이 왜 저럴 수밖에 없는지? 이유가 무엇인지를 한 번만 더 생각해 본다면 좋을 것 같습니다.

'고객이 우리를 몰라주는 것을 걱정하지 말고, 우리가 고객을 잘 모름을 걱정하라.' 손님들이 우리의 고충을 몰라주는 것을 걱정하지 말고, 우리가 손님들을 잘 모름을 걱정하라는 말입니다. 손님들에 대해서 조금만 더 연구하고, 고객 편에서 조금만 더 깊이 생각해 본다면 모든 문제의 반 이상은 풀릴지도 모릅니다.

'아내가 나를 몰라주는 것을 걱정하지 말고, 내가 아내를 잘 모름을 걱정하라. 아이가 나를 몰라주는 것을 걱정하지 말고, 내가 아이를 잘 모름을 걱정하라. 업무가 왜 내게 맞지 않을까를 걱정하지 말고, 내가 업무에 관해 잘 모름을 걱정하라.' 모두가 다 같은 말입니다.

상대의 입장에서 생각하라는 역지사지(易地思之)가 2500년 동안 끝없이 이어지는 것은 역지사지의 실행이 얼마나 어려운 일인가를 역설적으로 보여

주고 있습니다. 그래서 리더의 역지사지는 더 빛나는 것입니다. 그래서 공자는 이렇게도 말했습니다. 사람들이 나를 알아주지 않는 것에 성내지 않는다면 이 또한 군자라 할만하다. 人不知而不慍不亦君子乎(인부지이불온불역군자호). 그런 사람이 군자요 그런 사람이 바로 리더라는 말입니다.

산동성 곡부 공림(孔林)에 있는 공자의 묘
(공자 BC551~BC479)

2

위정편

爲政篇

1. 위정편 원문

1) 원문

子曰 爲政以德 譬如北辰 居其所而衆星共之. 子曰 詩三百 一言以蔽之 曰思無邪. 子曰 道之以政 齊之以刑 民免而無恥 道之以德 齊之以禮 有恥且格. 子曰 吾十有五而志於學 三十而立 四十而不惑 五十而知天命 六十而耳順 十而從心所欲不踰矩. 孟懿子問孝 子曰 無違 樊遲御 子告之曰 孟孫問孝於我 我對曰 無違 樊遲曰 何謂也 子曰 生 事之以禮 死 葬之以禮 祭之以禮. 孟武伯問孝 子曰 父母唯其疾之憂. 子游問孝 子曰 今之孝者 是謂能養 至於犬馬 皆能有養 不敬何以別乎. 子夏問孝 子曰 色難 有事 弟子服其勞 有酒食 先生饌 曾是以爲孝乎. 子曰 吾與回言終日 不違 如愚 退而省其私 亦足以發 回也不愚. 子曰 視其所以 觀其所由 察其所安 人焉

廋哉 人焉廋哉. 子曰 溫故而知新 可以爲師矣. 子曰 君子不器. 子貢問君子 子曰 先行其言 而後從之. 子曰 君子周而不比 小人比而不周. 子曰 學而不思則罔 思而不學則殆. 子曰 攻乎異端 斯害也已. 子曰 由 誨女知之乎 知之爲知之 不知爲不知 是知也. 子張學干祿 子曰 多聞闕疑 愼言其餘 則寡尤 多見闕殆 愼行其餘 則寡悔 言寡尤 行寡悔 祿在其中矣. 哀公問曰 何爲則民服 孔子對曰 擧直錯諸枉 則民服 擧枉錯諸直 則民不服. 季康子問 使民敬忠以勸 如之何 子曰 臨之以莊則敬 孝慈則忠 擧善而敎不能則勸. 或謂孔子曰 子奚不爲政 子曰 書云 孝乎 惟孝 友于兄弟 施於有政 是亦爲政 奚其爲爲政. 子曰 人而無信 不知其可也 大車無輗 小車無軏 其何以行之哉. 子張問 十世可知也 子曰 殷因於夏禮 所損益可知也 周因於殷禮 所損益可知也 其或繼周者 雖百世可知也. 子曰 非其鬼而祭之 諂也 見義不爲 無勇也. (573字)

2) 위정편 (24장 음독音讀)

1章 子曰 爲政以德 譬如北辰 居其所而衆星共之
자왈 위정이덕 비여북신 거기소이중성공지

2章 子曰 詩三百 一言以蔽之 曰思無邪
자왈 시삼백 일언이폐지 왈사무사

3章 子曰 道之以政 齊之以刑 民免而無恥 道之以德 齊之以禮 有恥且格
자왈 도지이정 제지이형 민면이무치 도지이덕 제지이례 유치차격

4章 子曰 吾十有五而志於學 三十而立 四十而不惑 五十而知天命 六十而耳順 七十而從心所欲不踰矩
자왈 오십유오이지우학 삼십이립 사십이불혹 오십이지천명 육십이이순 칠십이종심소욕불유구

5章 孟懿子問孝 子曰 無違 樊遲御 子告之曰 孟孫問孝於我 我對曰 無違 樊遲曰 何謂也 子曰 生 事之以禮 死 葬之以禮 祭之以禮
맹의자문효 자왈 무위 번지어 자고지왈 맹손문효어아 아대왈 무위 번지왈 하위야 자왈 생 사지이례 사 장지이례 제지이례

6章 孟武伯問孝 子曰 父母唯其疾之憂
맹무백문효 자왈 부모유기질지우

7章　子游問孝 子曰 今之孝者 是謂能養 至於犬馬 皆能有養 不敬 何以別乎
자유문효 자왈 금지효자 시위능양 지어견마 개능유양 불경 하이별호

8章　子夏問孝 子曰 色難 有事 弟子服其勞 有酒食 先生饌 曾是以爲孝乎
자하문효 자왈 색난 유사 제자복기로 유주사 선생찬 증시이위효호

9章　子曰 吾與回言終日 不違 如愚 退而省其私 亦足以發 回也不愚
자왈 오여회언종일 불위 여우 퇴이성기사 역족이발 회야불우

10章　子曰 視其所以 觀其所由 察其所安 人焉廋哉 人焉廋哉
자왈 시기소이 관기소유 찰기소안 인언수재 인언수재

11章　子曰 溫故而知新 可以爲師矣
자왈 온고이지신 가이위사의

12章　子曰 君子不器
자왈 군자불기

13章　子貢問君子 子曰 先行其言 而後從之
자공문군자 자왈 선행기언 이후종지

14章　子曰 君子周而不比 小人比而不周
자왈 군자주이불비 소인비이불주

15章 子曰 學而不思則罔 思而不學則殆
자왈 학이불사즉망 사이불학즉태

16章 子曰 攻乎異端 斯害也已
자왈 공호이단 사해야이

17章 子曰 由 誨女知之乎 知之爲知之 不知爲不知 是知也
자왈 유 회여지지호 지지위지지 부지위부지 시지야

18章 子張學干祿 子曰 多聞闕疑 愼言其餘 則寡尤 多見闕殆 愼行其餘 則寡悔 言寡尤 行寡悔 祿在其中矣
자장학간록 자왈 다문궐의 신언기여 즉과우 다견궐태 신행기여 즉과회 언과우 행과회 록재기중의

19章 哀公問曰 何爲則民服 孔子對曰 擧直錯諸枉 則民服 擧枉錯諸直 則民不服
애공문왈 하위즉민복 공자대왈 거직조저왕 즉민복 거왕조저직 즉민불복

20章 季康子問 使民敬忠以勸 如之何 子曰 臨之以莊則敬 孝慈則忠 擧善而敎不能則勸
계강자문 사민경충이권 여지하 자왈 림지이장즉경 효자즉충 거선이교불능즉권

21章 或謂孔子曰 子奚不爲政 子曰 書云 孝乎 惟孝 友于兄弟 施於有政 是亦爲政 奚其爲爲政
혹위공자왈 자해불위정 자왈 서운 효호 유효, 우우형제 시어유정 시역위정 해기위위정

22章 子曰 人而無信 不知其可也 大車無輗 小車無軏 其何以行之哉

자왈 인이무신 부지기가야 대거무예 소거무월 기하이행지재

23章 子張問 十世可知也 子曰 殷因於夏禮 所損益可知也 周因於殷禮 所損益可知也 其或繼周者 雖百世可知也

자장문 십세가지야 자왈 은인어하례 소손익가지야 주인어은례 소손익가지야 기혹계주자 수백세가지야

24章 子曰 非其鬼而祭之 諂也 見義不爲 無勇也

자왈 비기귀이제지 첨야 견의불위 무용야

2. 위정편 등장인물

첫 번째 토론이 끝나고 곡부에 위치한 공자학당에서 두 번째 토론이 열렸다. 공자를 중심으로 1차 토론에 참여를 했던 자공(子貢), 자하(子夏)를 포함하여 자장(子張), 자유(子遊), 번지(樊遲) 등 모두 6명이 모였다.

○ **공자(孔子)** BC551-BC479 이름은 구(丘), 자는 중니(仲尼), 춘추 말기 노나라 추읍 (현 산동성 곡부시 동남)사람, 고대 저명한 사상가, 교육가, 유가학파 창시자, 후세 중국의 역대 통치자들은 공자를 가리켜 지덕이 뛰어난 성인을 지칭하는 지성(至聖), 만인의 스승이라는 만세사표(萬歲師表)라 했다. 세계적인 성인의 한사람으로 추앙받고 있으며, 당시 3천 제자와 72명의 현명한 제자와 10명의 철인 제자가 있었다. 시경과 서경을 엮었고, 예기와 악기를 정(定) 했으며, 주역을 서(序)했고 춘추를 지었다.

○ **자공(子貢)** 위나라 사람으로 성은 단목(端木), 이름은 사(賜), 자는 자공(子貢)으로 공자보다 31세가 적었다. 공문십철(孔門十哲)의 한 사람으로 언변과 외교술이 뛰어났다. 언변이 화려하고 상업에도 능하여 일찍이 조(曹)나라와 노나라 사이에서 장사하여 공자의 제자 중 가장 부자 였으며 춘추시대 거부 중의 하나가 되었다. 자공은 자신의 사업과 경력을 바탕으로 외교무대에서도 크게 활약하여 노나라와 위(衛)나라에서 재상을 지냈으며 64세로 제나

라에서 죽었다. 구변으로 이름이 났으므로 공자는 항상 그의 언변을 꺾었다. 집에 여러 천금을 모아서 항상 사마(駟馬)를 타고 호화롭게 다녔다. 공자가 죽자 그는 무덤 옆에 여막을 치고 6년 상을 살았다고 한다. 자공의 재력은 공문(孔門)을 번성시키는데 크게 기여하였다. 사마천은 『사기』 「중니제자열전」에서 자공을 비중 있게 다루면서 공자의 제자 중에 그를 매우 높게 평가했으며, 「화식열전」에서도 자공의 상업과 부에 대하여 높게 평가를 했다. 자공과 관련된 유명어구로는 칼로 다듬고 줄로 쓸며 망치로 쪼고 숫돌로 갈 듯 학문을 닦고 덕행을 수양하는 것을 비유한 절차탁마(切磋琢磨)와 내 담장은 어깨에 미칠 정도지만, 스승의 담장은 여러 길이라는 수인궁장(數仞宮牆)이 있다.

○ **자하(子夏)** 위나라 사람으로 성은 복(卜), 이름은 상(商), 자는 자하(子夏)로 공자보다 44세 적었다. 공문십철의 한 사람이다. 시에 익숙하여 그 뜻을 능히 통달했으며 문학으로 이름이 났었다. 성품이 넓지는 못했으나 정미한 의론에 있어서는 당시 사람들 중에 아무도 그를 따를 사람이 없었다. 공자 사후 황하의 서쪽 지역인 서하(西河)에서 제자들을 가르쳤는데 이때 위(魏)나라 제후인 문후가 자하를 스승으로 섬겼고, 모든 국정을 그에게 물어서 행했다. 자하는 특히 공자의 사상을 후세에 전하는데 크게 기여했다는 평가를 받고 있다. 오기(吳起)가 그의 문하에서 배출되었다. 공자의 제자 중 장수(80세)한 제자 중의 한 사람이다.

○ **자장(子張)** 진(陳)나라 사람으로 성은 전손(顓孫), 이름은 사(師), 자는 자장으로 공자보다 48세 적었다. 공자의 천하주유 시 자공은 나이가 어려 함께

하지 못해 공문십철에는 들지 못했지만 뛰어난 재능과 외모가 출중했다. 적극적인 성격으로 극단적이라는 평을 공자로부터 들었다. 공자의 제자 중에 특히 명성과 출세 등에 관심을 보였고, 과유불급(過猶不及) 고사의 주인공으로 늘 지나침으로 지적을 받았던 제자였다. 공자 사후 자장은 자하, 자유, 유약등과 함께 숭예파를 만들어 가르쳤다. 56세로 사망했다.

○ **자유(子遊)** 이름은 언언(言偃)이며 공자보다 35세가 적었다. 사과십철(四科十哲)에 자하와 함께 문학(고문헌)에 능한 인물로 무성의 읍재로 일했다.

○ **번지(樊遲)** 노나라 사람으로 공자보다 46세가 적었다. 공자보다 46세가 적었다. 사람됨이 강직하고 아는 것이 많았으며 도를 좋아했다.

○ **노나라 군주와 삼환(三桓)** 공자의 40세 이전은 노나라 25대 군주인 소공(召公)의 시대였고, 50대 초반 관료 생활은 26대 군주인 정공(定公)의 시대였으며, 천하주유에서 돌아온 68세부터 73세까지는 27대 군주인 애공(哀公)의 시대였다. 춘추시대 노나라의 경대부(卿大夫) 계손(季孫), 숙손(叔孫), 맹손(孟孫)을 가리켜 삼환(三桓)이라 일컬으며. 노나라의 권세를 틀어쥐고 임금의 자리도 좌지우지할 정도로 그 세력이 막강했다. 공자는 어려서 경대부인 계평자(季平子)의 집에서 창고지기와 가축 지기 업무를 보는 말단 관리로서 일을 했다. 공자가 50대 후반 관료 생활을 할 때는 계평자의 아들인 계환자(季桓子)가 경대부였으며 천하주유에서 돌아온 68세부터 73세까지는 계환자의 아들인 계강자(季康子)가 경대부였다. 계강자(季康子)는 공자의 제자였던 자

공, 염구, 자로 번지 등을 임용했고, 공자의 천하주유를 마치게 영향을 끼친 노나라 대부이기도 하다. 당시 노나라의 또 다른 경대부였던 맹희자(孟僖子)는 죽을 때 아들이었던 맹의자(孟懿子)에게 공자에게 배우라는 유언을 남기기도 했으며 실제 경대부 맹의자는 공자의 제자였다. 맹무백(孟武伯)은 맹의자(孟懿子)의 아들이며 논어에는 공자와 당대의 군주들, 계손, 맹손, 숙손 경대부들과의 대화가 자주 등장한다.

3. 위정편 요약

학이편이 학문의 내적 수양을 말했다면 24장으로 구성된 위정편은 학문의 외적 활용으로 국가, 가정, 개인으로 나누어 토론합니다. 군자가 되기 위한 수양 방법으로 군자는 믿음과 용기를 가져야 합니다. 국가는 덕치(德治)가 기본이 돼야 하고, 가정은 효가 기본이 돼야 하며, 개인에겐 온고지신의 정신이 필요합니다. 군자는 스스로 변화하는 사람이며, 말보다 실천을 앞세우는 사람입니다. 공자는 군자의 학습 태도와 알고 모르는 것의 명쾌한 정의를 내립니다. 당시 노나라 왕이었던 애공과 막강한 실권자였던 계강자를 실례로 들어 학문의 외적 활용인 정치에 대해서 설명하고, 군자는 믿음이 있어야 하며 실천하는 용기가 필요함을 강조합니다.

4. 위정편 전문(全文)

산동성 곡부 공묘(孔廟)입구
만인궁장(萬仞宮牆), "공자학문의 깊이는 보통사람의 만 배나 된다."

17 위정 01장

위정이덕 爲政以德 ▶ 덕으로 정치를 한다는 것은.

子曰

爲政以德

譬如北辰 居其所而衆星共之

자왈

위정이덕

비여북신 거기소이중성공지

공자께서 말씀하셨다.

"덕으로 정치를 하는 것은,

북극성은 제 자리에 있는데 뭇별들이 북극성을 도는 것과

같다고 비유할 수 있다."

▧ 集註

‖子 가라사대, 政을 하되 德으로써 함이, 譬컨대 北辰이 그 所에 居 하였거든 모든 별이共함 같으니라. (이이)

‖공자가 말했다. 정사를 잡아 덕 있는 사람을 등용하는 것은, 비유하면 북극성이 제자리에 머물러 있으면 뭇 별이 그것을 행하는 것과 같다. (오규 소라이)

‖공자께서 말씀하셨다. 덕으로써 정치를 하는 것은, 마치 북극성은 제 자리에 있고 여러 별이 이를 에워싸서 돌고 있는 것과 같다. (남회근)

‖공자께서 말씀하셨다. 정사를 하되 덕으로써 하는 것은 비유하건대, 북극성이 제 자리에 머물러 있으면 뭇별들이 그에게로 향하는 것과 같다. (성백효)

‖공자께서 말씀하시었다. 정치를 하되 덕으로써 하는 것은, 비유하면 북극성이 제자리에 머물러 있어도 나머지 모든 별이 그를 중심으로 고개 숙이고 도는 것과도 같다. (김용옥)

▧ 意譯

공자가 다시 처음으로 입을 열었다.

"오늘은 학문의 가장 큰 활용이라 할 수 있는 정치에 대해 토론해 보고자 한다. 세상에는 정치를 덕으로 하는 군주와 정치를 법으로 하는 군주가 있다. 덕으로써 정치를 하는 것은 마치 북극성은 제자리에 있고 여러 별이 북극성을 에워싸서 돌고 있는 것과 같은 이치로 자연스럽고 좋은 것이다."

▧ 溫故

위정(爲政)편의 시작을 알립니다. 전체 20편으로 구성된 논어는 각 편마다 고유의 이름이 붙여져 있는데, 자왈(子曰)을 제외한 가장 먼저 나오는 두 글자 혹은 세 글자를 편명으로 사용하고 있습니다. 위정편도 마찬가지입니다. 위정이덕(爲政以德)의 앞 두 글자를 따서 위정편으로 부르고 있습니다. 논어 학이편이 학문(學問)과 학문(學文)의 내적 수양과 활용을 다루었다면, 전체 24장으로 구성된 위정편은 학문의 외적 활용에 대해서 논하고 있습니다. 국가, 가정, 개인으로 나누어 그간 익힌 학문을 어떻게 활용할 것인지, 어떻게 써야 할 것인지를 논의하게 됩니다. 국가는 덕(德)의 정치가 기본이 되어야 하고, 가정은 효가 기본이 돼야 하며, 개인은 온고지신의 정신이 필요하다고 역설하면서 흥미진진한 위정편이 전개됩니다.

춘추시대는 변화의 폭풍이 휘몰아치는 변혁의 시대였습니다. 서주의 평온 시대가 끝나자 열국의 군주들은 패권국이 되려고 서로 혈안이 되어 있었고, 각 나라의 대부들은 위로는 군주를 무시하고 아래로는 약자를 밀어붙이는 폭정의 세월이었습니다. 춘추시대 공자는 이 혼돈의 시대를 피해 자연 속으로 도피한 은둔자가 아니었습니다. 당대에는 꽃을 피우지 못한 공자였지만 지극히 현실주의자였던 그는 끝없이 개선하고자 그가 할 수 있는 모든 것을 묵묵히 실행하고 있었습니다. 삐뚤어진 현실정치를 통렬히 개탄하면서

덕(德)을 화두로 위정편을 시작합니다.

덕(德)을 한마디로 정의하기가 쉽지는 않지만 좌씨전(左氏傳)에서는 2단어로 신(信)과 인(仁)을 덕이라 했습니다. 즉 거짓이 없고 역지사지(易地思之) 마음이 덕이라는 것입니다. 중용(中庸)에서는 3단어로 지(智), 인(仁), 용(勇)을 들어 지혜롭고 사람을 사랑하며 용기 있는 것을 덕이라 했습니다. 시경(詩經)에서는 인(仁), 지(知), 예(禮), 의(義), 신(信), 악(樂), 충(忠), 천(天), 지(地)를 덕(德)이라 말하고 있습니다.

덕(德)에 도(道)를 더해 만들어진 도덕(道德)은 사람이 지켜가야 할 길이라는 의미입니다. 인(仁), 의(義), 예(禮), 지(智), 신(信), 자(慈), 우(友), 공(恭), 효(孝) 등을 포함하고 있는 도덕은 한마디로 '바른 사람의 길'이라 볼 수 있습니다. 사람을 사랑하고, 올바르며, 상호 예의를 지키고, 세상사에 지혜로우며, 서로에게 신뢰를 주고, 아랫사람에게는 사랑을 주고, 친구 간에는 돈독한 우정이 있고, 윗사람에겐 공손하며, 부모님께는 효도하는 사람이 도덕적인 사람이며 이것이 인간이 지켜야 할 바른길이라는 말입니다.

▧ 知新

한번은 노나라의 정치를 뒤에서 쥐고 흔들던 삼환의 우두머리 격인 계강자가 공자에게 정치에 대해서 질문을 했습니다.

季康子問政於孔子曰 如殺無道 以就有道 如何 孔子對曰子 爲政 焉用殺

계장자문정어공자왈 여살무도 이취유도하여 공자대왈자 위정 언용살
子欲善 而民善矣 君子之德風 小人之德草 草上之風必偃 (안연편顔淵篇 제19장)
자욕선 이민선의 군자지덕풍 소인지덕초 초상지풍필언

"무도한 자를 죽여 바른 세상을 만드는 것은 어떤지요?" 계강자가 이런 방식의 정치에 대해 물었을 때 공자가 대답합니다. "정치를 한다면서 어찌 살인의 수단을 쓰고자 하십니까? 대부께서 선(善)하고자 하면 백성은 자연히 선해질 것이니, 군자의 덕은 바람이요, 소인의 덕은 풀과 같아 풀에 바람이 불면 풀은 반드시 쓰러지지요."

공자가 생각하는 정치와는 전혀 다른 방식의 통치방식을 구사하고 있는 계강자에게 쓴소리를 하는 장면입니다. 대부인 당신 자신이 바르게 모범을 보인다면 백성들은 자연스럽게 따라올 텐데, 자신은 극악무도한 잘못을 하면서 작은 잘못을 저지르는 힘없는 백성들을 죽이면서까지 정치를 해야 되겠는가를 되묻고 있습니다.

경영자가 덕(德)으로써 경영을 하는 것은, 북극성은 제 자리에 있는데 뭇별들이 북극성을 도는 것과 같다고 비유할 수 있습니다. 팀장이 덕(德)으로써 팀 관리를 하는 것은 북극성은 제 자리에 있는데 뭇별들이 북극성을 도는 것과 같다 할 수 있습니다. 백과사전에 나와 있는 '도덕'의 의미를 그대로 실천할 수 있는 리더는 거의 없을 것입니다. 그것은 예전에도 그랬고 지금도 그렇고 앞으로도 그럴 것입니다. 하지만 기업의 경영자 혹은 조직의 리더들이 가

지고 있어야 할 최소한의 덕이 있다면 그것은 무엇일까요

모범을 보이는 것이 덕의 시작일 것입니다. 리더 스스로 어긋난 길을 가면서 앞에서 정도를 말하는 것은 쉬운 일이 아닙니다. 말로만 외치는 리더를 따를 팔로워들도 없습니다. 앞에서는 Yes를 하지만 돌아서면 바로 No를 할 수밖에 없습니다. 하지만 우리 주변에는 말로만 떠벌리는 그런 리더들이 아직도 의외로 많습니다. 어떤 리더는 인사권을 들먹거리고 어떤 리더는 승진과 고과로 은근히 압력을 주면서 말입니다. 되지도 않는 꼴통 짓을 하지만 그게 또 먹히는 현실을 우리는 얼마든지 볼 수 있습니다. 바람이 불면 풀잎은 엎드리지만 그 바람이 지나면 풀잎은 다시 일어섭니다.

18 위정 02장

왈사무사 日思無邪 ▶ 사악함이 없는 시경(詩經)

子曰

詩三百 一言以蔽之

曰 思無邪

자왈

시삼백 일언이폐지

왈 사무사

공자께서 말씀하셨다.

“시경(詩經) 삼백 편을 한마디로 요약하면,

‘생각에 사악함이 없는 것(思無邪)’이다.”

▧ 集註

‖子 가라사대, 詩三百에 한 말로써 蔽하였으니 가로대 思, 邪없음이니라. (이이)

‖공자가 말했다. 시경 삼백 편의 뜻을 한마디 말로 대표할 수 있으니, 생각에 간사함이 없다는 말이다. (오규 소라이)

‖공자께서 말씀하셨다. 시 삼백 편을 정리한 주요 목적은 한마디로 말해, 사람들의 생각에 사악함이 없도록 하기 위한 것이라 하겠다. (남회근)

‖공자께서 말씀하셨다. ≪詩經≫ 삼백 편에 한마디 말로 덮을 수 있으니 '생각에 간사함이 없다.'는 말이다. (성백효)

‖공자께서 말씀하시었다. 시 삼백 편을 한마디로 덮어 표현하자면 다음과 같이 말할 수 있을 것이다. '그 생각에 사악함이 없다. (김용옥)

▧ 意譯

정치로 말문을 열었던 공자께서 시경의 편집 이유를 설명한다.

"내가 그간 시 삼백 편으로 시경을 편집한 이유는 한 마디로 사람들 특히 리더들의 생각에 사악함을 없게 하려는 뜻이었다."

▧ 溫故

공자는 원래 노래를 좋아했다고 합니다. 제나라를 방문했을 때 순(舜)임금의 음악인 소악(韶樂)을 듣고 3개월 동안이나 고기 맛을 잊어버릴 정도였다고 하니 얼마나 노래를 좋아했겠습니까? 공자는 탁월한 연주가이며 뛰어난 작곡가였다는 평가를 받습니다. 노래 잘하는 사람을 만나면 노래를 먼저 부르게 하고, 이어 따라 불렀다는 이야기가 논어에 등장하기도 합니다. 공자는 전해 내려오거나 당시 유행가처럼 불렸던 노래 가사를 엄선하여 정리했습니다. 공자가 정리한 이 300여 편의 노래는 수백 년이 지나 한나라 시대에 시경(詩經)이라는 경전으로 이름 붙여져 후대에 사서삼경(四書三經)중의 하나가 되었습니다. 그러니까 시경은 당시의 노래를 엄선하여 편집한 노래 가사집이라 볼 수 있습니다.

공자는 은(殷)나라와 동주(東周)를 지나 춘추(春秋)시대까지의 많은 시가(詩歌) 중에서 백성들의 생활과 감성에 좋은 영향을 주는 300여 편의 노래를 골라냈습니다. 이 300여 편의 노래를 공자는 한마디로 사(邪)함이 없다는 것입니다. 간사함, 사특함, 사악함, 그릇됨이 없다는 말입니다. 만약 노랫말이나 노래 운율에 간사함, 사특함, 사악함, 그릇됨이 있었다면 그 노래는 대중의 사랑을 받지 못하고 자연스럽게 도태되기 때문에 더욱 그렇기도 합니다.

어떤 노래가 사특함이 없는 노래일까요? 그것은 인생의 기쁨과 노함, 슬픔과 즐거움을 있는 그대로 표현하면서도 누군가를 아프게 하지 않고 인간의 감정을 있는 그대로 표현하는 노래가 아니었을까요? 어떤 개인적인 의도나 특정 집단의 목적이 들어 있지 않은 순수한 자연감정을 그대로 노래에 실어 인생을 노래하는 것이 아닐까요? 노래를 듣는 이와 노래를 부르는 이의 마음이 이어지는 공명의 울림, 개인의 욕심을 채우는 내용도 없고, 바르게 살아가는 순박한 사람들의 모습을 노래한 것이라 생각됩니다. 그런 사특함이 없는 노래를 지속적으로 듣고 성장하기를 바라는 공자의 숨은 전략이 시경을 만들게 된 이유라 생각됩니다.

논어·맹자·중용·대학·시경·서경·역경을 지칭하는 사서삼경(四書三經)중에 읽기가 매우 난해하다는 시경이 바로 2500년 전의 노래 가사입니다. 2500여 년 전의 대중가요 유행가를 정리해 놓은 것이 바로 시경(詩經)입니다. 시경은 남녀의 사랑을 노래한 '국풍(國風)'과 왕조의 흥망성쇠를 노래한 아(雅), 조상을 찬양한 송(頌) 등으로 구성돼 있습니다. 사서삼경은 논어, 맹자, 대학 중용, 시경, 서경, 역경을 말합니다. 중국 한나라 시대에는 〈사서육경〉이 있었습니다. '육경'(六經)은 시경, 서경, 역경, 예기, 춘추, 악기(樂記)를 말합니다. 여기서 악기는 음악 이론을 기록한 경전입니다. 공자는 인(仁)을 실천하는 방법으로 특히 예악(禮樂)을 강조했습니다. 조선시대 왕이 종묘에서 조상에게 제사를 지내면서 연주하는 '종묘제례악' 같은 것의 이론을 기술한 경전입니다.

子曰 興於詩 立於禮 成於樂 (태백8장)
자왈 흥어시 립어례 성어악
시를 통하여 흥하고 예를 통하여 일어서고 음악을 통하여 완성했다.

시(詩)로 시작하고, 예(禮)로 서고, 악(樂)으로 완성했다는 말입니다. 공자는 시경을 통해 사람 사이의 인(仁)이 무엇인지 알게 되었다고 합니다. 시를 통해 인을 체계적으로 공부하고, 공부한 내용을 행동으로 실천하는 것을 예(禮)라 할 수 있습니다. 겉으로는 예의 규범에 맞게 행동하지만 마음속에 어떤 생각을 가지고 있는지는 알 수 없습니다. 그래서 공자는 인을 실행하는 방법으로 외적으로 보이는 예의 모습보다 내면의 마음이 더 중요하다고 생각했습니다. 사람의 마음을 움직이려면 논리보다는 감정에 호소하는 것이 더 빠를 때가 있습니다. 노래보다 사람의 마음을 빠르게 공감시키는 것은 별로 없습니다. 그러니까 인을 실천하는 방법으로 외적으로는 예(禮)를 들었고 내적으로는 음악과 노래를 즉 시(詩)를 말한 것입니다. 공자는 이처럼 인의 수양과 학문의 단계를 시(詩)와 예(禮)와 악(樂)으로 가르치고 있습니다.

▧ 知新

"고향의 봄, 과수원 길, 돌아가는 삼각지, 동숙의 노래, 따오기, 메아리, 무궁화, 반달, 비둘기 집, 산들바람, 산바람 강바람, 삼팔선의 봄, 신라의 달밤, 앵두나무 처녀, 얼굴, 우리의 소원, 유정천리, 이 길을 간다, 이정표, 잃어버린 30년, 타향살이, 하얀나비, 향수, 홍도야 울지마라."

제목만 들어도 콧노래가 절로 나오는 노래비(碑)로 세워져 있는 유행가의 제목들입니다. 전국에 퍼져있는 약 700개의 노래비를 소개하고 있는 『한국의 노래비』라는 책에 소개된 경기도에 있는 노래비 중의 일부입니다.

유행가 혹은 대중의 사랑을 받은 대중가요는 참으로 신기합니다. 사람들에게 사랑받지 못하면 저절로 도태되어 사람들의 기억으로부터 사라지지만, 사람들의 마음을 울리고 공감을 얻은 노래는 시간과 시대를 초월하여 오랫동안 기억되고 남게 됩니다. 유행가나 대중가요는 그 시대를 가장 잘 그려내는 풍경화 같습니다. 인생의 기쁨과 슬픔이 한 자락 노래로 피어나, 한 시대를 풍미했던 보통사람들의 애환의 속살을 그대로 보여줍니다. 노랫말 한마디 한마디는 아름다운 시(詩)로 남아, 세월과 삶을 통해 긴 여운으로 기억됩니다. 그 시와 함께 울고 웃으며 사람들은 노래와 함께 인생을 보내게 됩니다. 노래에게 위안을 받고 노래로 한(恨)을 달래기도 합니다.

미국의 발명왕 에디슨은 '성공엔 99%의 노력과 1%의 영감이 필요하다'고 했습니다만 정말 그가 하고 싶었던 말은 '99%의 노력도 1%의 영감이 없다면 성공할 수 없다'라고 주장하는 사람도 있습니다. 99% 노력의 성과를 좌지우지할 수 있는 1%의 영감(靈感)의 중요성을 말함입니다. 영감은 어떻게 얻는 것일까요? 번뜩이는 영감을 떠오르게 하기에는 시(詩)처럼 좋은 것이 없다고 합니다. 노래를 들으면서 음미하는 아름다운 가사에서 영감이 떠오르기도 하고, 간명한 시를 읽으면서 번뜩이는 영감이 떠오르기도 합니다.

공자에게는 백어(伯魚)라는 아들이 있었습니다. 공자는 아들에게 무엇을 주로 가르쳤을까요? 논어에 등장하는 백어의 대답을 들어보면 공자가 아들에게 강조했던 것이 무엇인지 잘 알 수 있습니다. "지금껏 이렇다 할 특별한 가르침을 따로 받은 적은 없지만 〈시경〉을 읽지 않은 인간은 말 상대가 안 된다고 가르치셨습니다." 사특함이 없는 사랑의 노래나 간사함이나 간교함이 없는 노래 가사를 통해, 착하고 바른 사람이 되라는 아버지의 사무사(思無邪) 교육이 아니었을까요?

이이(李珥)의 격몽요결에도 사무사 무불경(思無邪 毋不敬)이라는 말이 나옵니다. 생각에는 간사함이 없어야 하며 항상 공경함을 가져야 한다는 의미로 평생을 살면서 마음에 두고 있어야 한다고 율곡은 강조했습니다.

이런 사특함이 없는 노래는 상대를 소중하게 생각하고 순수한 마음으로 대하게 합니다. 결국 좋은 노래를 통해 사람들은 서로 더욱 좋은 인간관계를 형성할 수 있게 되는 것이지요. 이런 것이 음악의 힘이 아닐까요? 이런 것이 노래의 힘 혹은 시의 힘이 아닐까요?

19 위정 03장

도지이정 道之以政 ▶ 법의정치와 덕의정치

子曰

道之以政 齊之以刑 民免而無恥

道之以德 齊之以禮 有恥且格

자왈

도지이정 제지이형 민면이무치

도지이덕 제지이례 유치차격

공자께서 말씀하셨다.

"정치적 법령으로 이끌고 형벌로 다스리면 백성들은

형벌을 면하기만 할 뿐, 부끄러움을 모르게 된다.

덕으로 이끌고 예로써 다스리면 백성들은 부끄러움을 알뿐만 아니라

감격할 것이다."

▧ 集註

‖子 가라사대, 道하데 政으로써 하고 齊하데 刑으로써 하면, 民이 免하려고만 하고 恥함은 없느니라. 道하데 德으로써하고 齊하데 禮로써 하면 恥함이 있고 또 格하느니라. (이이)

‖공자가 말했다. 인도하기를 정치로써 하고 다스리기를 형벌로써 하면 백성들로 하여금 형벌을 면하게는 할 수 있으나 부끄러워함은 없다. 인도하기를 덕 있는 사람을 등용해서 하고 다스리기를 예로써 한다면 부끄러워함이 있고 또한 감동할 것이다. (오규 소라이)

‖공자께서 말씀하셨다. 정치적 법령으로써 영도하고 형벌로써 다스리면, 백성들은 벌을 어기지 않아 형벌은 면하되 부끄러움은 모르게 된다. 도덕으로써 영도하고 예의 정신으로써 다스리면 부끄러움을 알게 되고 또 정치의 목적에 도달하게 된다. (남회근)

‖공자께서 말씀하셨다. 인도하되 법으로써 하고 가지런히 하되 형벌로써 하면, 백성들이 형벌을 면하되 부끄러워함이 없다. 인도하되 덕으로써 하고 가지런히 하되 예로써 하면, 백성들이 부끄러워함이 있고 또 선에 이른다. (성백효)

‖공자께서 말씀하시었다. 정령으로 이끌고 형벌로 가지런히 하면, 백성들은 형벌을 면하기만 할 뿐이요 부끄러움이 없다. 그러나 덕으로써 이끌고 예

로써 가지런히 하면 사람들이 부끄러움이 있을 뿐 아니라 떳떳해진다. (김용옥)

▧ 意譯

시(詩)와 시경(詩經)의 중요성을 언급한 후에 덕치(德治)와 법치(法治)의 차이를 들어 정치에 대하여 계속 이어나갔다.

"군주가 정치를 함에 백성들을 단지 정치적 법령으로만 이끌고, 백성의 잘못을 형벌로서만 다스린다면 어떻게 되겠는가? 백성들은 형벌이 무서워 법을 어기지는 않게 되지만, 자기 스스로의 잘못에 대한 부끄러움이나 수치심은 모르게 된다. 왜냐하면 벌로써 이미 자신의 잘못을 용서받았다고 생각하기 때문이다. 하지만 군주가 백성들을 덕으로 이끌고, 예의 정신으로 다스린다면 백성들은 자신의 잘못에 대한 부끄러움을 알게 되고 또 정치의 목적에도 도달하게 되는 것이다."

▧ 溫故

덕치주의(德治主義), 공자(BC551~BC479)

덕(德)으로 천하를 잘 다스려 태평성대를 구가했던 요순(堯舜)시대를 본받고 싶어 했던 공자는 위정자는 백성을 법규와 형벌로 다스리기 전에 덕과 예로써 이끌어야 한다는 덕치주의를 주장했습니다. 덕 있는 자가 군주가 되어 도덕적으로 뒤처진 사람들을 지도 교화하는 것을 정치적 목표로 삼아야 한다는 이상론을 폈던 것입니다. 하지만 '나라가 안정적일 때는 예로 통치하고, 나라가 혼란할 때는 법으로 통치해야 한다.' 했던 선진시대의 왕맹(王猛)의 말처럼 격변의 춘추시대를 살아갔던 당시의 많은 위정자들에게 바로 적용하기는 쉽지 않은 주장이었습니다.

예치주의(禮治主義), 순자 (BC298~BC238)

공자보다 약 200년 후에 활동했던 전국시대 말기의 순자(荀子)는 예치(禮治)를 주장했습니다. 사람들이 함께 살다 보면 이해관계의 차이로 서로 다툼이 생기게 되는데 이러한 다툼이 순조롭게 해결될 때 조직과 사회는 유지 발전될 수 있습니다. 유익하다고 생각되는 행위를 하도록 하고 유해하다고 생각되는 행위를 하지 못하도록 하는 것이 바로 사회규범입니다. 관습, 종교규범, 도덕, 법 등이 바로 사회규범입니다.

도덕과 법 사이에 바로 예(禮)가 있습니다. 예로부터 이를 어겼을 때에는 수치심으로 얼굴을 들고 다닐 수 없도록 교육하였으며, 도덕의 관점에서 보면 법에 가까운 것이고, 법의 관점에서 보면 도덕의 내용에 가까운 것이 바로 예라는 것입니다. 예는 사회질서를 유지할 수 있는 규범으로 유능한 군주는 규범을 지키고 시행해 나가기 위해 규범을 잘 알고 있어야 하며, 또한 그러한 인물을 찾아 정치를 함께 해야 한다고 순자는 주장했습니다. 예치사상의 출발점입니다.

법치주의(法治主義), 한비자 (BC280~BC233)

전국시대 말기 순자의 제자였던 한비자(韓非子)는 법치를 주장했습니다. 한비자는 법가의 입장에서 유가, 도가, 묵가를 비판했습니다. 진나라에서는 법가사상을 바탕으로 유학자와 유학서적을 불태워 버리는 분서갱유(焚書坑儒)가 발생했습니다. 한비자는 통일국가인 진나라의 탄생에 법가로서 이론적인 근거를 제공하고, 이후 중국 역대 왕조의 현실정치에 결정적인 영향을 미쳤습니다. 한비자는 이탈리아 사상가 마키아벨리(1469~1527)보다 1800여 년이나 앞서 법치를 주장한 순자의 직제자였습니다.

서양의 법치주의가 시민의 자유와 권리를 중시하며 왕권을 약화하는 기능을 했던 반면 한비자의 법치는 군주의 통치를 위한 것으로서 법에 근거한 통제였습니다. 한비자는 인간의 본성과 권력의 본질을 분석하고, 군주의 권력 유지 방도를 제시해 진나라 진시황으로부터 특히 관심을 끌어냈습니다. 한비자의 법치주의는 잘한 자에게는 필히 상을 주고, 잘못한 자에게는 반드시 벌을 주는 신상필벌(信賞必罰)로 요약할 수 있습니다.

▨ 知新

법에 따라 사람을 등용하고 법에 따라 평가하는 신상필벌과 신분을 초월한 능력주의를 내세웠던 한비자의 사상은 2000년이 지난 현재에도 유효한 매우 진보적인 사상입니다. 하지만 개인의 창의성이나 자율성과 같은 현대기업에서 중요시하는 것과는 거리감이 있습니다. 효율성과 속도가 중요한 경우라면 지금도 충분히 필요한 것이 한비자의 법치 사상입니다. 하지만 개인의 창의력이 기업을 좌지우지하는 경우라면 공자의 덕치주의가 더 빛을 발할 수도 있습니다. 인간의 자율성과 책임성을 강조하는 리더의 인본주의적 리더십은 구성원들의 마음을 얻기가 쉽고, 구성원의 마음을 얻으면 구성원의 자발적인 협조와 희생을 이끌어내기 쉽기 때문입니다.

20 위정 04장

사십불혹 四十不惑 ▶ 세상에서 가장 짧은 이력서

子曰

吾十有五而志于學

三十而立

四十而不惑

五十而知天命

六十而耳順

七十而從心所欲不踰矩

자왈

오십유오이지우학

삼십이립

사십이불혹

오십이지천명

육십이이순

칠십이종심소욕불유구

공자께서 말씀하셨다.

"나는 열다섯에 학문에 뜻을 두었고,

서른에 섰으며,

마흔에는 흔들림이 없었고,

쉰에는 천명을 알았으며,

예순에는 귀가 순해졌고,

일흔에는 마음대로 해도 법도를 넘지 않았다."

▧ 集註

‖ 子 가라사대, 내 열이오 또 다섯에 學에 志하고, 설흔에 立하고, 마흔에 惑하지아니하고, 쉬인에 天命을 알고, 예쉰에 耳順하고, 일흔에 마음의 欲하는자를 쫓아도 矩에 넘지 아니호라. (이이)

‖ 공자가 말했다. 나는 열다섯 살에 배움에 뜻을 품었고, 서른 살에 자립하였으며, 마흔 살에 의혹하지 않았고, 쉰 살에 천명을 알았으며, 예순 살에 귀가 순해졌고, 일흔 살에 하고자 하는 바를 따랐지만 법도를 넘지는 않았다. (오규 소라이)

‖ 공자가 말씀하셨다. 나는 열다섯 살에 배움에 뜻을 두었고, 서른 살에는 내 인생의 길이 섰으며, 마흔 살에는 그 길을 의심하지 않게 되었고, 쉰 살에는 우주 만물의 근원인 천명을 알게 되었고, 예순 살에는 무슨 이야기를 들어도 마음이 평온하였으며, 일흔 살에는 마음이 하고자 하는 대로 따라도 법도를 넘어서지 않게 되었다. (남회근)

‖ 공자께서 말씀하셨다. 나는 열다섯 살에 학문에 뜻하였고, 서른 살에 자립하였고, 마흔 살에 事理에 의혹하지 않았고, 쉰 살에 천명을 알았고, 예순 살에 귀로 들으면 그대로 이해되었고,일흔 살에 마음에 하고자 하는 바를 따라도 법도를 넘지 않았노라. (성백효)

‖ 공자께서 말씀하시었다. 나는 열다섯 살에 학문에 뜻을 두었고, 서른 살

에 섰으며, 마흔 살에는 미혹됨이 없었고, 쉰 살에는 천명을 알았고, 예순 살에는 귀가 순해졌고, 일흔 살에는 마음이 원하는 바를 따라도 법도에 어긋남이 없었다. (김용옥)

▧ 意譯

그러면서 공자는 자신의 일생을 되돌아보면서 정치에 대한 소회를 밝혔다.

"너희들이 보는 대로 나는 이미 일흔이 넘었다. 지난 칠십여 년의 세월이 한순간인 듯하구나. 나는 어려서 매우 미천했다. 아버지 얼굴은 기억에도 없으며 어머니마저 내 나이 열일곱에 돌아가셨다. 나는 열다섯에 공부하기로 마음을 먹었다. 돈도 권력도 없는 내가 미래를 위해서 할 수 있는 것은 학문을 파고드는 것만이 최선이라 생각했던 것 같다. 나름대로 열심히 공부한 결과 서른 즈음에는 학문적인 독립을 어느 정도 할 수 있었다.

너희들도 잘 알고 있듯이 지난 500여 년간 유지해오던 주나라의 종법 봉건제도 사회질서가 완전히 붕괴되어 덕의 정치와 예의 정치는 사라지고 법과 형벌로 정치를 하는 세상으로 바뀌었구나. 제후들은 천자를 무시하고 스스로 패자가 되려는 욕심만 커진 세상이다. 제후들은 대부들의 등쌀에 힘을 잃고, 대부들은 가신들의 득세에 흔들리는 혼란한 세상이 되었다. 안타까움 속에 나는 500년 전의 덕치와 예치로 다스려지는 대동사회를 꿈꾸면서 왕의 부름만을 기다리면서 공부를 해왔다. 하지만 나이 50이 되도록 대부(계손씨, 맹손씨, 숙손씨)들의 등쌀에 기를 피지 못한 왕으로부터의 호출 기회가 나에겐 없었다. 그러다 드디어 51세에 중도재를 시작으로 단숨에 대사구라는 중요한 일을 맡게 되어 나는 최선을 다했다.

조국인 노나라를 주나라의 초기처럼 만들고 싶었기 때문이었다. 예의 정치와 덕의 정치를 펼 수 있도록 왕을 보필하고 틀어진 국정을 하나씩 바로잡는데 박차를 가했다. 적지 않은 성과도 있었지만 주변 강대국인 제나라의 간계와 아직도 정신 차리지 못한 대부(계손씨)의 농간에 나는 노나라를 떠나지 않을 수 없었다. 그리고 14년 동안 풍찬노숙 7개나라 천하주유를 마치고 몇 년 전에 돌아와 지금에 이른 것이다.

내 나이 마흔에는 의혹이 없었다. 덕치와 예치로 우리나라는 강국이 될 수 있다는 것에 한 치의 의혹도 없었다. 하늘이 도와 50대 중반에 대사구가 되어 정치를 하는 천명을 얻었으나 뜻을 이루지 못했다. 열국을 떠돌아다니면서 보냈던 나의 60대는 그야말로 모든 것을 들어야 했을 뿐이었다. 내가 아무리 조언을 해도 7개국의 제후들은 나를 등용하지 않았다. 이제 70이 넘었으니 나의 마지막 소임을 다하고자 한다. 그래서 춘추를 지었고 시경을 편집했으며, 서경을 편찬했다. 아쉽지만 어쩌겠는가"

▧ 溫故

예(禮)에 밝으면 제사와 장례, 혼례 등의 일을 하는 관직에서의 일이 가능하고, 음악 악(樂)에 밝으면 종묘 제례나 국가적인 행사에서 음악을 담당하는 일이 가능하고, 활쏘기 사(射)가 가능하면 활쏘기나 활을 사용하는 일의 담당이 가능하고, 말타기 어(御)가 가능하면 마차나 전차를 몰수 있게 되어 마부로서의 일이 가능하고, 글쓰기 서(書)에 능하면 관가나 대부들의 집에서 서기 등의 일을 보는 일이 가능하고, 셈하기 수(數)에 능하면 회계나 창고관리 등의 업무가 가능합니다. 이 여섯 가지 재주를 육예(六藝)라고 합니다. 춘추시대 이 육예를 모두가 공부할 수 있는 것은 아니었습니다. 귀족 가문의 자제들이나 사(士) 계급 이상의 사람들에게나 가능한 일입니다. 육예(六藝)는 또한 요즘으로 보면 도덕, 음악, 체육, 국어, 수학 등 그야말로 전인교육의 기초와 기반의 과목으로 볼 수 있습니다. 사(士)계급의 집안에서 태어난 공자는 20살이 되기 전에 육예를 익혔습니다.

『사기』,「공자세가 孔子世家」편에서 사마천은 공자의 출생과 그의 인생 초기를 이렇게 간단히 기술했습니다.

孔子貧且賤 及長 嘗為季氏史 料量平 嘗為司職吏而畜蕃息

공자빈자천 급장 상위계씨사 요량평 상위사직리이축번식

공자는 가난하고 미천했다. 장성한 뒤 계씨의 창고를 관리하는 작은 관리를 지낸 적이 있는데 들고나는 것이 정확했다. 가축을 관장하는 관리였을 때는 가축들이 번성했다.

공자 스스로도 15살에 학문에 뜻을 두었다. 子曰 吾十有五而志于學이라는 기술과 사기의 내용을 더해보면 공자는 분명 십 대 중반에 공부를 시작하여 이십 대 초반에 계씨 대부의 말단직원이 되었다고 볼 수 있습니다.

▧ 知新

우리의 삶에 중요하지 않은 시기가 없지만 40대는 그 의미가 남다른 것 같다는 생각이 듭니다. 40대는 국가의 허리, 가정의 기둥입니다. 40대는 회사의 중심축입니다. 40대는 인생의 기준이 됩니다. 뒤를 돌아볼 틈도 없이 바쁘게 살아가야 하는 것이 40대의 숙명일지는 몰라도, 40대에 흔들리면 인생이 흔들리고, 가정이 흔들리며 기업이 흔들리고 국가가 흔들리게 됩니다.

그래서 그런지 논어(論語)에는 마흔이라는 숫자가 세 번씩이나 등장합니다. 그중 하나가 사십이불혹(四十而不惑)입니다. 40=불혹(不惑). 혹(惑)은 미혹하다. 현혹시키다. 의심하다. 의아스럽게 여기다. 흔들리다 정도의 의미입니다. 공자는 마흔 즈음에 어떤 유혹이나 미혹한 것에도 흔들림이 없었다는 말입니다. 열다섯에 학문을 하기로 결심한 후 15년이 지나 서른이 되었을 때 학문으로 일어섰습니다. 그리고 다시 10년이 지나 마흔이 되니 세상사의 이치를 깨치게 되니 그 어떤 것에도 흔들리지 않을 만큼의 지혜와 지식을 가지게 되었다는 고백입니다.

조금 바꾸어 말하면 어떤 유혹이나 미혹한 것에도 흔들림이 없어야 된다는 말이기도 합니다. 하지만 요즘 마흔, 불혹은 결코 쉬운 일이 아닙니다. 직장인이 승진에 관련된 일인데도 흔들리지 않을 수 있을까요? 봉급생활자가 연봉을 더 준다고 하는데도 마음이 흔들리지 않을까요? 더 편하고 더 가깝고 더 좋은 일자리인데도 흔들리지 않을까요? 매력적인 이성 앞에서 나이가 마흔이 되었다고 해서 흔들리지 않을까요? 최고점을 향해 달릴 것만 같은 전략주식을 찾았는데 마흔이 되었다고 해서 흔들리지 않을 수 있을까요? 나이가 마흔이 되었다고 돈, 색(色), 일, 사람에 흔들리지 않을 수 있을까요?

하지만 마흔에 흔들리면 되돌아오기가 어렵습니다. 승진에 흔들리면 오로지 승진하는 일에만 매진하게 됩니다. 연봉에 흔들리면 높은 연봉을 찾아 메

뚜기처럼 이곳저곳으로 이직과 전직을 반복하게 됩니다. 이성에 늦바람이 들어 흔들리면 그동안 쌓아 올린 인생 탑이 공염불이 될지도 모릅니다. 마흔 이후에 오는 로맨스는 감당하기 어려운 엄청난 대가를 동반할 수 있습니다. 지금까지의 인생을 탈탈 털릴지도 모르는 홀림일 가능성도 높습니다. 한눈 팔다 나머지 눈도 빼앗길지도 모릅니다.

어떤 미혹(迷惑)이나 헷갈림에 빠지지 말아야 할 나이가 마흔입니다. 미궁에 빠지면 인생도 미궁에 빠지게 됩니다. 그러니 혹(惑)하지 않고 가던 길로 가야 할 나이가 마흔인 것입니다. 어떤 유혹(誘惑)이나 꼬임에 빠지지 말아야 할 나이가 마흔입니다. 어떤 일을 고민 끝에 선택한 것이라면 최소 10년 이상은 밀고 나가야 합니다. 어떤 매혹(魅惑)이나 홀림에 빠지지 말아야 할 나이가 마흔입니다.

공자는 지자불혹(知者不惑)이라 했습니다. 불혹이 되려면 지자(知者)가 되어야 한다는 말입니다. 지혜로운 사람이 되면 세상의 그 어떤 유혹에도 흔들리지 않는다는 말입니다. 세상의 분수를 제대로 아는 사람이 지자(知者)입니다. 나의 처지와 상대의 처지를 제대로 알고 나설 때와 들 때의 분수를 아는 사람입니다. 어느 것이 모두에게 이익이 되는 일이고, 어느 것이 모두에게 해가 되는 일인지를 아는 사람입니다. 자신의 위치를 제대로 아는 사람입니다. 실력이나 역량에 맞는 자리를 찾는 사람이지 욕심으로 자리를 차지하려는 사람이 아닙니다.

공자는 또 이렇게 이야기합니다. 지자는 지인(知人)이다. 지자는 사람을 제대로 볼 줄 아는 사람을 의미합니다. 사람을 제대로 볼 줄 아는 사람이 지자라는 말입니다. 나이가 마흔 정도가 되면 무엇보다도 사람을 제대로 볼 줄 아는 눈을 가지고 있어야 한다는 말입니다. 열 길 물속은 알아도 한 길 사람 속은 잘 모른다는 말도 있듯이 물론 쉬운 일이 아니지요. 다른 사람을 제대로 알기가 어렵듯 나 스스로도 제대로 알기 또한 쉽지 않습니다.

신입사원 채용에도 경력직원 채용에도 경영진의 승진이나 영입에도 그렇습니다. 면접관은 사람을 보는 정확한 눈을 가지고 있어야 합니다. 사람이 조직을 살리기도 하고 죽이기도 하기 때문입니다. 훌륭한 경영진을 세워놓으면 얼마 지나지 않아 기업은 명품기업으로 바뀌지만, 변변치 못한 인사를 경영진으로 세워놓으면 얼마 지나지 않아 그 기업은 힘들어지게 됩니다. 곧은 자를 리더로 세우면 조직에 생기가 돌지만, 굽은 자를 리더로 세우면 곧은 자도 굽은 자가 되어 조직이 굽어지게 됩니다.

사람을 제대로 안다는 것은 중요한 일이지만 절대로 쉬운 일은 아닙니다. 더욱 마흔의 나이에 사람을 정확히 판단할 수 있는 식견과 지혜를 갖는다는 것은 그리 만만한 일이 아닙니다. 공자의 불혹은 어쩌면 마흔 리더가 가져야 할 도전적인 목표가 아닌가 하는 생각이 듭니다.

마흔에 대한 공자의 두 번째 언급입니다.

마흔에 미움을 받는다면 그것은 이미 끝난 것이다.

年四十而見惡焉 其終也已 (연사십이견오언 기종야이) 논어 양화(陽貨)편에

나오는 말입니다.

나이 마흔(四十)이 되어서도 누군가로부터 미움(惡)을 받는다면 그것은 더 볼 것도 없다고 합니다. 공자는 미움을 받는 사람의 유형을 네 가지로 밝혔습니다. 다른 사람의 나쁜 점을 말하는 사람, 아래에 있으면서 윗사람을 욕하는 사람, 용맹하기는 하되 예의가 없는 사람, 과감하지만 앞뒤가 꽉 막힌 사람이라고 했습니다. 이를 마흔이 넘도록 고치지 못한다면 그 사람은 더 살아보나 마나 이미 끝난 것이라는 무서운 경고를 했습니다.

직장생활을 어렵게 하는 8할 이상은 인간관계에서 비롯된다고 합니다. 꿈과 비전을 찾지 못해 미래가 불투명해서 힘든 것이 아니라, 매일 곁에서 얼굴을 맞대고 일하는 동료나 상사의 꼴에 심사가 뒤틀리는 것입니다. 마음을 후벼 파는 상사나 동료 때문에 출근하기가 싫어지고 하루하루가 지옥이 되곤 합니다. 나이 40대면 보통 차장, 부장 직급에 해당됩니다. 빠르면 부장 늦으면 과장입니다. 숨죽이는 직급의 이름 차장. 더 이상 올라가기도 어렵고 그렇다고 머물러 있기는 더욱 어려운 애매한 이름의 직급 부장, 마지막 승부수를 띄워야 하는 절체절명의 나이 마흔에 설상가상으로 미움을 받는다면 여기엔 답이 없다는 말입니다.

그러나 정말 중요한 미움은 다른 곳에 있습니다. 자기 스스로에게 미움을 받는 것입니다. 혹시 구조조정을 걱정하고 있는 자신을 바라본다면, 나이 사십에 그 어떤 특별한 퍼스널브랜드나 특기도 없는 자신을 바라볼 수밖에 없다면, 일요일이면 잠으로 하루를 보내면서도 월요일이면 또 쉬고 싶은 깊은 갈증을 느끼는 자신을 바라본다면, 한 달이 지나도 책 한 권 읽지 못하는 자신을 바라본다면, 사람들은 자신을 미워합니다.

'어어' 하는 사이에 마흔은 훌쩍 지나갑니다. 뭐 하나 이룸도 없이, 어느 꿈 하나 제대로 잡은 것도 없이 시간만 흘러갑니다. 그것이 미움이 되어 자신에게로 돌아옵니다. 회한이 되어 밀려듭니다. 마흔이 되기 전 그토록 많은 시간의 기회가 있었지만 10년 전과 비교해 전혀 변화가 없는 지지부진한 연속이었음에 스스로 미워지는 것입니다.

나이 40-50이면 잘 한다는 이야기를 들어야 합니다.

後生可畏 焉知來者之不如今也 四十五十而無聞焉 斯亦不足畏也已

후생가외 언지래자지불여금야 사십오십이무문언 사역불족외야이

뒤따라오는 후배들을 두려워할 줄 알아야 합니다. 그들의 장래가 지금의 나만 못할 줄을 어찌 알겠는가?

그러나 40-50대가 되어도 그들의 성취가 들리지 않는다면 이 또한 두려워할 바는 못 됩니다. 논어 자한(子罕)편에 나오는 말입니다.

후배들이 선배들보다 더 못할 것이라고 무슨 근거로 말할 수 있느냐? 그렇지 않다는 말입니다. 그들이 아직 나이가 어려서 그렇지, 내 나이 정도가 되면 나보다 훨씬 더 나을 수도 있다는 말입니다. 나의 뒤를 따라오는 그들은 성장하고 발전할 가능성을 충분히 가지고 있기 때문에 따라오는 후배들을 무서워할 줄 알아야 한다는 공자의 경고입니다. 하지만 후배들의 나이가 40

이 되고 50이 되어도 그들의 명성에 대한 이야기가 들리지 않는다면 이런 후배들은 더 이상 무서워할 대상이 아니라고 말합니다.

공자는 오십에 인(仁)의 세상을 만들라는 그 천명을 알았다고 고백합니다. 논어 마지막 편에서는 명(命)을 모르면 군자가 될 수 없다(不知命 無以爲君子也)고도 했습니다. 천명을 알지 못하면 군자가 될 수 없다는 말입니다. 공자는 오십에 인(仁)의 세상을 만들라는 그 천명을 알았기에 50에 군자(君子)가 되었습니다.

공자의 인(仁)이란 무엇일까? 논어에서는 인을 이렇게 말합니다. 내가 하기 싫은 것은 다른 사람도 하기 싫을 것이니 그런 것은 다른 사람에게 시키지 마라(己所不欲勿施於人). 내가 일어서고 싶으면 다른 사람을 먼저 세우고, 내가 달성하고 싶으면 다른 사람을 먼저 달성시켜라(己欲立而立人 己欲達而達人). 인(仁)은 사람을 사랑하는 마음(愛人)이라고도 하고 용서(容恕)의 서(恕)라고도 합니다. 인(仁)이란 누군가에겐 서(恕)입니다. 용서하는 마음, 너와 내가 하나가 되는 마음입니다. 인(仁)이 누군가에겐 애(愛)입니다. 사랑하는 마음, 자식을 사랑하는 마음, 부모를 사랑하는 마음, 연인을 사랑하는 그 마음이 바로 인(仁)한 마음이다. 인(仁)이 누군가에겐 성(誠)이다. 정성스러운 마음, 순수한 마음, 참된 마음이 바로 인(仁)한 마음입니다.

나의 천명(天命)은 무엇인가?

천명은 시간이 해결해 주는 것도, 나이를 먹으면 스스로 알게 되는 것도 아닙니다. 그 뜻이 하늘에 있는 것도 아니고 땅속에 있는 것도 아닌 우리 마음

속에 있다면, 그것을 어떻게 밝히느냐가 문제 아닐까요? 어떤 사람은 신을 통해 알았다고 하고, 어떤 사람은 자식을 통해 알았다고도 하며, 또 어떤 사람은 여행을 하면서 알게 되었다고도 합니다. 스승을 통해, 기도를 통해, 명상을 통해, 부모를 통해, 돈을 통해, 잘못을 통해 알았다고 합니다.

천명을 알면서 살아가는 것과 천명이 무엇인지도 모르면서 살아가는 것 중에 어느 것이 더 행복한 삶이라고 말하기는 어렵지만, 그래도 자신의 천명이 무엇인지 알면서 살아가는 것이 조금 더 의미 있고 행복하다면 어떻게 그 천명을 알 수 있을까?

천명은 신이, 자식이, 부모가, 여행이, 스승이, 기도가, 명상이, 돈이, 잘못이 주는 것이라기보다는 그런 다양한 경험을 통해 자기 스스로가 선택하는 것입니다. 자기가 결정하고 자신이 정해, 꾸준히 진행해 나가면 그 모습을 본 주변 사람들은 그것을 천명이라고 말해주는 것입니다. 그러니 천명은 하늘이 내리는 것이 아니라 자기가 정하는 것입니다. 천명은 하늘의 명령이 아니라 내가 정하고 그것을 하늘의 명령으로 생각하여 밀고 나가는 것입니다. 선택의 주도권은 하늘에 있는 것이 아니라 자기 스스로에게 있으니 천명은 선택의 문제지 하늘의 문제가 아닌 것입니다.

어쩌면 50이라는 나이가 천명을 정하기에 가장 적당할지도 모릅니다. 40이 생각하기에는 아직 10년이나 남았기 때문에 안도의 한숨이 나올지도, 60이 생각하기에는 이미 늦었다고 생각할지도 모르지만 그렇지 않습니다. 40

에 천명을 정한다면 더할 나위 없이 다행스러운 일이고, 60에 천명을 정한다고 해도 늦음이란 없습니다. 지금 40이라면 40이 천명을 정하기에 가장 적당한 나이고, 지금 50이라면 50이 천명을 정하기에 가장 적당한 나이, 지금 60이라면 60이 천명을 정하기에 가장 적당한 때인 것입니다.

2,500년 전 공자는 50부터 거의 70이 가까운 나이까지 인(仁)의 정치, 인(仁)의 세상이라는 천명을 지키려고 했습니다. 51세부터 55세까지는 고국인 노나라에서 그리고 68세까지는 천하(天下)를 주유(周遊)하면서 천명을 이루려 노력했습니다. 약 20여 년을 뛰어들었던 것입니다.

"좋아하는 일을 하고 계신가요? 아니 좋아하는 일이 무엇인가요? 조금 더 딱딱하게 물어볼까요? 인생의 목표가 무엇이지요? 인생의 꿈과 비전을 가지고 있나요? 하고 싶은 일을 하고 있나요? 가치 있는 일을 하고 있나요? 왜 그 일을 하고 있나요?"

30대 초반 신입사원들에게 질문을 해도, 30대 중반 대리나 과장들에게, 40대 차장이나 부장들, 전직지원센터에서 전직 교육을 받고 있는 50대 퇴직자들에게 질문을 해도, 환갑을 맞이한 60대 초기 노인들에게, 70대 혹은 80대 노인들에게 질문을 해도, 돌아오는 답은 거의 비슷합니다. "아니다. 모른다."가 대부분입니다.

五十而知天命(오십이지천명). 왠지 이 말이 예사롭게 들리지 않는 이유입니다.

21 위정 05장

맹손문효 孟孫問孝 ▶ 어김이 없는 것이 효

孟懿子問孝 子曰 無違

樊遲御 子告之曰 孟孫問孝於我 我對曰 無違

樊遲曰 何謂也

子曰 生 事之以禮 死 葬之以禮

祭之以禮

맹의자문효 자왈 무위

번지어 자고지왈 맹손문효어아 아대왈 무위

번지왈 하위야

자왈 생 사지이례 사 장지이례

제지이례

맹의자가 효를 물었다.

공자께서 말씀하셨다. "어김이 없는 것이다."

번지가 수레를 몰았는데, 공자께서 이르셨다. "맹손이 나에게 효에 대하여 묻기에, 나는 '어김이 없는 것'이라고 대답하였다."

번지가 말하였다. "무슨 뜻으로 말씀하신 것입니까?"

공자께서 말씀하셨다. "살아계실 때에는 예로써 섬기고, 돌아가시면 예로써 장사를 치르고 예로써 제사를 지내라는 것이다."

▧ 集註

‖ 孟懿子 孝를 묻자온대 子 가라사대, 違함이 없습이니라. 樊遲 御하얏더니 子 告하얐사대 孟孫이 孝를 내게 묻길래 내 對하야 가로대 違함이 없습이라 호라. 樊遲가로대, 어찌 일함이니 잇고 子 가로대, 살았을 때 섬김을 禮로써 하며, 죽음이 葬함을 禮로써 하며, 祭함을 禮로써 함이니라. (이이)

‖ 맹의자가 효에 대해서 묻자 공자가 말했다. 부모의 마음을 어김이 없어야 한다. 번지가 수레를 몰았는데 공자가 그에게 알려주며 말했다. 맹손이 나에게 효를 묻기에 내가 대답하기를 부모의 마음을 어김이 없어야 한다고 말하였다. 번지가 말했다. 무엇을 말씀하신 것입니까? 공자가 말했다. 살아계실 때 섬기기를 예로써 하고, 돌아가시면 장례를 예로써 하고, 제사 지내기를 예로써 해야 하는 것이다. (오규 소라이)

‖ 맹의자가 효도에 관하여 묻자, 공자께서는 어기지 말라 말씀하셨다. 번지가 수레를 몰고 있었는데 공자께서 그에게 말씀하셨다. 맹손이 나에게 효도에 관하여 묻기에 내가 어기지 말라고 대답하였다. 번지가 말했다. 무슨 뜻입니까? 공자가 말씀하셨다. 부모가 살아계실 동안에는 예로써 섬기고, 돌아가셨을 때에는 예로써 장사지내고, 예로써 제사를 모셔야 한다는 것이다. (남회근)

‖ 맹의자가 효를 묻자 공자께서 어김이 없어야 한다고 대답하셨다. 번지가 수레를 몰고 있었는데 공자께서 말씀하셨다. 맹손씨가 나에게 효를 묻기에 내가 어김이 없어야 한다고 대답하였다. 번지가 무슨 말씀입니까 하고 묻자

공자께서 말씀하셨다. 살아계실 적에는 예로써 섬기고, 돌아가셨을 적에 예로써 장사 지내고 예로 제사 지내는 것이다. (성백효)

‖ 맹의자가 효를 물었다. 공자께서 말씀하시었다. 거슬림이 없는 것이다. 번지가 수레를 몰고 있었는데, 공자께서 말씀하시었다. 맹손씨가 나에게 효에 대해 물었는데, 나는 그냥 거슬림이 없는 것이라고만 대답했단다. 번지가 말했다. 그것은 무엇을 두고 하신 말씀인가요? 공자께서 말씀하시었다. 살아계실 때 예로써 섬기고, 돌아가시면 예로써 장사지내고, 예로써 제사 지내는 것이다. (김용옥)

▧ 意譯

학이(學而)편에서 사람이 학문(學問)을 한다는 것은 사람 됨됨이가 바르고 행위 또한 바른 것을 배우고 묻는 것이며, 먼저 인간다운 인간이 되는 것이 중요하다고 공자는 자주 말했다. 집에서는 부모님께 효도하고 사람들에게는 늘 공손해야 하며 제대로 된 인간이 된 후에 육예(六藝)와 같은 학문(學文)을 해도 늦지 않는다고 가르쳤다. 위정(爲政)편을 시작하면서 학문의 가장 큰 활용이라 할 수 있는 정치에 대한 공자의 가르침이 끝나자 이번에는 학문을 한 사람들은 집안에서 어떻게 처신을 해야 하는지에 대해 학문의 활용주제를 계속 이어나갔다. 공자는 먼저 효의 문제를 거론했다. 공자가 가르치는 효는 그리 먼 곳에 있는 이상적인 것이 아니었다. 부모 앞에서 아픈 모습을 보이지 않게 스스로 건강을 유지하는 것이 효도이며, 부모 공양을 아무리 잘해도 사랑하고 공경하는 마음이 없는 행동은 효도라 볼 수 없다고 했다. 부모 앞에서 한결같이 좋은 얼굴을 유지하기가 쉬운 일이 아니지만 그렇게 하려고 노력하는 것이 효도이며, 부모가 살아 계실 때에는 예에 맞게 섬기고, 돌아가시면 예에 맞게 장례를 치르고, 예에 맞게 제사를 지내 것이 효라고 가르쳤다.

공자는 먼저 효를 주제로 일전에 공자의 수레를 몰았던 번지와 나누었던 이야기를 사례로 들었다.

"그날 맹의자가 나에게 효도란 무엇인가를 물었다. 그래서 나는 어기지 않는 것이라 대답을 해주었다. 맹의자가 떠나간 뒤 번지가 그 뜻이 궁금하여 내게 질문을 했다. 번지에게 자세히 설명을 해주었지. 그 의미는 부모가 살아 계실 때에는 예에 맞게 섬기고, 돌아가시면 예에 맞게 장사를 치르고, 예에 맞게 제사를 지내라는 뜻이었다고 말이다."

▧ 溫故

맹의자(孟懿子)는 공자와 같은 시기를 살았던 노나라 빅3 가문의 하나인 맹손씨(孟孫氏) 대부가문의 장(長)이었습니다. 삼십 대 초반의 공자가 주나라 노자(老子)를 찾아갈 때 맹의자는 그의 동생인 남국경숙과 함께 동행했던 인물이기도 합니다. 노나라 정치를 쥐고 흔들던 빅3 삼환(三桓) 중에서 맹손씨는 공자에게 가장 우호적인 관계를 유지했다는 평가를 받고 있습니다.

번지(樊遲)는 공자와 같은 노나라 사람으로 이름은 수(須)입니다. 공자보다 46세가 어리며 20세 전후 약관의 나이에 노나라 빅3 가문 중의 하나인 계씨(季氏) 가문에서 낮은 벼슬을 했습니다. 한때는 염구와 함께 제나라와의 전쟁을 수행하기도 했으며, 공자의 수레를 자주 몰기도 했습니다.

몇 년 전 곡부(曲阜) 시내에서 공자의 묘소인 공림(孔林)을 갈 때 잠깐 말 마차를 탄 적이 있었습니다. 이런 생각이 들었습니다. 2500년 전 공자께서도 이런 비슷한 형태의 마차를 타고 이곳을 지나면서 말을 모는 제자인 번지와 대화를 나누지 않았을까? 물론 잘 정리된 아스팔트는 아니겠지만 앞에는 20대 청년 번지가 말을 몰고, 마차 뒤쪽 좌석에는 70대 공자가 앉아있었을 것입니다.

당시 번지가 공자와 노나라의 맹손과 나눈 '효'라는 주제의 대화를 바로 이해하는 것은 쉽지 않았을 것입니다. 공자께서 "효란 어김이 없는 것이다."라고 짧게 한 대답 속에는 번지가 바로 이해 못 할 많은 생략이 들어있었기에 번지가 다시 물은 것입니다. "무슨 뜻으로 말씀하신 것입니까?" 이에 공자는 아마도 이렇게 말하고 싶었을 것입니다.

"무위(無違)란 어김이 없는 것이다. 효란 다른 것이 아니라 부모의 뜻에 어김이 없는 것을 말한다. 그러니 어기지 말아야 한다. 부모의 마음에 거슬림이 없어야 한다. 그러니 자식은 부모가 살아계실 때에는 예로써 섬기며 어김이 없어야 한다. 혹여 부모가 돌아가시면 예로써 장사를 치름에 어김이 없어야 한다. 또한 예로서 제사를 지냄에 어김이 없어야 한다."

아버지 맹희자의 뜻을 제대로 따르지 못하는 아들 맹의자에게 공자는 짧지만 강하게 한마디 툭 던진 것이지요. "어김이 없어야 합니다. 그게 바로 효입니다."

▧ 知新

효도란 어떤 특별한 것이 아니라 가능하면 부모의 뜻을 어기지 않는 것이라고 한 공자의 가르침이 2500년 전이나 지금이나 별반 다르지 않을 것입니다. 하지만 부모의 뜻을 어기지 않는 것이 말처럼 쉽지 않습니다. 사람이 사람의 마음을 안다는 것은 그리 만만한 일이 아니기 때문입니다. 그 상대가 누구든 마찬가지입니다. 사랑에 빠진 애인 사이라 해도 역지사지(易地思之)의 마음이 되는 것은 쉽지 않습니다. 피를 나눈 형제 자매간도 마찬가지입니다. 부부간에도 그렇습니다. 부모자식간이 그래도 서로를 잘 이해해 줄 수 있는 사이기는 하지만 자식이 부모의 뜻을 어기지 않는 것은 그리 쉽게 되는 일이 아닙니다. 그러니 아주 오래전 공자도 이것을 지적한 것입니다. 어려운 일이니 노력을 하라는 교훈적인 의미가 크다 할 수 있습니다.

22 위정 06장

무백문효 武伯問孝 ▶ 건강함이 효

孟武伯問孝

子曰

父母唯其疾之憂

맹무백문효

자왈

부모유기질지우

맹무백이 효에 대해 물었다.

공자께서 말씀하셨다.

"부모는 오로지 자식이 아프지 않을까를 걱정한다."

▧ 集註

‖孟武伯이 孝를 묻자온대, 子 가라사대 父母는 오직 그 疾을 근심하시느니라. (이이)

‖맹무백이 효에 대해서 묻자 공자가 말했다.
부모는 오직 자식이 병들까를 근심하게 해야 한다. (오규 소라이)

‖맹무백이 효도에 관하여 묻자, 공자께서 말씀하셨다.
부모는 오로지 그 자식의 병을 걱정한다. (남회근)

‖맹무백이 효를 묻자 공자께서 대답하셨다.
부모는 혹여 자식이 병들까 근심하신다. (성백효)

‖맹무백이 효를 여쭈었다. 공자께서 이에 말씀하시었다.
부모는 오직 자식이 병들까 걱정이다. (김용옥)

▧ 意譯

"그 일이 있고 얼마 뒤에 이번에는 맹의자의 아들인 맹무백이 찾아와 또 효에 대해서 물었다. 그래서 그에겐 이렇게 말해주었다.

'부모는 자식이 아프지는 않을까, 병들지 않을까를 늘 걱정하고 있기 때문에 건강한 자신을 유지하는 것이 바로 효도를 하는 것이다.' 라고 말해주었다. 맹무백의 몸 관리가 안 좋아 보였기 때문에 내가 그렇게 말한 것이다."

▨ 溫故

맹무백은 바로 앞장에 등장한 맹의자의 맏아들입니다. 시호가 무(武)고 이름은 체(彘)로 돼지라는 뜻입니다. 맹무백의 어렸을 때 이름이 체인 것을 보면 아마도 돼지처럼 몸이 뚱뚱했을 것으로 추측해 볼 수 있는데, 공자께서 그런 체(彘)가 염려가 되어 이렇게 일렀던 것 같습니다. 부모유기질지우(父母唯其疾之憂). 유(唯)는 다만, 질(疾)은 질병(疾病)이란 뜻입니다. 우(憂)는 우려(憂慮) 걱정한다는 의미입니다. "몸 관리를 잘해야 된다. 혹여 몸이라도 아프게 된다면 네 부모는 그것보다 가슴 아픈 일이 없기 때문이야. 그게 불효지 뭐가 불효이겠느냐."

효경(孝經)에서 역시 효를 명료하게 정의하고 있습니다. 건강하게 살아가는 것이 효의 시작이며 잘 살아가는 것이 효의 끝이라 했습니다. 신체발부수지부모, 불감훼상 효지시야.(身體髮膚受之父母, 不敢毁傷, 孝之始也), 머리카락 피부를 비롯해 신체는 모두 부모에게 받은 것으로 감히 훼손 없이 잘 보존하는 것이 효의 시작이요. 입신행도 양명어후세, 이현부모 효지종야.(立身行道, 揚名於後世, 以顯父母, 孝之終也). 몸을 세워 바르게 살아 후세에 그 이름이 명예롭게 남아 부모를 드러내는 것이 효의 마지막이라 했습니다.

공자 이후 수많은 유학자들이 하나 둘 첨가하면서 효가 어려워졌지만, 당시 공자 말하는 효의 본질은 이렇게 소략합니다. "부모가 살아계실 때는 가급적 멀리 가지 않아야 하며, 멀리 갈 때는 반드시 미리 행방을 알려야 한다." 고 논어 이인편 19장에서 밝히고 있습니다. 부모재 불원유 유필유방 (父母

在, 不遠遊, 遊必有方).

어느 집이든 저녁이면 부모들은 자식을 기다립니다. 현관문을 바라보며 기다리다 동네로 나가 아직 돌아오지 않는 자식을 기다립니다. 혹여 자식이 멀리 여행이라도 가면 손에서 전화를 놓지 못합니다. 무사한 자식의 하루를 듣지 못하면 잠자리에 들지 못합니다. 그게 부모의 마음입니다. 그 마음을 헤아리는 것이 바로 효의 시작인 것입니다.

▧ 知新

孝(효)의 본질이란 무엇일까요? 공자 말하는 효의 본질은 어렵지 않습니다. 너무도 친근합니다. 어쩌면 모든 부모의 마음이 다 그럴 것입니다. 우리 아이가 무탈하게 지내는 것입니다. 우리 아이가 아프지 않고 다치지 않고 살아가는 것입니다.

부모에게 걱정을 끼치지 않는 것이 효(孝)의 본질인 것이었습니다. 건강하게 살아가는 것이 바로 이미 효도라는 것입니다. 아이를 키워본 부모의 마음이 바로 이 마음입니다. 아픈 아이를 들러 업고 밤거리를 뛰어본 부모의 마음이 바로 이 마음입니다. 제발 아프지 않기를 간절히 비는 부모의 마음입니다.

2500년 전 공자는 이것을 효라 했습니다. 예나 지금이나 부모의 자식에 대한 걱정은 늘 한결 같습니다. 그러니 부모의 걱정을 덜어 주는 것이 자식의 효라고 보면 스스로의 건강관리는 최고의 효(孝)인 것입니다.

23 위정 07장

자유문효 子游問孝 ▶ 공경하는 마음이 효

子游問孝

子曰

今之孝者 是謂能養 至於犬馬

皆能有養 不敬 何以別乎

자유문효

자왈

금지효자 시위능양 지어견마

개능유양 불경 하이별호

자유가 효에 대해 물었다.

공자께서 말씀하셨다.

“오늘날의 효는 단지 봉양을 잘하는 것을 말하는데, 개나 말에게도 모두 먹이를 주고 있는바. 공경하는 마음이 없다면, 개나 말과 어떻게 구별을 하겠는가?”

▧ 集註

‖ 子游 孝를 묻자온대 子 가라사대, 이제사 孝는 이니론 能히 養함이니, 犬馬에 이르러도 다 能히 養함이 있으니, 敬치 아니하면 무슨 것으로써 別하리오. (이이)

‖ 자유가 효에 대하여 묻자 공자가 말했다. 지금의 효라고 하는 것은 봉양할 수 있다고 말하는 것이다. 개나 말도 모두 사람을 봉양할 수 있으니, 공경하지 않으면 무엇으로 구별하겠는가? (오규 소라이)

‖ 자유가 효에 대해서 묻자 공자께서 말씀하셨다. 오늘날의 효는 부모의 의식주를 해결해 드릴 수 있는 것을 말한다. 그런데 집에서 기르는 개와 말에게도 의식주는 해결해 줄 수 있다. 공경하는 마음이 없다면 이것과 무엇이 다를까? (남회근)

‖ 자유가 효를 묻자 공자께서 말씀하셨다. 지금의 효라는 것은 봉양이라고 이를 수 있다. 견마에게도 모두 길러줌이 있으니, 공경하지 않는다면 무엇으로 분별하겠는가? (성백효)

‖ 자유가 효를 여쭈었다. 공자께서 이에 말씀하시었다. 요즈음 효라는 것은 물질적으로 잘 봉양을 하는 것만을 일컫는 것 같다. 허나 개나 말을 가지고 이야기해도 또한 봉양해 주기는 마찬가지인데 공경함이 없다면 무엇으로 구별할 수 있겠느냐? (김용옥)

▧ 意譯

맹의자, 맹무백 부자(父子)의 효에 관한 사례를 공자 곁에서 듣고 있던 자유가 질문했다.

"스승님, 요즘 사람들이 행하고 있는 효도에 대해서 한 말씀 해주십시오."

"요즘 사람들은 아침저녁으로 부모님께 밥상 차려드리는 것으로 효도를 다하고 있다고 생각을 하는데 효란 그런 것이 아니다. 집에서 기르는 개나 소에게도 아침저녁으로 먹이를 챙겨주고 있는데, 부모님에 대한 공경하는 마음이 빠진다면 개나 소에게 먹이를 주는 것과 무엇이 다르다는 말이다. 사랑하고 공경하는 마음이 없는 행위는 효도라 볼 수 없는 것이다. 효도의 근간은 물질에 앞서는 마음이란 말이다."

▧ 溫故

자유(子游)의 이름은 언언(言偃)이며 공자보다 35세가 적었습니다. 사과십철(四科十哲)에 자하와 함께 문학(옛날의 문헌연구)에 능한 인물로 무성의 읍재로 일했습니다.

▧ 知新

요즘은 혼자 혹은 둘이 사는 집이 적지 않습니다. 함께 사는 가족이 많다고 해도 네다섯을 넘는 가정은 별로 많지 않은 것 같습니다. 애완용 강아지나 고양이 같은 반려동물이 그 자리를 대신 차지해 가정의 중심이 되어가고 있습니다. 외출을 할 때도, 여행을 할 때도 반려동물부터 염려합니다. 누군가를 집에 초청하려 해도 사납게 짖어대는 강아지 때문에 주저하게 됩니다. 팔뚝만 한 크기의 애완용 강아지 한 마리에 들어가는 비용이 고향에 홀로 사시는 늙은 어머니에게 들어가는 비용보다도 많이 들어갈 수 있습니다. 강아지는 예방주사 때문에 동물병원을 가지만, 노약한 어머니는 예방주사는 고사하고 몸살이 나도 병원을 모시고 가지 못합니다. 강아지는 때가 되면 미용이나 털을 다듬기 위해 강아지 미용실을 가지만, 어머니는 명절이 되도 그 흔한 미용실 한번 가기가 쉽지 않습니다. 멀리 여행을 할 때 강아지는 애견 호텔에 맡기지만, 어머니에게는 전화 한 통 드리지도 못합니다. TV를 볼 때도 강아지는 무릎에 올려놓지만 외로운 어머니는 흐릿한 화면의 TV를 혼자 보다가 일찍 잠자리에 드십니다.

공자와 나이 차이가 많이 나는 공자의 후기 제자들 중에서 문학에 특히 뛰어난 자유(子游)가 효(孝)에 대해 공자에게 물었을 때 공자께서 이렇게 말했습니다.

"오늘날의 효는 단지 봉양을 잘하는 것을 말하는데, 개나 말에게도 모두 먹이를 주고 있는 바. 공경하는 마음이 없다면 개나 말과 어떻게 구별을 하겠는가?"

공경하는 마음 없이 부모를 모시는 것은 개와 소를 키우는 것과 다를 바가 없다는 공자의 비유입니다. 부모를 봉양하는 것이나 개나 소에게 먹이를 주는 것이나 공경의 마음이 없다면 별반 차이가 없다는 말입니다. 경(敬)은 공경(恭敬)을 말합니다. 감사하는 마음으로 몸가짐이나 언행을 조심하고 절제하는 모습으로 정중하고 예의가 바른 것을 말합니다. 공자는 부모님을 대하는 공경의 마음이 있고 없고를 효의 기준으로 보았습니다. 공경하는 마음도 없이 아침에 일어나 아침밥을 차려드리고, 저녁에 들어와 이부자리를 보아 드리는 것으로 효를 다했다고 하는 것은, 아침에 일어나 개나 소에게 먹이를 주고, 저녁에 돌아와 외양간에 짚을 깔아주는 것과 무엇이 다르냐는 것입니다. 2500년 전에도 부모님에 대한 효를 지키는 것이 쉽지 않았음을 볼 수 있는 논어의 대목입니다. 이천 년 전이나 지금이나 자식이 부모를 생각하는 마음에는 늘 문제가 있었던 것 같습니다.

요즘이라고 해서 모두가 부모를 사랑하고 봉양하는 정신이 없는 것은 아닐 것입니다. 옛날이라고 해서 모두가 부모를 사랑하고 봉양하는 정신이 있는 것 또한 아닐 것입니다. 개와 말을 비교해가며 부모 봉양을 비유하여 말하는 공자의 모습에서 예나 지금이나 크게 다르지 않음을 알 수 있습니다. 시대를 떠나 그만큼 효는 어려운 문제라는 것은 알 수 있습니다. 굳이 공경(恭敬)이라는 거창한 문자로 호들갑을 떨지 않는다고 해도, 무심하게 지나는 시간은 되돌릴 수 없는 회한이 되는 수가 많습니다. 어머니가 살아계실 때, 아버지가 살아계실 때가 몹시도 그리워짐이 누구에게나 꼭 오기 때문입니다.

기업에서 신입 직원들을 채용할 때 굳이 부모님에 대한 효심을 직, 간접적으로 보려고 하는 이유가 어디에 있을까요? 그것은 직장인들이 직장 동료나 상사를 대함에 늘 크고 작은 문제가 많이 있음을 경영자는 너무도 잘 알고 있기 때문입니다. 동료나 상사에 대한 인간관계는 사람에 대한 공경하는 마음으로부터 기인된다는 것을 알고 있기 때문에 원만한 가정에서 부모님을 공경하면서 자연스럽게 익힌 공경의 마음 방식을 가지고 있는 사람을 원하는 것입니다. 공경은 지식으로 배우는 것이 아니라 행동으로 배우는 하나의 역량이기 때문입니다.

70%가 넘는 젊은이들이 대학에 가서 공부를 한들, 어머니 아버지에 대한 공경의 마음이 없다면 그것은 자기 학대의 시작일 뿐입니다. 뿌리 없는 나무가 어디 있으며, 부모 없는 자식이 어디 있을까요? 부모를 인정하지 못하고 부모를 공경하지 못한다면 그것은 이미 학대를 잉태하고 있는 것이나 다르지 않습니다.

시대 환경과 생활 방식에 따라 부모님 곁을 떠나 각자가 흩어져서 따로 사는 것이 일반화되어 어쩔 수 없다고 해도, 바쁘지도 않은데 바쁘다는 핑계로, 끝없이 도움을 주는데도 더 많이 도와주지 않는다는 핑계로, 아프지도 않은데 아프다는 핑계로, 강아지 수술에는 수십만 원씩 들이면서 돈이 없다는 핑계로 고향에 계신 부모님께 전화도 하지 않고 살았던 지난 시간의 보복이 고통이 되어 비수처럼 달려듭니다.

곁에 있을 때는 소중함을 느끼지 못합니다. 사람이 특히 그렇습니다. 함께 일하던 동료가 다른 근무지로 옮기거나 퇴직을 하여 회사를 떠나고 나면 그들이 바로 그리워집니다. 친구가 떠나갈 때도 그렇습니다. 함께 밥을 먹던 가족이 잠시 여행으로 자리를 비우게 되면 난 자리가 바로 표시가 납니다. 벽에 걸렸던 그림 한 장을 없애도 휑하니 표시가 나는데 식구가 없는 자리는 말해서 무엇 하겠습니까? 평생을 함께했던 어머니 아버지가 돌아가셨을 때 오는 그 상실감과 아쉬움, 아련함과 애틋함, 슬픔과 통한을 느끼지 않는 자식은 없습니다.

24 위정 08장

자하문효 子夏問孝 ▶ 웃는 얼굴이 효

子夏問孝

子曰

色難 有事 弟子服其勞 有酒食

先生饌 曾是以爲孝乎

자하문효

자왈

색난 유사 제자복기로 유주식

선생찬 증시이위효호

자하가 효에 대해 물었다.

공자께서 말씀하셨다.

"얼굴색을 바르게 하는 것이 쉬운 일이 아니다. 일이 있을 때 자제들이 부형의 노고를 대신하고, 술과 밥이 있을 때 부형에게 먼저 드시게 하는 것, 이것만으로 효라 할 수 있겠느냐?"

▧ 集註

‖ 子夏 孝를 묻자온대 子 가라사대, 色이 어려우니 일이 있거든 弟子 그 勞를 服하고 酒와食 있거든 先生을 饌함이 일찍이 孝라 하랴. (이이)

‖ 자하가 효에 대해서 묻자 공자가 말했다. 얼굴빛을 부드럽게 하는 것이 어렵다. 부모에게 일이 있으면 자식들이 그 수고로움을 대신하고, 술과 밥이 있으면 부모가 먼저 드시게 하는 것을 이에 효라고 할 수 있겠는가? (오규 소라이)

‖ 자하가 효도에 관하여 묻자, 공자께서 말씀하셨다. 바른 태도가 어렵다. 일이 있을 때 자제들이 그 수고를 맡고, 술이나 음식이 있을 때 어른들이 먼저 드시게 한다고 해서, 이런 것만으로 효도라 할 수 있겠느냐. (남회근)

‖ 자하가 효를 묻자 공자께서 말씀하셨다. 얼굴빛을 온화하게 하는 것이 어려우니 부형에게 일이 있으면 자제가 그 수고로움을 대신하고, 술과 밥이 있으면 부형을 잡숫게 하는 것을 일찍이 효라고 할 수 있겠는가? (성백효)

‖ 자하가 효를 여쭈었다. 공자가 이에 말씀하시었다. 어른의 안색을 살필 줄 아는 것은 어려운 것이다. 어른에게 구차한 일이 있으면 제자가 그 수고로움을 대신하고, 술과 밥이 있으면 어른께서 먼저 잡수시게 하는 것만으로 일찍이 효라 할 수 있겠는가? (김용옥)

▧ 意譯

그러자 이번엔 곁에 있던 자하가 효를 물었다.

"스승님, 효에 대한 다른 사례를 하나 더 들어 설명해 주십시오."

"부모 앞에서 한결 같이 좋은 얼굴을 유지하기가 쉬운 일이 아니다. 하지만 그것을 잘하는 것이 효라 할 수 있다. 집안에 일이 있을 때 자식들이 부모의 노고를 대신하고, 맛있는 음식이 있을 때 부모께 먼저 드리는 것만으로 어찌 효를 다 했다 하겠는가? 싫은 기색을 보이면서 부모의 일을 대신하고 있다면 그것을 보는 부모의 마음이 편하겠는가? 찡그린 자식의 얼굴을 보면서 그 음식이 제대로 입으로 넘어가겠는가."

▧ 溫故

자하(子夏)는 위나라 사람으로 성은 복(卜), 이름은 상(商), 자는 자하(子夏)로 공자보다 44세 적었습니다. 자하는 공문십철에 속하는 제자입니다. 시에 익숙하여 그 뜻을 능히 통달했으며 문학으로 이름을 날렸습니다. 성품이 넓지 못했으나 정미한 의론에 있어서는 당시 사람들 중에 아무도 그를 따를 사람이 없었습니다. 공자 사후 황하의 서쪽 지역인 서하(西河)에서 제자들을 가르쳤는데 이때 위(魏)나라 제후인 문후가 자하를 스승으로 섬겼고 모든 국정을 그에게 물어서 행했습니다. 자하는 특히 공자의 사상을 후세에 전하는데 크게 기여했다는 평가를 받고 있습니다. 오기(吳起)가 그의 문하에서 배출되었고 공자의 제자 중 장수(80세)한 제자 중의 한 사람입니다.

색난(色難)의 색(色)은 안색(顏色) 얼굴색을 말합니다. 난(難)은 어렵다는 뜻입니다. 얼굴색이 어렵다는 것입니다. 왜 얼굴색이 어려울까요? 얼굴은 마음의 창이기 때문입니다. 화가 나면 화난 얼굴이 되고 즐거우면 즐거움이 얼굴로 그대로 나타나기 때문입니다. 그래서 색난(色難)은 다양하게 해석이 됩니다. '부드러운 안색을 짓기가 어렵다. 안색을 밝게 하는 것이 어렵다. 부모님의 안색을 부드럽게 해드리는 것이 어렵다. 바른 태도가 어렵다. 얼굴빛을 온화하게 갖는 것이 어렵다.'

기쁘고 즐거울 때야 문제 될 것이 별로 없습니다. 즐거운 날 얼굴을 찡그릴 사람은 거의 없을 테니까요. 문제는 힘들고 괴로울 때 부모님 앞에서 부드러운 안색이 어렵다는 데 있습니다. 부모님께서 걱정하지 않게 안색을 밝게 하는 것이 쉽지 않다는 것입니다.

집안에 일이 생겼을 때 그 일을 도와드리고, 식사 시 부모님이 수저를 먼저 들어야 따라서 수저를 드는 것만으로 스스로 효도를 다하고 있다고 생각하는 것은 진정한 효가 아니라는 말입니다. 일을 도와드리면서 얼굴에 싫은 기색이 조금이라도 있으면 그것은 진정한 효도가 아니라는 것입니다. 정말 쉽지 않은 것입니다. 그래서 공자께서도 말 첫머리에 색난(色難) 어렵다 한 것입니다. 효가 쉬운 것이라면 왜 어렵다는 말을 쓰겠습니까.

▧ 知新

학이편이 학문의 내적 수양에 대한 내용이면 위정편은 학문의 외적 활용이라 볼 수 있습니다. 학문의 외적 활용으로 국가, 가정, 개인 등의 세 부문으로 나누어 공자가 설명합니다. 국가는 덕의정치가 기본이 돼야 하고, 가정은 효가 기본이 돼야 하며 개인에겐 온고지신의 정신이 필요하다고 역설합니다.

지금까지 5장에서 8장까지 가정은 효가 기본이 돼야 함을 가르치고 있습니다. 당시 공자께서 제시한 효의 개념은 너무나 간명합니다. 노나라 빅 리더인 맹손씨 대부에게는 효란 부모가 살아 계실 때에는 예로써 섬기고, 돌아가시면 예로써 장사를 치르고 예로써 제사를 지내라는 것이라는 모범적인 효를 가르쳤고, 몸이 나약한 어린 제자에게는 부모는 오로지 자식이 아프지 않을까를 걱정한다는 말로 효를 가르쳤습니다. 또한 효는 물질적이거나 물리적인 것보다는 마음이 중요하다고 했습니다. 공경하는 마음이 없는 봉양은 진실한 효가 아니며, 얼굴색을 붉혀가며 하는 효는 진정한 효가 아니라 가르쳤습니다.

안에서 새는 바가지는 밖에서도 샌다는 말이 있습니다. 집에서 부모님께 효도하는 사람은 밖에서도 윗사람들에게 공손합니다. 집에서 망나니는 밖에 나가면 개망나니가 될 가능성이 매우 높습니다. 밖에서 리더가 되려면 먼저 안에서 수련이 되어있어야 합니다.

그래서인지 학이편 제2장에서 유자가 이렇게 말했습니다. "그 사람됨이 효도하고 우애하면서 윗사람을 범하기 좋아하는 경우는 드물다. 윗사람 범하기를 좋아하지 않는데 그런 사람이 난(亂)을 일으키기 좋아하는 경우는 일찍이 없었다. 군자는 근본에 힘써야 하니, 근본이 서야 도(道)가 생기는 법이다. 효도와 우애는 인(仁)을 행하는 근본이리라."

25 위정 09장

회야불우 回也不愚 ▶ 최고의 제자 안회

子曰

吾與回言終日 不違如愚

退而省其私 亦足以發

回也不愚

자왈

오여회언종일 불위여우

퇴이성기사 역족이발

회야불우

공자께서 말씀하셨다.

"안회(顔回)와 하루 종일 얘기해 보면,

나의 뜻을 어기지 않는 게 마치 어리석은 사람 같다.

그러나 물러난 뒤의 그의 사생활을 살펴보면 역시 나의 뜻을

잘 실행하고 있으니, 안회는 어리석지 않다."

▧ 集註

‖子 가라사대, 내 回로 더불어 言함을 日을 終함에 어긋나지 아니함이 어리석은 듯하더니, 退커든 그私를 省한대 또한 足히써 發하나니, 回 어리석지 아니하도다. (이이)

‖공자가 말했다. 내가 안회와 더불어 온종일 이야기를 하였으나 내 의견과 다르지 않아 어리석은 사람인 듯하였다. 그런데 물러간 뒤 그의 사사로운 말을 살펴보면 역시 그대로 잘 행하고 있으니 안회는 어리석지 않도다. (오규소라이)

‖공자께서 말씀하셨다. 내가 안회와 종일토록 말을 해봐도 내 뜻에 반대한 적이 없어 어리석은 사람 같다. 그러나 물러가 그 자신을 살펴보고, 또 나의 뜻을 발휘하고 있다. 안회는 어리석지 않다. (남회근)

‖공자께서 말씀하셨다. 내가 안회와 온 하루 이야기를 함에 내 말을 어기지 않음이 어리석은 사람처럼 보이더니, 물러난 뒤의 사생활을 살펴보건대 또한 충분히 발명(發明)하니 안회는 어리석지 않구나. (성백효)

‖공자께서 말씀하시었다. 내가 회와 더불어 온종일 이야기하였으나, 나 말을 조금도 거스르지 않아 그가 어리석게만 느껴졌다. 물러가고 나서 그의 사적 생활을 살펴보니 역시 나를 깨우치기에 충분하다. 안회는 결코 어리석지 않도다. (김용옥)

▧ 意譯

국가는 덕의정치가 기본이 돼야 하고 가정은 효가 기본이 돼야 하며 개인에겐 실천이 중요함을 강조했다. 이후 9장부터는 개인의 실천에 관련한 공자의 가르침이 이어진다. 학문실천의 개인적인 모범사례로 먼저 안회로 예를 들었다.

"안회와 하루 종일 얘기해 보면 그는 단 한 번도 나의 뜻을 어기지 않았기에 얼핏 보기에 안회는 마치 자기 생각이 없는 어리석은 사람 같아 보였다. 그러나 물러난 뒤의 그의 사생활을 살펴보면 그는 나의 뜻을 잘 실행하고 있음을 볼 수 있었다. 안회는 내가 생각했던 그런 어리석은 사람이 절대로 아니다. 학문에 대한 가르침을 그 누구보다도 빈틈없이 실천하고 있는 제자임에 틀림없다."

▧ 溫故

안회(顔回)는 유교에서 꼽는 동양오성(東洋五聖 : 공자孔子, 안자顔子(안회), 증자曾子, 자사子思, 맹자孟子)중의 한사람입니다. 노나라 곡부 사람으로 자는 안연(顏淵), 공자보다 30세 아래로 공자께서 가장 아끼던 제자였습니다. 신분도 미천하고 가난했지만 배우기를 좋아했기 때문에 늘 공자로부터 칭찬을 받았습니다만 안회는 40대 초반에 요절하고 말았습니다. 학문과 덕행으로 뛰어났던 수제자 안회의 죽음에 공자는 하늘이 무너지는 슬픔을 감당할 수 없었다고 논어는 기록하고 있습니다. 그의 아버지 안로(顔路)도 공자의 제자였습니다.

吾나(오), 與더불어(여), 오여회(吾與回) 내가 회와 더불어, 내가 안회와 함께라는 뜻입니다. 언종일(言終日), 날(日)을 마치도록(終) 말(言)을 하다. 불위(不違) 어김이 없었다. 거슬림이 없었다. 비위를 거스르지 않았다. 스승의 말에 이견이 없었습니다. 그래서 여우(如愚) 어리석은 것처럼 보였습니다. 멍청한 것이 아닌가라는 생각을 했지요. 불위여우(不違如愚) 하루 종일 대화를 나누었지만 자그마한 어김도 없어 말을 알아듣지 못하는 어리석은 자가 아닌가라고 생각했습니다. 퇴이성기사(退而省其私) 물러나 그(안회)의 사생활을 살펴보니, 역족이발(亦足以發) 역시 족히 발전을 시키고 있었습니다. 역시 스승의 말씀보다도 한 발짝 더 실천하려고 노력을 하고 있음을 확인했습니다. 회야불우(回也不愚) 그러니 안회는 절대로 어리석은 사람이 아니라고 한 것입니다.

위정편 초반부 공자의 가르침을 요약하면 다음과 같습니다. 학문(學問과 學文)을 제대로 한 사람이 정치를 하면 덕으로서 정치를 하게 되고, 가정에서는 효자가 많이 나오며, 학문을 제대로 한 제자로서 안회를 들었습니다. 안회와 하루 종일 얘기해 보면 그저 수긍만 하고 있어, 마치 자기주관이 없는 어리석은 사람처럼 생각했으나, 헤어진 후 그의 일거수일투족을 보면 공자인 스승의 뜻을 잘 실행하고 있으니 안회는 결코 어리석은 사람이 아니라고 했습니다.

논어의 편찬자들은 안회에 관련된 사례를 왜 이곳에 배치했을까요? 안회는 자공처럼 말을 잘하지도 못하고, 자로처럼 용감하지도 못하며, 자장처럼 외모가 출중하거나 적극적이지도 못했지만 안회처럼 공자의 학문(學問과 學文)을 제대로 받아들이고 배운 제자는 없었기 때문일 것입니다.

▧ 知新

본 장은 학문을 하는 자세를 가르치고 있습니다. 배우는 사람으로서의 태도와 자세를 간접적으로 말해주고 있습니다. 스승의 가르침에 자꾸 토를 다는 것이 아니라, 일단은 모두 수긍을 하고 받아들이는 자세를 말합니다. 이견을 달고 논쟁을 하는 것은 하루 이틀 뒤에 해도 늦지 않습니다. 배울 때는 스펀지가 물을 흡수하듯 일단 받아들이는 것이 중요합니다. 그런 뒤 왜 그렇게 될 수밖에 없음을 곰곰이 생각해 보고, 그래도 의문이 들면 대안을 준비한 후에 스승을 찾아가 질문과 논쟁을 해도 늦지 않습니다. 이것이 바로 온고지신(溫故知新)의 자세입니다.

이렇게 하는 것이 제자의 입장에서는 결코 쉬운 일이 아니지만, 스승의 입장에서는 당연한 일이 됩니다. 그냥 던지듯 하는 한마디 말에도 스승의 경륜과 지혜가 들어있기 때문입니다. 그것을 그 자리에서 바로 되받아치듯 논쟁거리로 만들어 버리면 더 들을 수 있는 기회마저 없애버리는 꼴이 되기 때문입니다.

26 위정 10장

시기소이 視其所以 ▶ 인재를 판단하는 3가지 기준

子曰

視其所以 觀其所由 察其所安

人焉廋哉 人焉廋哉

자왈

시기소이 관기소유 찰기소안

인언수재 인언수재

공자께서 말씀하셨다.

"행하는 것을 보고, 행하는 의도를 살피며,

무엇에 편안해하는지를 살펴보면 사람이 어찌 속마음을

숨길 수 있겠는가. 어떻게 속마음을 숨길 수 있겠는가."

▧ 集註

‖ 子 가라사대, 그 以하는 바를 視하며, 그 由한바를 觀하며, 그安하는바를 察하면 사람이 어찌 숨기리오. 사람이 어찌 숨기리오. (이이)

‖ 공자가 말했다. 그가 함께하는 사람을 보며, 그가 따르는 도를 살피며, 그가 편안히 여기는 것을 관찰하면 그 사람이 자신을 어디에 숨기겠는가? 그 사람이 자신을 어디에 숨기겠는가. (오규 소라이)

‖ 공자께서 말씀하셨다. 그의 삶의 목적을 보고, 그의 행위 방식을 관찰하고, 그의 평소 안주하는 바를 살펴보면 사람이 어찌 자기를 숨길 수 있겠는가. 사람이 어찌 자기를 숨길 수 있겠는가. (남회근)

‖ 공자께서 말씀하셨다. 그 하는 것을 보며, 그 말미암은 바를 살피며, 그 편안히 여김을 살펴본다면, 사람들이 어떻게 숨길 수 있겠는가. 사람들이 어떻게 숨길 수 있겠는가. (성백효)

‖ 공자께서 말씀하시었다. 그가 행하는 바를 보고, 그 말미암은 바를 따지며, 그가 지향하는 바를 살핀다면, 사람들이 어찌 자신을 숨길 수 있으리오. 사람들이 어찌 자신을 숨길 수 있으리오. (김용옥)

▧ 意譯

그러면서 공자는 사람을 평가하는 기준과 3가지 방법을 가르쳤다.

"첫째로 그가 하는 행동이나 하는 짓을 보면 그가 어떤 사람인지 알 수 있다. 두 번째로 그가 걸어온 길을 살펴보면 그가 어떤 사람인지를 알 수 있다. 세 번째로 그가 어떤 것에 만족을 느끼는지를 관찰한다면 그가 어떤 사람인지를 알 수 있다. 이렇게 그의 현재 행동을 보고, 그의 과거 행적을 살리고, 그가 편안해하는 것이 무엇인지를 관찰해본다면 그 사람 됨됨이를 숨김없이 볼 수 있게 된다."

▨ 溫故

시기소이(視其所以). 시(視)는 보다, 살피다. 이(以)는 ~써, 까닭의 의미입니다. 사람을 볼 때는 그 사람이 무엇을 하는 사람인지를 먼저 본다는 말입니다. 그 사람이 무엇을 주로 행하는 지를 보던지 혹은 그와 함께 하는 사람을 보면, 그 사람의 삶의 목적도 알아볼 수 있게 되고 그가 무엇을 이뤄냈는지도 알 수 있게 됩니다. 한발 더 나아가 그가 무엇을 성취했는지 혹은 어떤 성취를 가장 자랑스럽게 생각하고 있는지를 알아보면 그가 누구인지를 알 수 있게 됩니다.

관기소유(觀其所由). 유(由)는 말미암다, 이유, 연유를 의미하고, 관(觀)은 보다, 자세히 보는 것을 말합니다. 시기소이를 통해 그가 무엇을 하는 사람인지를 알았다면 이번에는 한 단계 더 들어가 그가 왜 그런 일을 하며 그의 행동은 왜 그렇게 할 수밖에 없었는지를 관찰하는 단계입니다. 그의 행위 방식을 관찰하고 그가 따르는 기준을 살펴보며 그 이유를 따져보는 것입니다. 여기서 그의 사고방식과 행동방식을 알 수 있게 됩니다.

찰기소안(察其所安). 찰(察)은 보다를 넘어 살피다, 조사하다.의 뜻이고, 안(安)은 편안하다, 좋아하다.의 의미입니다. 그가 편안히 여기는 것이 무엇인지 관찰하면, 그가 지향하는 바를 알 수 있게 됩니다. 사람들은 대부분 자신이 편안하고 좋아하는 방향으로 움직이기 때문에 그의 미래의 방향까지도 감지하게 된다는 말입니다.

시기소이(視其所以), 관기소유(觀其所由), 찰기소안(察其所安) 이렇게 3단계로 치밀하게 사람을 살펴보면 사람들은 자신을 숨기기가 어렵다는 뜻입니다.

▧ 知新

우리가 살면서 면접을 자주 하지는 않지만 인사에 있어 면접의 중요성은 재고의 가치가 없습니다. 면접은 질문과 대답으로 구성됩니다. 우리는 질문을 통하여 후보자의 역량과 인성을 파악하고 그가 조직에 새로운 구성원으로 들어왔을 때 사람들과 잘 협조하여 업무를 진행하고 성과를 만들어 낼 수 있는 사람인가를 가려내고자 합니다. 혹여 면접 질문이 면접관과 코드가 맞는 사람을 찾는데 집중되어, 그것이 선택의 기준이 된다면 그것은 하나마나한 면접이 됩니다.

사람은 바뀌어도 조직은 계속됩니다. 면접의 목적은 조직에 맞는 사람을 선택하는 것이지 면접관 개인에 맞는 사람을 선택하는 것이 아닙니다. 그런 의미에서 보면 2500년 전 공자의 선별기준은 아직도 충분히 유효함을 알 수 있습니다. 행하는 바를 보고(시視), 행하는 이유를 자세히 보고(관觀), 그 깊

숙한 이유를 살펴보는(찰察)것이 현대의 면접과 인터뷰에 그대로 적용됨을 알 수 있습니다. 면접과 인터뷰에 관찰(觀察)과 성찰(省察)이 필요한 이유입니다.

시기소이(視其所以) 하라.

그가 누구인지는 그(其) 행(爲)하는 바(所)를 보라는(視) 것입니다. 행하는 바를 보라는 것은 행동을 보라는 말입니다. 얼마나 유창하게 말을 잘하는가, 얼마나 발표를 잘하는가에 현혹되지 말고, 무엇을 어떻게 실행하여 어떤 결과를 냈는지를 잘 보라는 의미입니다. 그러기 위해서는 어떤 결과를 만들어냈는지 그 결과를 물어보고 확인해 보아야 합니다. 시기소이(視其所以)는 현대 면접용어로 본다면 컴피턴시(Competency) 즉 역량이라고 볼 수 있습니다.

10년 전 좋은 성과로 결과를 만들어내 회사의 경영에 기여를 했지만 최근에는 별 성과를 만들어내지 못했다면 역량평가에서 좋은 면접 성적을 받기는 어렵다는 것을 말합니다. 반대로 10년 전에는 별 기여가 없었지만 최근 3년 동안 좋은 성과를 만들어 낸 경우가 역량평가에서는 더 높은 점수를 받는 것입니다. 이유는 간단합니다. 지금 잘하는 사람이 앞으로도 잘할 가능성이 더 높고, 지금 잘못하는 사람이 앞으로 갑자기 잘하기는 쉽지 않을 것이기 때문입니다. 과거에 잘 나가던 사람이라고 떠들어대는 사람치고 쓸 만한 사람이 얼마나 있었는가를 되짚어 본다면 답은 더 명확해집니다.

관기소유(觀其所由) 하라.

그가 왜 그렇게 했는지 그(其) 이유(由)를 잘 살펴(觀)보라는 것입니다. 행동과 결과에는 모두 이유가 있습니다. 왜 행동을 그렇게밖에 할 수 없었는가를 살펴보아야 합니다. 올바른 행동은 좋은 결과를 낼 것이고, 바르지 못한 행동은 좋지 않은 결과를 만들 것이 분명하기 때문입니다. 그 이유가 무엇인가? 그렇게 하게 만든 동기가 무엇인가를 알아보면 그의 사고방식과 행동방식을 알 수 있기 때문입니다.

찰기소안(察其所安) 하라

그가 평소 그(其) 편안(安)해 하는 바(所)를 꼼꼼히 들여다(察)보라는 것입니다. 그가 편안하게 여기는 바를 알아보면 그를 간접적으로 알 수 있습니다. 그러면 그가 왜 우리 회사를 선택했는지, 전직의 이유가 무엇인지 등을 알아볼 수 있습니다. 편하게 여기는 이유가 사람마다 다르기 때문에 그의 성향을 간접적으로 알아볼 수 있게 됩니다. 어떤 사람은 급여를 중요하게 여기지만, 어떤 사람은 근무지를 중요하게 여길 수 있습니다. 어떤 사람은 인간관계를 편안하게 여길 수 있지만, 어떤 사람은 업무능력을 중요하게 여길 수 있습니다.

27 위정 11장

온고지신 溫故知新 ▶ 과거를 새겨 미래를 만들다.

子曰

溫故而知新 可以爲師矣

자왈

온고이지신 가이위사의

공자께서 말씀하셨다.

"옛것을 익혀서 새로운 것을 알게 되면

스승이 될 수 있을 것이다."

▧ 集註

‖子 가라사대, 故를 溫하여 新을 知하면, 可히 師되염즉 하니라. (이이)

‖공자가 말했다. 옛것을 익히고 새것을 알면 스승이 될 수 있다. (오규 소라이)

‖공자께서 말씀하셨다. 지난 일을 돌이켜보아 앞날을 알면 스승이 될 수 있다. (남회근)

‖공자께서 말씀하셨다. 옛것을 때때로 익혀서 새로운 이치를 터득할 수 있다면 스승이 될 수 있다. (성백효)

‖공자께서 말씀하시었다. 옛것을 온양하여 새것을 만들어 낼 줄 알면, 남의 스승이 될 만하다. (김용옥)

▧ 意譯

"이제 이번 강론의 본론으로 들어가 보도록 하자. 우리가 학문을 하는 이유는 분명하다. 학문, 학습, 공부로써 먼저 개인은 사람다운 사람이 되어야 한다. 가정도 국가도 그 기반은 모두 사람이기 때문이다. 그런 다음엔 가정을 세워야 한다. 그다음엔 나라를 위한 큰 리더가 되어 국가를 부강하고 만들고 백성들을 편안하게 하는데 기여를 해야 한다. 우리에겐 그런 군자가 필요하다. 그런 리더가 필요한 것이다.

그런 군자가 되기 위해서 우리는 무엇을 해야 할까? 어떤 정신을 가지고 살아야 할까? 너희들이 나를 스승이라고 여겨 따르는데 과연 내가 했던 일은 무엇이었나를 곰곰이 생각해 보면 나는 단지 공부하기를 좋아해 옛것을 배워 여러 사람의 질문에 답해준 것에 불과하다. 지난 것을 무시하지 않고 그것에서 좋은 것을 찾아 현실에 적용해보고 개선해보려고 노력을 했을 뿐이다. 사람이 하루아침에 만들어진 존재가 아니듯 지난 역사 또한 한두 사람이 뚝딱 만든 것이 아니다. 우리만큼이나 똑똑하다고 자부했던 과거 수없이 많은 사람의 합작품이 역사인 것이다. 우리보다 훨씬 현명하고 훨씬 지혜로운 사람들의 삶의 흔적이 옛날이라는 시간 창고에 가득하기에 우리는 그것을 가져다 쓰기만 해도 된다. 거기에 우리의 생각을 조금 더 첨부하여 더 새롭고 더 유익한 것을 만들어 낼 수 있다면 그것은 정말 행운인 것이다. 우리는 과거라는 거인의 어깨에 쉽게 올라가 세상을 보는 식견과 안목을 가지게 되니 이 얼마나 복 받은 일이겠느냐."

▧ 溫故

온(溫)은 따뜻할 온, 익힐 온 입니다. 고(故)는 옛 고, 예전에 들은 것, 과거에 배운 것을 말합니다. 어제까지의 것들은 다 옛것이 됩니다. 물론 지난 것이 모두 가치 있는 것은 아닙니다. 대략 100년은 지나야 고전으로 인정을 받는다고 합니다. 그러니 1900년 이후에 만들어진 문학, 역사, 철학의 수많은 저서들이 아직 고전의 반열에 오르기는 검증 기간이 더 남았다는 뜻이기도 합니다. 고전으로 인정된 책들은 이미 검증이 완료되어 그 가치를 인정받았다는 뜻이기도 합니다.

검증이 완료된 그런 고전을 읽고 공부하는 것이 바로 온고(溫故)입니다. 또한 온고(溫故)는 단순히 주어진 것만 소극적으로 익히는 것이 아니라 적극적으로 찾아서 익히는 것을 포함하고 있습니다. 신(新)은 새로 터득한 것을 뜻합니다. 가이(可以)는 '~할 수 있다'라는 뜻으로 可以爲師는 스승이 될 수 있다. 溫故而知新(온고이지신) 옛(故)것을 익혀(溫) 새로운(新) 것을 안다면(知), 可以爲師矣(가이위사의) 다른 사람의 스승(師)이 될(爲) 만하다(可)는 의미입니다.

▧ 知新

어떤 기업에서 10년, 5년 전에 각각 구조조정과 명예퇴직으로 직원들이 회사를 떠났습니다. 그리고 이번에 또다시 적지 않은 수의 직원들이 명퇴금을 받고 회사를 떠나게 되었습니다.

10년 전 명퇴의 태풍 속에서 간신히 몸을 보전했던 적지 않은 수의 직원들은 '나는 저렇게 밀려나지 말자. 아니 나갈 때 나가더라도 무엇인가 탄탄한 준비를 해놓고 당당하게 나가자.'라고 다짐을 했습니다. 하지만 굳게 다짐했던 그들이 5년 전 아무 준비 없이 회사를 나가야만 했습니다. 10년 전 회사를 떠나던 선배들을 보면서 명예 퇴직금으로 절대로 프랜차이즈 사업은 하지 말아야지 다짐을 했지만 그들이 퇴직하고 가장 많이 손을 댔던 것은 바로 프랜차이즈 비즈니스였습니다. 5년 전 선배들을 떠나보내면서 마음으로 굳게 결심을 했던 이번의 명퇴자들도 쉽게 할 수 있는 프랜차이즈 사업 이외에는 별다른 생각이 없어 보입니다.

아무리 다람쥐 쳇바퀴 돌듯 반복된다고 해도 지나간 과거로부터의 배움이 없다면 그건 반복이 아니라 처음인 것입니다. 타인들에게는 반복이 될지 몰라도 나 자신에게는 첫 경험일 뿐입니다. 선배 사원을 보낸 이후 5년 동안 아무것도 준비하지 못했다면 그것은 온고지신(溫故知新)을 했다고 볼 수 없습니다. 옛것을 익힌다는 온고(溫故)도 아니고 새로운 지식이나 지혜를 얻는다는 지신(知新)도 아닙니다. 그냥 시간만 요행으로 보내고 있을 뿐이지요.

사서삼경중의 하나인 대학(大學)에 이런 유명한 명구가 나옵니다.

'자신의 덕을 천하에 밝혀 보고자 했던 사람들은 먼저 자기 나라부터 잘 다스렸고, 자기 나라를 잘 다스리고자 했던 사람들은 먼저 자기 집안부터 잘 단속하였으며, 자기 집안을 잘 단속하고자 했던 사람들은 먼저 자신의 몸부터 닦았고, 자신의 몸을 닦고자 했던 사람들은 먼저 자신의 마음을 바르게 하였으며, 자신의 마음을 바르게 하고자 했던 사람들은 먼저 자신의 생각을 진실되게 가졌다.'

이 명구를 온고지신 측면으로 나름의 해석을 해본다면 이렇게 될 것 같습니다. 천하를 다스리려면 자기 나라부터 잘 다스리라는 말은 나라의 다스림을 연구하여 천하의 다스림을 알아내는 온고지신의 정신입니다. 자기 나라를 잘 다스리려면 먼저 자기 집안부터 잘 단속하라는 말은 집안 단속을 잘 익혀 나라 다스림의 방법을 알아내는 온고지신의 정신입니다. 자기 집안을 잘 단속하려면 먼저 자신의 몸부터 닦으라는 말도 수신의 도에서 집안 관리의 도를 끌어낼 수 있다는 말입니다. 자신의 몸을 닦고자 하면 먼저 자신의 마음을 바르게 하라는 말은 마음을 제대로 온고해야 수신이 가능하다는 온고지신의 정신입니다. 온고(溫故)는 그런 공부며, 그런 학습입니다. 마음을 바르게 하는 공부 없이 수신은 어려운 것이지요. 수신이라는 학습이 없이는 집안은 잘 관리되지 않습니다. 집안을 관리하는 노력 없이 어떻게 더 큰 나라의 정치를 할 수 있을까요?

다산 정약용은 스승이 스승답기 위해서는 '가이위사의, 온고이지신'해야 한다고 역으로도 풀이했습니다. 모름지기 다른 사람의 스승이 되기 위해서는 혹은 리더가 되기 위해서는 더욱더 옛것을 익히고 새것을 공부하는 학습을 손에서 놓지 말아야 함을 이야기하고 있습니다. 그러니 리더가 되기 위해서는 혹은 다른 사람들보다 조금 더 앞서 나가기 위해서는 늘 온고지신의 마음이 필요합니다.

새로운 아이디어를 낸다거나 창의적인 것을 만드는 것은 결코 쉬운 일이 아닙니다. 현재 하고 있는 일을 잘 해내지 않고서는 가능한 일이 아닙니다. 그러니 온고지신이라는 말은 결국 현재 자신의 일에서 전문가가 되라는 말과도 같은 말입니다. 현재의 일에 전문가가 되어 새로운 것을 알아낸다면 이는 다른 사람을 이끄는 리더가 될 수 있을 것입니다.

선비는 순수한 우리말입니다. 예전에 학식은 있으나 벼슬하지 않은 사람 혹은 학문을 닦은 사람을 지칭하는 말로 정의되어 있습니다만, 선비란 높은 식견과 덕을 갖추고 세상과 사람을 구하는 사람입니다. 선비를 나타내는 유(儒)자가 사람 인(人)과 구할 수(需)자가 더해 만들어진 것을 보면 더욱 이해됩니다.

선비들이 중요하게 여겼던 경(敬)과 충(忠)이라는 것이 있습니다. 자신이 하는 일에는 스스로 공경함을 가져야 한다고 가르쳤습니다. 자신의 일이 중요하다는 것이지요. 혹여 남들이 하찮은 일을 하고 있다고 비웃는 일이 있더라도 스스로는 자신의 일이 사람들로부터 존경받아 마땅한 일이라 생각하라는 것이지요. 충(忠) 또한 무슨 일을 하든지 최선을 다해서, 성심을 다해 해야 한다는 말입니다. 꼭 필요한 일이라면 목숨까지도 걸고 일을 하는 것을 말합니다. 개인의 이익과 공익이 상충될 때 목숨을 버리는 한이 있더라도 다수를 위해 몸을 던질 수 있는 그런 사람들이 많은 사회가 우리가 추구하는 멋진 나라일 것입니다. 그런 선비정신이 우리에게 어려서부터 친숙해져 있었다면, 어린 학생들을 떨쳐버리고 혼자 살겠다고 배를 탈출하는 그런 선장은 있었을까요? 일등만 되면 모든 것을 용서받을 수 있다는 일등주의 생각, 합격만 하면 다른 사람들 위에서 권력을 휘두르며 호위호식 할 수 있다는 생각으로는, 사람들과 함께 사는 행복을 얻을 수가 없습니다. 상대의 입장에 서 보지 않고는, 진정한 삶의 의미와 행복을 찾기가 쉽지 않습니다. 선비정신이 필요한 때입니다. 그 어느 때보다도 온고지신이 필요한 때입니다.

우리 주위를 돌아보면 많은 사람들이 독서 모임을 하고 있습니다. 한 달에 한두 번씩 모여 같은 책을 읽고 서로 다른 이야기를 하면서 미래를 만들어 가고 있습니다. 혼자 읽을 때는 찾을 수 없었던 것들을 함께 읽고 이야기를 나누다 보면 얻게 되는 것들이 많기 때문에 함께 하고 있습니다. 가끔은 저자를 불러 강의를 듣기도 합니다. 온고지신(溫故知新)입니다. 책을 온(溫)하여 미래를 알게(知) 됩니다. 책을 읽고 새로운 것을 알게 된다면 그것은 바로 과거를 통해서 미래를 찾아가는 온고지신입니다. 그것은 개인도 기업도 마찬가지입니다. 독서는 새로운 것을 만들어내는 원석과도 같은 것입니다. 누구도 가보지 않은 미래를 준비할 수 있는 것은 지금까지의 것들을 되돌아보는 데 있습니다. 스스로의 창조는 기업도 개인도 마찬가지입니다. 사활을 걸고 도전해볼 가치가 있는 것입니다. 현재와 미래를 연결해주는 다리는 바로 온고지신입니다.

28 위정 12장

군자불기 君子不器 ▶ 리더는 변화하는 사람이다.

子曰

君子不器

자왈

군자불기

공자께서 말씀하셨다.

"군자는 한 가지 용도로만 쓰이는 그릇이 아니다."

▧ 集註

‖ 子 가라사대, 君子는 器 아니니라. (이이)

‖ 공자가 말했다. 군자는 그릇 노릇을 하지 않는다. (오규 소라이)

‖ 공자께서 말씀하셨다. 군자는 그릇과 같은 것이 아니다. (남회근)

‖ 공자께서 말씀하셨다. 군자는 그릇처럼 국한되지 않는다. (성백효)

‖ 공자께서 말씀하시었다. 군자는 그릇처럼 국한되지 않는다. (김용옥)

▧ 意譯

군자가 되기 위해 온고지신의 학습과 수양방법이 필요하다는 설명을 한 후 바로 군자란 과연 어떤 사람인가를 정의했다.

"군자는 어떤 사람이어야 하는가? 나는 군자를 이렇게 정의해보고 싶구나. 군자는 그릇이 아니다. 군자는 그 쓰임새가 한정된 그릇과 같이 이미 결정된 존재가 아니라는 말이다. 학문과정을 통해 한 단계 더 발전하려고 노력하는 사람이 바로 군자의 모습이다. 가정이나 사회, 국가를 이끌어가는 리더는 일신우일신하는 노력을 멈추지 말아야 한다. 지난해와는 다른 모습, 다른 생각을 가져야 한다. 하는 일은 같다고 해도 무엇인가 조금 더 발전하고 무엇인가 조금이라도 더 개선되어 있는 모습을 보여주어야 한다."

▧ 溫故

군자불기(君子不器).

삼 년 전의 모습과 지금의 모습이 같다면 그 사람은 군자가 아니라는 말입니다. 일 년 전의 모습과 지금의 모습이 같다면 그 사람은 리더가 아니라는 뜻입니다. 일 년, 삼 년 동안 같은 업무를 계속한다고 해도 무엇인가 개선시켰다든지 혹은 무엇인가 긍정적인 변화를 시도하여 좋은 결과를 만들어내려고 노력하는 사람이 바로 군자입니다. 처음엔 다 서툴고 어렵지만 자기만의 틀을 깨고 나오라는 메시지입니다. 오늘도 그냥 어제처럼 그렇게 살아가는 것은 내일을 보장하기 어렵습니다. 자기를 속박하는 그 답답한 그릇을 깨고 한 발 더 나와 보라는 것입니다. 군자는 그 쓰임새가 고정된 사람이 아니라, 변화하고 발전하려 노력하는 그런 리더라는 뜻이기도 합니다.

그릇 기(器)자를 자세히 보면 그릇처럼 생긴 네모가 네 개가 들어있습니다. 마치 인생을 살면서 네 개의 서로 다른 그릇을 만들어보라는 의미로 보이기도 합니다. 그럼 우리 인생의 첫 번째 그릇은 언제 만들어질까요? 태어나서 25세까지 인생의 첫 번째 그릇이 만들어집니다. 여러 조건이 잘 맞아 25세쯤에 이미 훌륭한 그릇이 되는 경우도 가끔 있습니다. 우리 사회에 이런 사람들이 드물기는 하지만 없지는 않습니다.

인생의 두 번째 그릇은 언제 만들어질까? 26세에서 50세까지 인생의 두 번째 그릇이 만들어 집니다. 대학이 어디든, 전공이 무엇이든, 부자 부모를 두었건 가난한 부모를 두었건, 잘생겼건 못생겼건, 남자건 여자건, 그 어떤 조건이든지 간에 이십 대 중후반 일을 시작하여 50세까지 약 이삼십 년 꾸준히 노력을 하면 자기만의 두 번째 그릇을 만들게 됩니다. 우리 사회에는 그런 사람들이 아주 많습니다.

세 번째 그릇은 언제 만들어질까요? 51세에서 75세까지 인생의 세 번째 그릇이 만들어집니다. 인생의 전반을 마치고 인생 3라운드에 자기만의 멋진 그릇을 만드는 시니어들. 인생 전반이 마음에 들거나 들지 않거나 상관없이 세 번째 그릇 만들기는 누구에게나 가능합니다. 솔직히 인생 전반을 흡족하게 살아온 사람이 우리 주위에 얼마나 될까요? 어떻게 하다 보니 그 학교에 가서 그 전공을 공부하게 된 것이고, 어찌하다 보니 그 직장에 들어가 그 직업을 갖게 된 것이 아닐까요? 그렇게 된 인생 전반이 마음에 들면 인생 후반도 계속 그렇게 살면 되고 그렇게 된 인생 전반이 마음에 들지 않으면 인생 3라운드에는 새로운 그릇 만들기에 도전을 해봐야 합니다. 언제까지 남의 탓만 할 수는 없는 일이기 때문입니다.

50년을 살아보고도 인생 후반에 남을 탓한다면 그것은 정말 직무유기일지도 모릅니다. 50년 인생 전반은 몰라서 그랬다고 해도, 인생 후반 50년은 몰라서 그랬다고는 할 수 없는 일입니다. 지난 50년을 뭔가에 속아 살았다고 생각한다면 인생다운 인생을 인생 후반에라도 한번 살아봐야 하지 않을까요? 3라운드에 비록 작은 그릇이 만들어진다 해도 그 그릇이 자신에게 간절한 것이라면, 소중한 것이라면, 정말 원하는 것이라면, 세 번째 그릇을 만드는 시간은 행복한 시간이 되고, 세 번째 그릇을 만드는 공간은 행복한 공간이 되고, 세 번째 그릇을 만드는 나는 행복한 내가 될 것입니다.

인생의 네 번째 그릇은 언제 만들어질까요? 76세에서 100세까지 인생의 네 번째 그릇이 만들어집니다. 2035년이 되면 사람의 평균수명이 100세가 된다고 합니다. 100세가 사는 것이 어떤 이에게는 부담이 될지도 모르지만 어떤 이에게는 네 번째 인생의 그릇을 만드는 기회가 될 수도 있습니다.

▧ 知新

변화는 맨(MEN)정신.

군자불기(君子不器)는 변화를 말하고 있습니다. 어떤 이는 변화가 쉽다 하고, 어떤 이는 힘들다고 말합니다. 변화는 어떤 정신으로 해야 잘 될까요? 그 간단한 답은 맨(MEN)정신, 생생한 정신에 있습니다. 즉 변화는 M E N 이 세 가지 키워드만 따라 하면 가능합니다.

첫 번째 M = Me를 의미합니다. 변화는 나부터 시작해야 합니다. 나부터 변화가 되어야 We 우리가 변화됩니다. 그런데 사람들은 보통 반대로 생각합니다. 팀원이 먼저 변해야 팀이 변한다고 생각하지만 그건 아닙니다. 팀장이 먼저 솔선수범 변화해나가야 비로소 팀원들이 하나, 둘 변화되고 결국엔 팀이 바뀌는 것입니다. 아버지가 먼저 변해야 아들이 따라가고, 어머니가 먼저 변해야 딸이 따라가 가정이 바뀌게 됩니다. 사회를 이끄는 리더가 먼저 솔선수범을 보여줘야 시민들이 따라가면서 사회가 바뀌게 되는 것입니다.

공자도 당시 위정자들에게 똑같은 말을 거침없이 했습니다. 노나라 빅3 가문 중 최고 지도자인 계강자가 정치에 대해서 묻자 공자가 이렇게 대답했습니다.

"정치는 바른 것입니다. 대부께서 바르다면 누가 감히 바르지 않겠습니까?"

季康子問政於孔子 孔子對曰 政者正也 子帥以正 孰敢不正

계강자문정어공자 공자대왈 정자정야 자수이정 孰敢不正 <안연(顔淵)>

예나 지금이나 조금도 다르지 않습니다. 10명의 작은 조직을 끌고 가는 과장이나, 10만 명의 거대 조직을 끌고 가는 회장이나 한 가정을 끌고 가는 가장이나 나라를 끌고 가는 위정자나 잊어서는 안 될 한마디가 "너나 잘하세요."가 아닐까요.

두 번째 E = Easy를 의미합니다. 변화는 쉬운 것부터 시작해야 합니다. 천리 길도 한 걸음부터 이런 말이 왜 나왔을까요? 세상이 한방은 없습니다. 쉬운 것부터 시작해야 합니다.

논어에 유구사(有九思)라는 유명한 어구가 있습니다.

孔子曰 君子有九思 공자왈 군자유구사

視思明 聽思聰 色思溫 貌思恭 言思忠 事思敬 疑思問 忿思難 見得思義

시사명 청사총 색사온 모사공 언사충 사사경 의사문 분사난 견득사의

리더라면, 군자라면 다음의 아홉 가지 생각을 늘 가지고 있어야 한다.

볼 때는 명을 생각하라. 분명하게 보고, 명확하게 보고 긍정적으로 봐야 한다.

들을 때는 똑똑함을 생각하라. 총명하게 듣고, 생각해가면서 듣고 역지사지로 들어야 한다

얼굴색은 온화함을 생각하라. 리더의 안색은 온화하고 다정하고 믿음직스러워야 한다

모습은 공손함을 생각하라. 리더의 용모, 외모, 겉모습은 공손해야 겸손해야 한다.

말은 믿음직함을 생각하라. 리더의 말은 충직함, 믿음직스러움, 신의가 있어야 한다.

일에는 공경함을 생각하라. 나의 일은 공경받아 마땅함을 생각해야 긍지가 커진다.

의심나는 것이 있으면 질문을 생각하라. 아랫사람에게 묻는 것을 부끄러워 하지 마라.

화가 날 때는 어려움을 생각하라. 화를 낸 뒤에 더 어렵게 될 수 있음을 생각하라.

득을 보게 되면 그것이 옳고 의로운 것인지를 생각하라.

우리가 리더를 꿈꾸거나 리더라면, 저 아홉 가지 생각을 늘 가지고 있어야 한다는 말입니다. 군자의 나라를 꿈꾸었던 조선의 백성들에게 가르쳤던 아홉 가지의 기본자세, 수백 년이 지난 지금도 여전히 필요한 리더들의 기본자세, 구사(九思) 아홉 가지 생각을 모두 실천하기는 어려운 일입니다. 그러니 그중에 단 하나라도 쉽게 할 수 있는 것을 찾아 실천해 보는 것이 바로 변화의 시작입니다.

세 번째 N = Now를 의미합니다. 변화의 3요소는 쉬운 것부터, 나부터, 지

금 즉시 하는 것입니다. 지금 즉시, 오늘 즉시, 바로 시작하는 것, 이것이 바로 변화의 시작입니다. 변화가 필요하다는 것은 알지만 도대체 무엇을 해야 할지, 생각조차 들지 않는 때가 있다. 생각은 있는데, 마음이 움직이지 않는 경우가 있습니다. 마음까지는 움직이는데, 몸이 따르지 않는 경우도 있습니다.

누구에게나 몇 번의 기회가 있다고는 하는데, 그 기회가 나를 자꾸 피해간다면 알버트 아인슈타인의 명언을 한번 떠올려볼 필요가 있습니다.

'같은 것을 계속 반복하면서, 다른 결과를 기대하는 것은 정신병의 초기증세이다.'

Insanity : Doing the same thing over and over again and expecting different results.

작년과 같은 생각, 어제와 같은 행동으로 오늘을 살아가면서 .내일은 무엇인가 다른 좋은 결과를 기대하는 것은 제정신이 아니라는 말입니다. 변화하지 않고 기회를 얻는다는 것은 말이 안 된다는 말입니다. 기회를 만들려면 먼저 변화를 시작하라는 말입니다. 그러니 바로 봐도, 돌려 봐도 기회 Chance = 변화 Change인 것 같습니다.

직장인의 3가지 변화 포인트

직장인 역시 이미 그 모양이 정해진 그릇과 같이 한 가지 모양으로 살아가기가 힘든 사람들입니다. 늘 같은 모습으로 3년 전이나 3년 후나 발전의 변화가 없다면 그에게 다음 3년을 보장해 주는 회사는 거의 없습니다. 변화를 거부하는 직장인은 오래가지 못합니다. 불기(不器), 즉 변화에 유연한 직장인만이 살아남을 수 있는 곳이 바로 직장이라는 곳입니다.

직장인으로 후회 없는 커리어를 만들어가기 위해서는 최소한 다음의 세 가지 항목을 고려해야 합니다. 업무능력 개발, 리더십 개발, 경력 개발이 그것입니다. 먼저 조직의 목표달성을 위한 업무 수행능력의 발전적인 변화가 필요합니다. 직장에서 으뜸은 일 잘하는 사람이기 때문입니다. 두 번째는 사람들과의 관계가 좋아야 합니다. 이 관계의 힘이 일을 더 잘하게 만드는 핵심 중의 핵심입니다. 인간관계의 기본은 리더십에 달려있기 때문에 직장인은 상하좌우를 막론하고 누구나 리더십의 발전적인 변화가 필요합니다. 마지막으로 100세 인생 시대의 커리어는 한 번에 끝나지 않습니다. 누구나 두세 번의 단계를 거쳐야 합니다. 25세에서 50세까지 이어지는 전반전 그리고 약간의 하프타임과 함께 다시 시작하는 후반전인 50에서 75세까지 25년이 그것입니다. 필수가 되어버린 인생 전반에 걸친 커리어의 발전적인 변화를 고려하지 않는다면 문제가 심각해질 것입니다.

3년이면 변화 포인트를 만들어야.

따라가고 끌려가는 것이 회사일이라고 생각하는 직장인들이 많습니다. 원래 조직의 일이란 너무 나대지도 말고 너무 뒤처지지도 말아야 장수를 한다고 생각합니다. 물론 신입사원 때부터 그런 마인드를 가지는 건 아니지만 경력이 늘고 환경에 적응하다 보면 다분히 그렇게 변하기 마련입니다.

부장의 실적은 과장의 목표가 되고 과장의 실적은 사원의 업무 목표가 됩니다. 회사 목표는 팀 목표로 나뉘고 팀 목표는 개인의 업무 목표로 세분화됩니다. 할당된 목표를 얼마만큼 달성하는가에 따라 회사의 경영도 개인의 운명도 좌지우지됩니다. 목표를 스스로 잡는 직장인은 거의 없습니다. 그러니 이런 환경의 조직에서 목표를 스스로 세우는 능력을 키우기란 결코 쉬운 일이 아닙니다. 한편으로 생각해 보면 어떻게 하든 주어진 목표를 달성하면서 스스로의 역량을 키우기에 회사만큼 좋은 곳도 없습니다. 업무에도 끝없는 변화를 적용해야 합니다. 작년에 썼던 방법을 올해도 그대로 적용해서는 현상 유지하기도 버거울 때가 많습니다. 환경이 변하고 경쟁자도 변하고 있는데 나만 변화가 없다면 그것은 퇴보나 다름이 없는 것입니다.

어떤 업무든 3년 정도만 눈치 있게 진행하다 보면 몰라서 그 일을 못하는 경우는 거의 없습니다. 그 뒤부터는 적당히 해도 중간은 가고 시간도 갑니다. 3년이 넘었는데 업무 진행 방법이나 기술에 효과적인 변화가 없다면 그건 업무를 그냥 일처럼 한 것입니다. 전임자도 그렇고 나도 그렇게 업무를 했다면 아마도 후임자에게 물려줄 자리가 없어질지도 모릅니다.

직장생활에서 적어도 3년이 지났다면 분명한 변화 포인트를 만들어내야 합니다. 개선 포인트를 찾아내야 합니다. 업무를 개선해야 거기서 불꽃같은 희망을 보게 됩니다. 직장인 커리어의 전환 포인트는 작은 희망으로부터 시작되는 경우가 많기 때문입니다.

변화가 리더십을 이끈다.

리더십이 꼭 경력에 비례하는 것은 아닙니다. 만약 나이나 경력에 비례하는 것이라면 과장의 리더십은 항상 대리의 리더십보다 나아야 합니다. 임원의 리더십이 부장의 리더십을 항상 압도해야 합니다. 하지만 실상은 그렇지 않은 경우가 비일비재합니다. 리더십은 조직의 크기에 비례하는 것도 아닙니다. 두 명이 조직을 구성해도 거기에 리더십이 필요합니다. 꼭 100명, 1000명으로 구성된 큰 조직에서만 리더십이 필요한 것은 아닙니다.

리더십은 전략이고 전략에는 지식과 지혜가 필요합니다. 나이가 많다고, 조직이 크다고 리더십이 더 커지는 것이 아니라, 리더가 적절한 지식과 지혜가 있는가가 문제인 것입니다. 변화를 모르는 사람에게서 조직을 이끌어나가는 리더십을 기대하기란 어렵습니다. 진정한 리더십은 새로운 것을 받아들이고 새로운 것을 만들어가는 수용적인 상태에서 만들어지기 때문입니다.

직장 내의 인간관계는 리더십에 의해 결정이 된다고 해도 과언이 아닙니다. 상하 간의 인간관계는 상사의 리더십에 달려 있으며 동료와의 인간관계도 상대방의 리더십에 달려 있습니다. 팀의 분위기는 팀장의 리더십에 달려 있고 회사의 승패는 사장의 리더십에 달려 있습니다. 이처럼 리더십은 상호 간의 관계를 떠나 조직의 생사와 직접적인 상관관계가 있는 것입니다. 그러므로 리더십에서 성공하는 사람이 승자가 되는 것은 당연한 결과입니다. 단 둘이 모인 조직이라도 리더십이 뛰어난 사람이 리더가 되며, 10명이 모인 과에서는 과장이 되고 20명이 모인 팀에서는 결국 팀장이 됩니다. 리더십은 불기(不器)입니다. 스스로 변화의 바람이 불어야 리더십이라는 바람개비가 돌게 됩니다. 조직에 맞게 상대에 맞게 적절히 변화된 리더십만이 오랫동안 살아남습니다. 그 리더십이 개인을 살리고 조직을 살리고 경력을 살리는 핵심이 됩니다. (이상 '군자불기'편은 저자의 『지금논어』(p99-p107)에서 발췌)

29 위정 13장

선행기언 先行其言 ▶ 앞서 행하면 따를 것이다.

子貢問君子

子曰

先行其言 而後從之

자공문군자

자왈

선행기언 이후종지

자공이 군자에 대해 물었다.

공자께서 말씀하셨다.

"말보다 행동을 먼저하라.

그러면 뒤를 따를 것이다."

▨ 集註

‖ 子貢이 君子를 묻자온대 子 가라사대,

먼저 그 言을 行하고 후에 從하느니라. (이이)

‖ 자공이 군자에 대해 묻자 공자가 말했다.

먼저 말을 실행하고 뒤에 따르는 것이다. (오규 소라이)

‖ 자공이 군자에 대해 묻자, 공자께서 말씀하셨다.

말보다는 행동을 앞세워라. 그러면 사람들은 너를 따른다. (남회근)

‖ 자공이 군자에 대해서 묻자, 공자께서 말씀하셨다.

먼저 그 말할 것을 실행하고 그 뒤에(말이 행동을) 따르게 하는 것이다. (성백효)

‖ 자공이 군자에 관하여 여쭈었다. 이에 공자께서 말씀하시었다.

먼저 실행하라. 말은 실행한 후 그 행동을 따르게 하라. (김용옥)

▨ 意譯

옆에서 공자의 강론을 듣고 있던 자공이 군자에 관해 질문을 했다. 이에 공자가 답했다.

"군자는 말을 앞세우기보다는 행동을 앞세워야 한다. 군자는 말에 대한 책임을 져야 한다. 군자의 행동이 올바르면 사람들은 설사 군자가 말을 하지 않아도 그를 따르게 된다. 하지만 말은 번지르르하게 하지만 행동이 바르지 않다면 사람들은 그를 따르지 않을 것이다.

▧ 溫故

논어에는 '군자(君子)'라는 단어가 107차례나 등장합니다. 대다수가 군자에 대한 공자의 가르침이지만 그중 공자에게 직접 물어본 '군자' 관련 자공(子貢)의 질문은 2개입니다. 하나가 '군자는 말에 앞서 먼저 행하고 나중에 말을 한다.'(위정13장)는 어구입니다. 다른 하나는 군자도 미워하는 것이 있느냐는 자공의 질문에 대한 공자의 대답입니다. '미워하는 것이 있다. 남의 나쁜 점을 말하는 사람을 미워하고, 아랫사람으로서 윗사람을 비방하는 것을 미워하고, 용감하지만 무례한 사람을 미워하고, 용감하지만 앞뒤가 꽉 막힌 사람을 미워한다.'(양화24장)

당시 자공은 탁월한 사업수완으로 거부가 되었으며, 격변의 춘추시대 노나라를 대변하는 뛰어난 외교관이기도 했습니다. 말을 잘한다는 것이 자공의 큰 장점이었지만 공자의 눈에는 그것이 늘 마음에 걸렸던 것 같습니다. 말이 많으면 아무래도 실천력은 떨어질 수밖에 없기 때문에 자공에게는 늘 말보다는 행동을 일관되게 강조합니다. 리더의 말에는 믿음이 있어야 하는데 실언을 하면 권위와 신뢰를 잃게 되기 때문입니다.

논어에는 말과 행동에 대한 조언이 너무도 많습니다. 논어를 펴자마자 학이편 제2장에서부터 바로 등장합니다.

巧言令色鮮矣仁 교언영색선의인

말을 교묘하게 하고, 얼굴빛을 꾸미는 사람치고 인(仁)한 사람이 적다는 말입니다. 다른 사람에게 말이나 듣기 좋게 하고, 가식적인 얼굴로 비위를 맞추는 사람치고 자고로 인(仁)한 사람을 공자가 보지 못했다고 합니다. 그러니 그럴듯하게 들리는 사람들의 유창한 말이나, 비위를 맞추려는 듯 살랑거리는 아부의 모습을 가지고 그 사람을 판단하면 안 된다고 가르칩니다.

다음은 학이편 제14장입니다.

敏於事而愼於言 민어사이신어언

행동에 민첩하고 말하기에 신중 하라는 말입니다. 리더는 일에는 민첩하고 말은 신중해야 합니다.

다음은 이인편입니다.

君子欲訥於言而敏於行 군자욕눌어언이민어행

군자는 말에 대해서는 모자라는 듯이 하고, 행동에 대해서는 민첩하게 해야 합니다.

古者言之不出 恥躬之不逮也 고자언지불출 치궁지불체야

옛사람들은 말을 함부로 하지 않았는데, 이는 행동이 따르지 못할 것을 부끄러워했기 때문입니다.

다음은 자로편 제6장입니다.

其身正 不令而行 기신정 불령이행

군주가 올바르면 명하지 않아도 군주의 뜻을 따른다.

多聞闕疑 愼言其餘 則寡尤 多見闕殆 愼行其餘 則寡悔 言寡尤 行寡悔 祿在其中矣

다문궐의 신언기여 즉과우 다견궐태 진행기여 즉과회 언과우 행과회 록재기중의

공자는 제자인 자장(子張)이 출세하는 방법에 대해 물었을 때 이렇게 답했다. "많은 것을 듣되 의심스러운 부분은 빼놓고 그 나머지를 조심스럽게 말하면 허물이 적다. 또한 많은 것을 보되 위태로운 것을 빼놓고 그 나머지를 조심스럽게 행하면 후회하는 일이 적을 것이다. 말에 허물이 적고 행동에 후회가 적으면 출세는 자연히 이루어진다."

▨ 知新

누구나 뉴스를 만들고 누구나 그 뉴스를 보아야 하는 것이 일상화되었습니다. 우리는 정직한 뉴스를 원하지만 남에게 주목받고 싶은 마음과 경제적 이익을 얻고 싶어 하는 사람들이 가짜뉴스를 생산하고 전파하고 있습니다. 지금도 누군가는 어떤 죄책감도 느끼지 못하면서 관심과 돈을 벌겠다는 생각으로 가짜뉴스를 만들어내고 있습니다. 가짜뉴스로 인해 빚어지는 사회적 문제들에 대해 깊이 생각지도 못한 채 뉴스를 생산하고 있습니다. 도대체 이런 사람들의 심보는 무엇일까요? 가짜뉴스를 읽고 믿는 사람이 잘못이지, 가짜뉴스를 만들거나 퍼트린 사람이 무슨 죄가 있다고 생각하는 것은 아닌지

모르겠습니다. 정말 큰 문제는 가짜뉴스가 너무나 교묘하기 때문에 그것을 걸러내기가 어렵다는 것입니다.

대부분의 사람들은 자유롭고 정의로운 행복한 사회에 살기를 희망합니다. 공동의 선을 위해 공동의 규범을 준수하며, 서로 예의를 지켜 날카롭게 부딪치는 것을 피해가며 함께 평화롭게 살아가기를 원합니다. 대다수의 법치주의 국가에서는 법으로 그것을 유지하려고 합니다. 하지만 법으로만 인간의 모든 사고와 행위를 관리하려고 한다면 국회가 매일 법만 만들어대도 불가능한 일이며, 사람들은 그 법망을 피하고자 자신의 부끄러움도 잊은 채 살게 될 것입니다. 가짜뉴스를 만들어내도 걸리지만 않으면 당당한 시민처럼 그들은 살 것이기 때문입니다.

지금 우리 사회에 정말 필요한 것은 모범을 보이는 리더들입니다. 앞에서는 유창한 말로 혹하게 하지만 뒤로는 온갖 부정과 탈법을 일삼는 그런 양아치들이 아니라, 개인의 편익만을 위해 온갖 악성 가짜뉴스를 만들어대는 그런 양아치들이 아니라, 공익을 위해 앞장서 나가는 리더들, 자신의 이익보다는 모두에게 이익이 되는 일에 몸 사리지 않고 앞장서는 그런 리더들이 필요합니다. 촘촘하게 짜인 거미줄 같은 법망을 피하며 곡예를 타는 원숭이처럼 약삭빠르게 살아가는 모습의 삶이 아니라, 존엄하고 자유로운 인간으로서 법이 아닌 도덕과 사회규범을 통해 자율적으로 공존 공영하는 아름다운 한 사람 한 사람이 모두 리더인 그런 곳에서 살고 싶어 합니다.

하지만 1등만 우대받는 사회에서는 그것이 불가능합니다. 1등이 2등을 무시하고, 2등이 3등을 무시하는 그런 조직에서는 불가능합니다. 1등은 말만 앞세우고 2등은 눈치만 보며, 3등은 그 맞지도 않는 말을 법처럼 지켜야 하는 그런 곳에서는 불가능합니다. 1등만 받아들이는 학교에서는 그것이 불가능합니다. 1등이 2등을 무시하고, 2등이 3등을 상대하지 않는 학교에서는 리더 양성이 불가능합니다. 3등은 설 곳이 없는 그런 곳에서는 불가능합니다. 모두가 1등만 바라보는 사람들 속에서는 그런 리더 만들기는 불가능합니다. 모두가 1등이 되기 위해 시간을 소비하는 그런 시간 속에서는 리더다운 리더 양성이 불가능합니다.

군자는 행함이 쉽지 않음을 알고 있으니 어찌 말을 쉽게 하겠는가?
그러니 말만 잘하는 사람을 군자는 싫어하는 것이다.
리더는 실천이 쉽지 않음을 알고 있으니 어찌 말을 쉽게 하겠는가?
그러니 말만 잘하는 사람을 리더는 싫어하는 것이다.

30 위정 14장

주이불비 周而不比 ▶ 리더는 차별 없이 평등하다.

子曰

君子周而不比

小人比而不周

자왈

군자주이불비

소인비이불주

공자께서 말씀하셨다.

"군자는 두루 대하며 비교하지 않지만,

소인은 비교하면서 두루 대하지 않는다."

▧ 集註

‖子 가라사대 君子는 周하고 比티 아니하고, 小人은 比하고 周티 아니하느니라. (이이)

‖공자가 말했다. 군자는 진실하고 미덥게 사귀고 아첨하여 무리 짓지 않으며, 소인은 아첨하여 무리 짓고 진실하고 미덥게 사귀지 못한다. (오규 소라이)

‖공자께서 말씀하셨다. 군자는 누구에게나 평등하게 대하여 차별을 두지 않고, 소인은 차별을 두어 누구에게나 평등하게 대하지 않는다. (남회근)

‖공자께서 말씀하셨다. 군자는 두루 사랑하고 편당(偏黨)하지 않으며, 소인은 편당하고 두루 사랑하지 않는다. (성백효)

‖공자께서 말씀하시었다. 군자는 두루 마음 쓰고 편당(偏黨) 짓지 아니하며, 소인은 편당을 짓고, 두루 마음 쓰지 아니한다. (김용옥)

▧ 意譯

"군자는 누구든 평등하게 대해 차별을 두지 않지만, 소인은 사람들마다 차별을 두고 평등하게 대하지 않는다. 사람이 자기 마음에 들거나 이익이 되면 좋게 대하고, 자기 마음에 들지 않거나 이익이 되지 못하면 차별을 하는 것은 소인의 사람 대하는 방법이다. 사람 대하는 것의 기준이 개인적인 이익에만 편중되어서는 안 된다. 또한 사람을 겪어 보거나 일을 같이 해보기도 전에 미리 편을 가르고 차별적인 선입견을 가진다면 그 사람은 리더의 자격이 부족한 사람임이 확실하다."

▧ 溫故

君子周而不比 小人比而不周 (군자주이불비 소인비이불주) 군자는 두루 대하며 비교하지 않지만, 소인은 비교하면서 두루 대하지 않는다고 공자가 말합니다. 군자는 사람들과 두루 어울리면서도 편을 가르지 않지만, 소인은 편을 가르며 사람들과 두루 어울리지 못한다는 뜻입니다. 군자는 원만하지만 서로 편을 가르지 않고, 소인은 편을 갈라 서로 원만하지 못하다는 말입니다. 군자는 두루 단결하지만 결코 이익에 결탁하지 않고, 소인은 이익에 결탁은 잘해도 공익을 위해 두루 단결하지 못한다는 뜻이기도 합니다.

진실한 리더는 보편의 관점에 서지 생각하지 당파성을 먼저 내세우지 않습니다. 하지만 무늬만 리더는 먼저 편을 갈라 자신의 이익만을 생각하지 모두의 이익에 서지 않습니다. 이런 무늬만 리더가 이끄는 조직이나 공동체의 손실은 불을 보듯 분명합니다. 그게 기업이든 행정기관이든 국가든 마찬가지입니다. 논어에는 이와 유사한 어구가 반복적으로 등장합니다. 이는 당시 춘추시대가 그만큼 편당과 자기들만의 결탁으로 혼란스러운 사회였음을 반증하기도 합니다.

君子矜而不爭 群而不黨 군자긍이부쟁 군이부당 (위령공편)

군자는 긍지가 있어 다투지 않고, 사람들과 함께하지만 치우침이 없어 편당을 가르지 않는다.

리더는 자긍심이 있어 사람들과 다툼이 없고, 함께하지만 치우침이 없어 편을 가르지 않는다.

君子泰而不驕 小人驕而不泰 군자태이불교 소인교이불태 (자로편)

군자는 태연하되 교만하지 않고, 소인은 교만하되 태연하지 않다.

리더는 태연하되 교만하지 않고, 무늬만 리더는 교만하지만 태연하지 않다.

君子和而不同 小人同而不和 군자화이부동 소인동이불화 (자로편)

군자는 사람들과 조화를 이루지만 한패를 이루지는 않는다. 하지만 소인은 한 패거리를 만들지만 조화롭게 화합하지는 못한다. 리더는 함께하는 사람들과 조화를 이루지 사익을 위한 패거리를 이루지는 않는다. 하지만 소인은 사익을 위한 패거리를 만들지 공익을 위해 사람들과 조화롭게 화합하지 못한다.

실은 우리가 살고 있는 지금도 마찬가지입니다. 아니, 춘추시대보다 더하면 더했지 결코 덜하지 않습니다. 정치 지도자들은 말할 것도 없습니다. 기업가들도 마찬가지입니다. 조직의 리더들도 비슷합니다. 마을에서도 그렇습니다. 학교에서도 그렇습니다. 주변에 그렇지 않은 곳이 없습니다. 그러면서 겉으로는 화합을 외치고 공익을 말하고 있습니다. 속으로는 살이 썩어 문드러지는데 좋은 것, 이쁜 것으로 치장하고 있습니다.

周(주)는 두루, 골고루, 널리, 진실, 지극하다, 친하다, 가까이하다, 알맞다는 뜻입니다. 반면 比(비)는 견주다, 비교하다, 고르다, 겨루다, 편들다, 아첨하다, 무리, 패거리라는 뜻입니다. 그래서 공자는 사람을 대함에 주(周)로써 하면 군자요, 사람을 대함에 비(比)로써 하면 소인이라 했습니다.

리더는 사람들을 대함에 차이를 두어서는 안 됩니다. 진실한 마음으로 사람들을 대해야 합니다. 사람들을 대함에 지극함이 있어야 합니다. 공평하고 공정하게 사람들을 대해야 합니다. 리더는 사람들을 대함에 몸가짐이나 언행을 삼가며 두루두루 대해야 합니다. 그것이 바로 周(주)입니다. 그런데 사람을 대할 때 비교하는 사람이 있습니다. 자신에게 이익이 되는지 아닌지를 먼저 고르는 사람이 있습니다. 그런 다음 패거리를 짜고 편당을 만들어 사람들을 대함에 차이를 두기 시작합니다. 자신들에게 이익이 되면 박수를 치고, 손해가 되면 욕을 해대는 패거리를 키워가는 사람이 잇습니다. 그게 바로 比(비)를 앞세우고 자기만의 이익을 앞세우는 가짜 리더입니다.

▧ 知新

세상은 혼자서 살 수 없습니다. 독불장군은 없습니다. 부부로 가족으로 마을로 사회로 국가로 모여 살게 됩니다. 아이는 부모의 도움이 절대적이고, 안전한 생활은 마을이나 사회의 도움이 절대적이며 지속적인 안정과 평화로운 삶은 국가가 절대적입니다. 함께 살더라도 이익에 따라 편을 가르고 파를 달리하면 분란이 생기고 안정과 평화는 깨지게 됩니다.

이권이 결부되면 가족끼리도 남이 되는 세상입니다. 조금이라도 공정하지 않다고 느끼면 부모나 형제간에도 의가 상하는 현실입니다. 지위고하를 막론하고 돈과 권력 앞에서는 한없이 작아지는 것이 세상입니다. 부귀에 상관 없이 이권에 눈이 멀고 마는 것이 현실입니다. 2500년 전이나 지금이나 크게 다르지 않습니다. 작은 사회는 혈연으로 나뉘고, 중간 사회는 지연으로 나뉘며, 큰 사회는 학연으로 나뉘어 끼리끼리 뭉치고 끼리끼리 나누어 먹는 평등치 못하고 정의롭지 못한 사회가 됩니다. 정의롭지 못한 사회가 되면 결국 모두에게 불행한 사회가 됩니다.

공자가 그렇게 외쳤던 춘추시대, 2500년이 지났지만 아직도 리더다운 리더가 필요한 시대에 살고 있습니다. 누구에게나 평등하게 대하여 차별을 두지 않는 리더가 필요한 시대에 살고 있습니다. 그러한 가장과 동장과 시장과 검사와 국회의원과 정당 대표가 필요합니다. 그러한 대리와 과장과 부장과 임원과 사장이 필요합니다. 그러한 코치와 감독이 필요합니다.

31 위정 15장

학이불사 學而不思 ▶ 생각 없는 배움은 결과가 허망하다.

子曰

學而不思則罔

思而不學則殆

자왈

학이불사즉망

사이불학즉태

공자께서 말씀하셨다.

"배우기만 하고 생각지 않으면 얻는 게 없고,

생각만 하고 배우지 않으면 위태롭다."

▧ 集註

‖ 子 가라사대, 學하고 思티 아니하면 罔하고,
思하고 學디 아니하면 殆하느니라. (이이)

‖ 공자가 말했다. 배우고 생각하지 않으면 속이고,
생각하고 배우지 않으면 미심쩍어 한다. (오규 소라이)

‖ 공자께서 말씀하셨다. 배우기만 하고 생각하지 않으면 현실과 동떨어지고, 생각만 하고 배우지 않으면 위험하다. (남회근)

‖ 공자께서 말씀하셨다. 배우기만 하고 생각하지 않으면 얻음이 없고,
생각만 하고 배우지 않으면 위태롭다. (성백효)

‖ 공자께서 말씀하시었다. 배우기만 하고 생각지 않으면 맹목적으로 되고, 생각하기만 하고 배우지 않으면 위태롭다. (김용옥)

▧ 意譯

"리더는 스스로 변화하는 사람이 되어야 하며 말보다 실천을 앞세우는 사람이 되어야 한다. 그런 리더가 되려면 어떠한 학습 자세를 가져야 하는지 생각해 보자. 학문에는 늘 생각이 뒤따라야 한다. 생각 없이 하는 공부는 시간이 지나면 남는 것이 없게 되기 때문이다. 자기 생각과 주관을 가지고 학습해야 한다. 배운 것을 어떻게 실천해 볼 것인가, 다른 것들과 어떻게 연관을 지어 볼 것인가를 쉼 없이 생

각하면서 학업에 임해야 학습의 결과가 분명하게 남게 되는 것이다. 실행이 중요하고 심사숙고하는 것이 우리의 삶에 큰 도움을 주는 것이기는 하지만 사람은 배움을 놓아서는 리더가 될 수 없는 것이다. 작은 아이디어와 자신의 꾀만을 믿고 배우지 않는다면 그 결과는 위험하고 위태로운 상황을 만들 뿐이다. 그러니 배움의 끝을 놓아서는 안 된다.

일에 있어서도 마찬가지다. 일을 배우기만 하고 그 이치를 생각하지 않으면 그 일의 결과가 원하던 대로 되지 않는다. 실천이나 실행 없는 배움이란 그 끝이 허망하다는 말이다. 배운 것을 반복적으로 생각하면 그 배움이 더욱 공고해지기 때문이다. 또한 생각만으로 구상하여 정확한 배움 없이 어떤 일을 시작한다면 그 결과는 실패하기가 쉽다. 더욱 그것에 큰 투자를 하는 상황이라면 결과는 더욱 위태롭게 공산이 크다. 정확히 배우고 사업을 해도 그 결과를 장담할 수 없게 되는 것이 세상사이거늘 생각만으로 사업을 시작한다는 것은 위태롭기 짝이 없는 일인 것이다."

▧ 溫故

오규 소라이는 "배우고 생각하지 않으면 속이고, 생각하고 배우지 않으면 미심쩍어 한다."고 주석을 달아 배우고 생각하지 않으면 그 속뜻을 알지 못하여 예(禮)가 아닌 것을 예로 여기고, 의(義) 아닌 것을 의로 여겨 위로는 성인을 속이고 아래로는 사람들을 속이는데 이른다고 했습니다.

또한 다산 정약용은 학(學)은 경전에 기록된 말을 증험하는 것을 말하고, 사(思)는 자신의 마음에서 연구하는 것이며, 망(罔)이란 속임을 당하는 것이고, 태(殆)란 위태로움으로 주석을 달았습니다. 즉 중요한 부분과 중요하지 않은 부분을 생각하지 않고, 가볍게 고서(古書)만을 믿으면 속임수에 떨어지기도 하고, 선인들의 지혜를 공부하지 않고 가볍게 자기 자신만을 믿으면 아는 것이 위태롭게 될 수 있으니 학(學)과 사(思) 이 두 가지는 어느 한쪽에 치우치거나 폐해서는 안 된다고 했습니다. (이을호, 다산정약용의 논어고금주 연구)

▧ 知新

學而不思則罔 학이불사즉망 생각 없는 배움이란 그 결과가 허망하다.

생각없는 전공 선택 입학 후에 후회하고
생각없는 대학선택 졸업 때면 후회한다.
생각없는 회사선택 입사 후에 후회하고
생각없는 울컥 퇴직 전직할 때 후회한다.
생각없는 주말시간 월요일 날 후회하고
생각없는 오전시간 야근하며 후회한다.
생각없는 직장생활 승진 때면 후회하고
생각없는 명예퇴직 반년못가 후회한다.
생각없는 제2인생 나이 들어 후회하고
생각없는 사업시작 쪽박 차고 후회한다.
실천없는 책상공부 시간지나 후회하고
행동없는 암기공부 세월가면 쓸데없다.
실천없는 백날독서 책덮으면 끝장이요

행동없는 독서토론 날이새면 허망하다.

思而不學則殆 사이불학즉태 배움 없는 생각이란 그 결과가 위태롭다.

배움없는 대학졸업 회사입사 위태롭고

배움없는 직장생활 명예퇴직 위태롭다.

배움없는 조직생활 연봉상여 위태롭고

배움없는 인생전반 인생후반 위태롭다.

배움없는 부부생활 부부사랑 위태롭고

배움없는 일상생활 하루하루 위태롭다.

32 위정 16장

공호이단 攻乎異端 ▶ 이단을 공부하면 해로울 뿐이다.

子曰

攻乎異端 斯害也已

자왈

공호이단 사해야이

공자께서 말씀하셨다.

"이단을 공부하면 해로울 뿐이다."

▧ 集註

‖ 子 가라사대, 異端을 攻하면 이 害니라. (이이)

‖ 공자가 말했다. 다른 마음을 품은 사람을 공박하면 해로울 뿐이다. (오규소라이)

‖ 공자께서 말씀하셨다. 바른길에서 벗어난 특이하고 치우친 것을 공부하는 것은 해가 될 따름이다. (남회근)

‖ 공자께서 말씀하셨다. 이단을 전공하면 해롭다. (성백효)

‖ 공자께서 말씀하시었다. 이단을 공부하는 것은 해가 될 뿐이다. (김용옥)

▧ 意譯

"학습에 있어 주의할 사항이 있는데 하나만 더 너희들에게 당부의 말을 하겠다. 정설이 아닌 사이비에 빠지면 이는 해로울 뿐이다. 정확하게 배우지 않고 들은 대로 생각하거나, 자기 마음대로 상대의 이론을 생각해 몰입하게 되면 이단에 빠지기 쉬운 법이다. 이단을 공부하거나 공격하는 것 역시 해로울 뿐이다. 정설이 아닌 이단을 접하게 되었을 때는 그것에 빠져서는 안 된다."

▧ 溫故

攻乎異端 斯害也已 공호이단 사해야이

공(攻)을 '전공'의 의미로 보면 이단을 공부하면 해로울 뿐이다. 이상한 극단을 파고들어 몰입하는 것은 해로울 뿐이니 이단은 멀리해야 한다고 해석됩니다. 전통적인 해석입니다.

맹자는 공자 이후에 등장한 묵자나 양자를, 주자는 불교를 이단으로 여겼지만 공자가 '이단'을 누구라고 지칭했는지에 관한 정확한 기록은 없습니다. 시대와 상황에 따라 다르게 해석되고 있을 뿐입니다. 조선 후기 다산 정약용은 공자가 이단을 전공하면 다만 해로울 뿐이라고 한 것은 '가볍게 금한 것'이라 주장했습니다. 세상을 살면서 많은 것을 알아야 하겠지만 너무 극단적인 것에만 심취하거나 매달린다면 일상생활에도 문제가 발생하고 바른 심신의 양생에도 문제가 된다는 의미입니다.

공(攻)을 '공격'의 의미로 해석할 수도 있습니다. 이단을 공격하는 것은 해로운 일이다. 반대쪽에 있는 것을 너무 심하게 공격하면 도리어 자신이 손해를 볼 수도 있다는 의미입니다. 몇 년 전 서울고법의 한 부장판사는 판결문에서 "나와 다른 쪽에 서 있다는 이유만으로 상대방을 공격하고 배척한다면 결국 자신에게 해로운 결과를 가져올 것"이라며 논어의 이 어구를 인용하기도 했습니다.

▨ 知新

이단이란 자기가 믿는 이외의 도(道), 혹은 전통이나 권위에 반항하는 주장이나 이론을 말하기도 합니다. 종교적으로는 자기가 믿는 종교의 교리에 어긋나는 이론이나 그런 종교를 지칭합니다. 보통 사람들의 시각으로는 이단으로 빠지는 사람들을 이해하기가 쉽지 않습니다. 한 사회의 구성원 대다수가 공통으로 믿고 따르는 것과 상반된 다른 선택과 행동이 상식적으로 이해할 수 없기 때문입니다. 왜 수천 년 전이나 지금이나 적지 않은 사람들이 이단을 추종하는 것일까요!

33 위정 17장

지지위지 知之爲知 ▶ 안다는 것은 무엇인가?

子曰

由 誨女知之乎

知之爲知之 不知爲不知 是知也

자왈

유 회여지지호

지지위지지 부지위부지 시지야

공자께서 말씀하셨다.

"유야, 너에게 아는 것에 대해 가르쳐주마.

아는 것을 안다고 하고 모르는 것을 모른다고 하는 것,

이것이 아는 것이다."

▧ 集註

‖ 子 가라사대, 由아 너에게 앎을 가르칠 진저 아는 것을 아노라 하고 알지 못하는 것을 알지 못 하나노라 함이 앎이니라. (이이)

‖ 공자가 말했다. 유야, 너에게 사람을 안다는 것이 무엇인지를 가르쳐주마. 사람에 대해 알면 안다고 하고 모르면 모른다고 하는 것, 이것이 사람을 아는 것이다. (오규 소라이)

‖ 공자께서 말씀하셨다. 유야, 가르쳐 주겠다. 너는 아느냐? 아는 것은 안다 하고, 모르는 것은 모른다 하는 것, 이것이 아는 것이다. (남회근)

‖ 공자께서 말씀하셨다. 유야, 너에게 아는 것을 가르쳐 주겠다. 아는 것을 안다고 하고 모르는 것을 모른다고 하는 것이, 이것이 아는 것이다. (성백효)

‖ 공자께서 말씀하시었다. 유야, 내 너에게 아는 것을 가르쳐주겠다. 아는 것을 안다 하고, 모르는 것을 모른다 하는 것, 이것이 곧 아는 것이다. (김용옥)

▧ 意譯

"자로야, 내 옛날이야기를 하나 해야 되겠다. 네가 나를 찾아온 지 얼마 지나지 않았을 때 내가 너에게 알려준 것이 하나 있는데 혹시 기억하느냐? 안다는 것이 무엇인지, 사람이 제대로 알고 있는 것이 무엇인지를 말한 바가 있었다. 아는 것을 안다 하고 모르는 것은 모른다고 하는 것이 진정으로 아는 것이라고 했다. 내가 당시 너를 보았을 때 너는 용감한 것을 좋아해, 자신이 알지 못하는 것도 억지로 안다고 떠벌리는 경향이 있어 내 그리 가르쳤던 것이었다.

▧ 溫故

봄이 되면 강남 갔던 제비가 돌아와 처마 밑에 집을 짓고, 마당에 걸쳐놓은 빨랫줄에 일렬로 앉아 "지지배배~ 지지배배~" 수다를 떨던 그 모습이 그리워집니다.

옛날 조선에 온 청나라 사신이 '조선 사람들은 어떤 경서를 주로 읽습니까?' 라고 질문을 했습니다. 이 질문에 조선의 한 문인이 '조선에는 제비도 논어를 읽는 나라입니다' 라고 농담 삼아 대답을 했답니다. '지지위지지 부지위부지 시지야 (知之爲知之 不知爲不知 是知也)' 발음을 조금 빠르게 해보면 마치 제비가 "지지배배 지지배배"하는 소리와 흡사했기 때문이지요.

공자는 제자인 자로에게 사람이 안다는 것이 진정 무엇인지를 가르치면서 '아는 것은 안다고 하고, 모르는 것은 모른다고 하는 것, 이것이 진정 아는 것이다'라고 간단명료하게 정리했습니다. 예나 지금이나 잘 모르면서 마치 잘 아는 것처럼 말하는 사람이나 혹은 무엇을 알고, 무엇을 모르는지도 모르면서 마치 자기가 최고인 것처럼 행세하는 사람이 많습니다.

고대 그리스 궤변론자들에게 '모르는 것은 모른다고 인정하라'고 일침을 날리면서 말했던 소크라테스의 너무도 유명한 말 '너 자신을 알라'는 것 또한 공자와 비슷하다는 생각이 듭니다. 동양의 공자와 서양의 소크라테스는 거의 동시대를 살았던 사람입니다. 공자가 73세의 일기로 세상을 떠난 뒤 약 10년 후에 소크라테스가 태어났으니까요. 그 당시 동서양 두 사람 간에는 어떤 교류도 없었을 텐데 이렇게 비슷한 생각을 가지고 있다라고 생각하니 신기하기만 합니다.

▧ 知新

자신을 정확하게 안다는 것은 사실 매우 어려운 일입니다. 직장생활을 하면서 자신의 위치와 처지를 제대로 알게 된다면 능력 있는 사람이 되지 않을 수 없을 것입니다. 너무도 많은 정보의 홍수 속에 사는 현대인은 착각하기가 쉽습니다. 어디서 한번 들은 것도 마치 자신이 알고 있는 것으로 생각하곤 합니다. 한번 들은 것과 정확히 알고 있는 것은 다른 것인데도 말입니다. 현대의 지식 정보 사회에서는 자신이 어떤 것을 정확히 알고 있는가가 중요합니다. 여기서 말하는 지식은 전문가들이 가지고 있는 학문적인 지식을 의미하는 것이 아닙니다. 오히려 우리의 일상생활에 도움을 주고 서비스를 창출할 수 있는 그런 일상의 살아있는 지식이라고 보는 것이 더 맞을 것입니다. 현대를 살아가는 근로자들은 어떤 일을 하든지 지식을 사용해야만 하는 지식근로자이기 때문입니다. “지식근로자는 자신의 업무를 끊임없이 개선, 개발, 혁신하면서 부가가치를 높여가는 사”이라고 피터드러커는 정의를 했습니다.

34 위정 18장

자장학록 子張學祿 ▶ 연봉을 높이는 2가지 전략

子張學干祿

子曰

多聞闕疑 愼言其餘 則寡尤

多見闕殆 愼行其餘 則寡悔

言寡尤 行寡悔 祿在其中矣

자장학간록

자왈

다문궐의 신언기여 즉과우

다견궐태 신행기여 즉과회

언과우 행과회 록재기중의

자장이 녹을 받을 수 있는 방법을 물었다.

공자께서 말씀하셨다.

"많이 듣고서 그중에 의심스러운 것은 빼놓고 그 나머지 확실한 것만 신중히 말한다면 허물이 적을 것이며, 많이 보고서 그중에 합당하지 못한 것은 빼놓고 그 나머지 믿을 만한 것만 신중히 행한다면 후회가 적을 것이다.

말에 허물이 적고 행실에 후회가 적게 한다면 녹봉은 그 안에 있는 것이다."

▧ 集註

‖ 子張이 祿을 干함을 學하려 한데, 子 가라사대, 해들어 疑를 闕하고 그 남은 이를 삼가 이르면 허물이 적으며, 해보와 殆를 闕하고 그 남은 이를 삼가 行하면, 뉘우침이 적으니 言이 허물이 적으며, 行이 뉘우침이 적으면 祿이 그 가운데 있느니라. (이이)

‖ 자장이 녹봉을 구하는 것을 배우려 하자 공자가 말했다. 많이 듣고 의심스러운 것은 빼놓고 그 나머지를 삼가서 말한다면 허물이 적으며, 많이 보고 미심쩍은 것을 빼놓고 나머지를 삼가서 행동한다면 후회할 일이 적을 것이다. 말에 허물이 적고, 행동에 후회할 일이 적으면, 녹봉은 그 가운데 있다. (오규 소라이)

‖ 자장이 녹을 구하는 것을 배우고자 하자, 공자께서 말씀하셨다. 많이 듣되 의심스러운 것은 유보해 놓고 그 나머지를 신중히 말하면 허물이 적을 것이다. 많이 보되 판단이 어려운 것은 유보해 놓고 그 나머지를 신중히 실행하면 뉘우침이 적을 것이다. 말에 허물이 적고, 행동에 뉘우침이 적으면 녹은 그 가운데 있게 되는 것이다. (남회근)

‖ 자장이 녹을 구하는 방법을 배우려 하자, 공자께서 말씀하셨다. 많이 듣고서 의심나는 것을 제쳐놓고 그 나머지를 삼가서 말하면 허물이 적고, 많이 보고서 위태로운 것을 제쳐놓고 그 나머지를 삼가서 행하면 후회가 적을 것이니, 말에 허물이 적으며 행실에 후회가 적으며 녹은 그 가운데에 있다. (성백효)

‖ 자장이 공자에게 녹을 구하는 법을 배우려 하였다. 공자께서 말씀하시었다. 많이 듣되 의심나는 것은 빼버리고 그 나머지를 삼가서 말하면 허물이 적어진다. 많이 보되 위태로운 것은 빼버리고 그 나머지를 삼가서 행하면 후회가 적어진다. 말에 허물이 적고 행동에 후회가 적으면, 녹이 바로 그 가운데 있는 것이다. (김용옥)

▧ 意譯

지금까지 학문의 외적 활용으로 국가, 가정, 개인으로 나누어 설명하고 리더가 되기 위한 학습과 수양의 방법에 관한 이야기를 조용히 듣고 있던 자장이 질문을 했다.

"스승님 어떻게 하면 저희도 녹을 넉넉히 받을 수 있는 고위직이 될 수 있을까요?"

평소 나서기를 좋아하고 성격이 진취적인 자장이 녹봉이라는 현실적인 문제에 관해 공자는 이렇게 대답했다.

"말과 행동이 올바르면 봉록과 지위는 저절로 따라오게 되어있는 것이다. 그러니 먼저 언행일치가 되는 사람이 되려고 노력해야 한다. 자신의 말에 책임지는 사람이 되어야 한다. 어떻게 하면 말에 책임을 지는 사람이 될까? 우선 많이 들으려고 노력해야 한다. 말을 많이 하려고 하지 말고 많이 듣는 것이 먼저라는 뜻이다. 현인들의 말씀을 많이 듣고 책을 통해 많이 배워야 한다. 주변의 어른들과 동료들에게도 많이 들어야 한다. 많이 듣고서 그중에 의심스러운 것은 빼놓고 그 나머지 확실한 것만 신중히 말한다면 허물이 적을 것이다.

자기의 말에 책임지는 사람이 되어야 하며 다음으로는 행동과 행실에 유의를 해야 하는데 그것은 어떻게 수련을 하는 것이 좋겠느냐? 그것도 그리 어려운 것만은 아니다. 현인들을 본받는 것이 가장 좋을 것이다. 혹은 다른 사람의 행동이나 행위를 많이 보고 그중에서 바르지 못한 것은 빼놓고 그 나머지 믿을 만한 것만 신중히 행한다면 후회가 적을 것이다.

말에 허물이 적고 행실에 후회가 적게 한다면 녹봉은 자연적으로 따라올 것이다."

▧ 溫故

자장(子張)은 진(陳)나라 사람으로 성은 전손(顓孫), 이름은 사(師), 자는 자장입니다. 공자보다 48세나 어린 제자로 공문십철에는 들지 못했지만 재능과 외모가 출중했습니다. 적극적인 성격 탓으로 공자로부터 극단적이라는 평을 듣기도 했습니다. 공자의 제자 중에 특히 명성과 출세 등에 관심을 보였고, 과유불급(過猶不及) 고사의 주인공으로 지나친 행동으로 지적받기도 했습니다. 후에 자하, 자유, 유약등과 함께 숭예파를 만들어 후진들을 가르쳤습니다.

공자학당에서는 이처럼 현실적인 문제들도 토론의 주제로 등장하곤 합니다. 도덕적이고 고고한 이야기만 하는 것은 아니었습니다. 제자에 따라 학문의 깊이가 다르고 관심사도 다양했기 때문에 공자는 그 제자의 눈높이에 맞는 적절한 대안을 찾아 알려주었습니다. 적극적인 자장이 먹고 사는 문제와 직접적인 연관이 있는 녹(祿)을 구하는 방법을 배우고 싶어 하자 이에 공자가 가르침을 주었습니다.

녹(祿)은 벼슬아치가 받는 봉록(俸祿)으로 녹은 요즘의 월급과 같은 뜻입니다. 나라의 녹(祿)을 먹고, 회사의 녹을 먹고 산다는 말을 흔히 씁니다. 공직자가가 되어 나라에서 월급을 받고, 근로자가 되어 회사에서 월급을 받고 있다는 말입니다. 녹(祿)은 시대를 불문하고 누구에게나 중요한 삶의 수단입니다.

사마천은 『사기』 「화식열전」에서 이렇게 말하고 있습니다.

"관중은 '곡식창고가 충실해야 사람들이 비로소 예를 알고, 의식이 족해야 사람들은 영욕을 안다(倉廩実而知禮節, 衣食足而知栄辱)'고 말했다. 예란 재물이 있을 때 생겨나고 없으면 사라진다. 따라서 군자가 부유하면 덕을 즐겨 행하고, 소인은 부유하면 그 힘에 맞게 행동한다. 연못이 깊어야 물고기가 생겨나고, 산이 깊어야 짐승이 오가듯이 사람이 부유하면 인의가 따라온다. 부유하면 세를 얻어 더욱 번창하고, 세를 잃으면 객들도 떨어져 즐겁지 못하게 된다. 속담에 '천금의 부잣집 자식은 저잣거리에서 죽지 않는다.'고 했는데 빈말이 아니다. 그래서 '천하 사람들이 왁자지껄 오가는 것은 모두 이익 때문이다.'라고 하는 것이다. 무릇 천승(千乘)의 마차를 가진 왕, 만호(萬戶)를 가진 제후, 백가의 읍을 가진 대부들도 가난을 오히려 걱정하거늘 하물며 호적에 간신히 이름을 올린 보통 인민들이야 오죽하랴!"

2000년 전에도 매달 들어오는 수입은 중요했습니다. 겉으로 보기에는 아닌 것처럼 꾸며도 사마천의 말처럼 세상 사람들의 모든 행동은 먹고살기 위함입니다. 예나 지금이나 세상 그 어떤 것도 돈을 떠나 존재하는 것은 거의 없습니다. 겉으로는 고고하고 교양이 넘쳐 보이는 그 어떤 행동도 결국 보상이 있기 때문이라는 사마천의 생각을 벗어나기는 어렵습니다.

따지고 보면 자장이 거론했던 녹을 구하는 방법만큼 현실적이고 절실한 것이 또 있을까요? 공자도 이를 모르지 않았겠지만, 군자무본(君子務本) 리더는 기본에 힘쓰는 사람이라, 자장에게 이렇게 말을 한 것입니다. 많이 듣되 의심스러운 것은 제하고 그 나머지를 신중히 말하면 허물이 적을 것이고, 많이 보되 판단이 어려운 것은 남겨놓고 그 나머지를 신중히 실행하면 뉘우침이 적을 것이니, 말에 허물이 적고 행동에 뉘우침이 적으면 연봉은 그 가운데 있게 되는 것이라 했습니다. 그러니 당장 수입을 얻기 위해 장사를 해라, 채소를 키워라, 이런 말이 아니라 장사를 하던, 채소를 키우든, 공부를 하든 간에 말과 행동에 신중하게 하는 것이 기본이 되는 일이기 때문에 그리 가르친 것입니다.

논어에는 녹(祿)에 관한 사례가 한 번 더 위령공편에 등장합니다.

子曰 君子謨道不謨食 耕也餒在其中矣 學也祿在其中矣 君子憂道不憂貧
자왈 군자모도불모식 경야뇌재기중의 학야녹재기중의 군자우도불우빈

군자는 도를 도모하지 밥을 도모하지 않는다. 밭을 갈며 농사를 지어도 배고플 수 있으나, 배우면 벼슬이 그 가운데 있으니 군자는 도를 근심하지, 가난을 근심하지 않는다.

열심히 농사를 짓는다고 다 가난에서 벗어나는 것은 아니지만 도를 걱정하여 배움에 힘쓰면 벼슬을 하게 되어 녹(祿)을 얻게 되니 굶주림은 걱정하지 않아도 된다는 말입니다. 사회적인 리더나 국가를 위한 큰 사람을 목표로 한다면 먹는 것은 자연히 해결될 것이니 더 열심히 공부를 하라는 격려의 가르침이기도 합니다.

▧ 知新

'무릇 백성들은 부의 차이가 자기보다 10배가 많으면 굴복하게 되고, 100배가 많으면 반드시 그를 두려워하고, 천 배가 많게 되면 그의 부림을 당하게 되며 만 배가 넘으면 그의 노복이 되다.'고 『사기』「화식열전」에서 말합니다. 이는 요즘도 별반 다르지 않습니다. 전 재산이 5억인 사람은 열 배인 50억을 가진 사람을 만나면 주눅이 들고, 백배인 500억을 가진 사람에겐 두려움을 느끼며, 천 배인 5000억을 가진 사람에게는 부림을 당하게 되며, 만 배인 5조를 가진 사람에게는 노복이 된다는 말인데요, 사실 10배나 많은 재산을 가진 친구나 선배들을 만나면 뭔지 모르게 주눅이 들게 됩니다. 100배나 되는 사람은 만나기도 쉽지 않거니와 만남도 부자연스럽습니다. 1000배를 가진 사람의 회사에서 일하는 직장인은 10000배를 가진 대기업으로의 이직이나 전직을 심심치 않게 생각하고 있습니다.

'어떤 곳에서 1년을 살려면 곡식을 심어야 하고, 10년을 살려면 나무를 심어야 하며, 100년을 살려면 덕을 쌓고 선행을 베풀어 멀리 있는 사람을 불러 모아야 한다. 이른바 덕이란 다른 곳에 있는 사람과 재물이 자신에게 올 수 있도록 끌어들일 수 있는 것이다.'라고 「화식열전」은 말합니다.

많은 직장인들이 연봉 올리는 방법을 찾고 싶어 합니다. 어떤 사람은 3-4년에 한 번씩 회사를 옮겨가며 연봉을 올리기도 합니다. 또 어떤 사람은 전문자격증을 취득하여 수입을 조금 더 올리기도 합니다. 승진에 목숨을 거는 사람도 있습니다. 어떤 사람은 부업으로 소득을 올리려는 사람들도 있습니다. 사실 모두가 열심히 살아가는 사람들의 모습입니다.

많이 듣되 의심나는 것은 지워버리고, 그 나머지를 삼가서 말하면 허물이 적어지고, 많이 보되 위험한 것은 제외하고 그 나머지를 삼가서 행하면 후회가 적어진다고 했습니다. 말에 잘못이 적고 행동에 후회가 적으면 연봉 상승은 그 가운데 있다는 말은 결국 연봉은 언행의 비례함수라는 말입니다. 그렇습니다. 사람이 하는 일의 대부분은 말과 행동입니다. 그래서 리더는 항상 말과 행동에 신중해야 합니다. 아니 리더가 아니더라도 언행에 신중해야 함은 두말할 필요도 없습니다. 사람이 하는 말에는 신뢰가 우선입니다. 자기 자신과의 약속, 다른 사람과의 약속이 연봉을 좌우합니다. 연봉은 행동과 성과의 결과물입니다. 많이 배우고 연구하여 꾸준하고 높은 성과를 만들어내는 것이 연봉 상승의 공개된 비밀입니다. 그 어떤 곳에서 그 어떤 일을 하든지 모두에게 적용되는 연봉의 룰이 바로 그 사람의 언행에 달렸다는 공자의 가르침은 변함이 없는 것 같습니다.

35 위정 19장

애공문정 哀公問政 ▶ 어떻게 하면 백성들이 따를까?

哀公問曰

何爲則民服

孔子對曰

擧直錯諸枉 則民服

擧枉錯諸直 則民不服

애공문왈

하위즉민복

공자대왈

거직조저왕 즉민복

거왕조저직 즉민불복

애공이 물었다.

"어떻게 하면 백성들이 복종합니까?"

공자께서 대답하셨다.

"곧은 사람을 등용하고 모든 굽은 사람 위에 놓으면 백성들이 복종하고, 굽은 사람을 등용하여 곧은 사람 위에 놓으면 백성들은 복종하지 않을 것입니다."

▧ 集註

‖ 哀公문자와 가라사대 엇디하면 民이 服 하나니 잇고, 孔子 對하야 가라사대, 直을 擧하고 모든 枉을 錯하면 民이 服하고, 枉을 擧하고 모든 直을 錯하면 民이 服디 아니 하나니 이다. (이이)

‖ 애공이 물었다. 어떻게 하면 백성들이 복종합니까? 공자가 대답했다. 곧은 사람을 등용해서 굽은 사람 위에 둔다고 했는데 그렇게 하면 백성들이 복종하고, 굽은 사람을 등용해서 곧은 사람 위에 둔다고 했는데 그렇게 하면 백성들은 복종하지 않습니다. (오규 소라이)

‖ 애공이 물었다. 어떻게 하면 백성이 따르겠습니까? 공자께서 대답하셨다. 바른 사람을 천거하여 삐뚤어진 사람 위에 놓으면 백성이 따르고, 삐뚤어진 사람을 천거하여 바른 사람 위에 놓으면 백성이 따르지 않습니다. (남회근)

‖ 애공이 어떻게 하면 백성이 따르겠습니까? 하고 묻자 공자께서 대답하셨다. 정직한 사람을 들어 쓰고 모든 굽은 사람을 버려두면 백성들이 복종하고, 굽은 사람을 들여 쓰고 모든 정직한 사람을 버려두면 백성들이 복종하지 않습니다. (성백효)

‖ 애공이 물어 말하였다. 어떻게 하면 백성이 따릅니까? 공자께서 대답하여 말하였다. 곧은 사람을 들어 굽은 사람 위에 놓으면 백성이 따를 것이며, 굽은 사람을 들어 곧은 사람 위에 놓으면 백성이 따르지 않을 것입니다. (김용옥)

▧ 意譯

"자 이번에는 사례를 하나 들어 설명을 해보겠다. 오늘 토론의 주제인 학문의 외적 활용의 하나인 나라 통치에 관한 이야기인데 잘 들어보도록 해라. 내 오늘 토론 첫머리에서 세상에는 정치를 덕으로 하는 군주가 있는 반면, 정치를 법으로만 하는 군주가 있다고 했다. 덕으로서 정치를 하는 것은 마치 북극성은 제자리에 있고 여러 별들이 북극성을 에워싸서 돌고 있는 것과 같은 이치로 자연스럽고 좋은 것이라 했다. 또한 군주가 정치를 함에 백성들을 단지 정치적 법령으로만 이끌고 잘못을 형벌로서만 다스린다면 어찌 되겠는가? 백성들은 형벌이 무서워 법을 어기지는 않게 되지만 자기 스스로의 잘못에 대한 부끄러움이나 수치심은 모르게 된다. 왜냐하면 이미 벌로써 자신의 잘못을 용서받았다고 생각하기 때문이다. 하지만 군주가 백성들을 도덕으로 이끌고 예의 정신으로 다스린다면 백성들은 자신의 잘못에 대한 부끄러움을 알게 되고 또 정치의 목적에도 도달하게 되는 것이라 말했다.

일전에 조정에서 임금님을 뵈었을 때 '어떻게 하면 백성들이 쉽게 복종을 할까요?' 라는 질문을 내게 하셨다. 나이 어린 애공께서 여러 경대부들의 등쌀에 정치하기가 쉽지 않으셨음이 분명했다. 그래서 내게 조언을 얻으시려 했을 것이다. 그래서 내가 말씀드렸다. '강직하고 곧은 사람을 등용하여 굽은 사람들을 곧게 만들면 백성들은 임금님께 쉽게 복종할 것입니다. 하지만 곧지 못한 굽은 사람을 등용하여 곧은 사람 위에 놓아 결국 곧은 사람도 굽게 만든다면, 백성들은 임금님께 복종하지 않을 것입니다.'

정치는 사람이다. 누구를 등용하느냐가 절대적으로 중요하다는 말이다.

▧ 溫故

공자는 노나라 양공(襄公)22년인 기원전 551년에 태어나 노나라 애공(哀公) 16년인 기원전 479년에 세상을 떠났습니다. 공자의 나이 10살까지는 양공의 시대였고, 이후 42세까지는 소공(召公), 이후 57세까지는 정공(定公), 이후 73세까지는 애공(哀公)의 시대였습니다. 공자의 50대 초반 4, 5년간의 중도재, 사구, 대사구로서의 관료 생활은 정공과 함께했으며, 천하주유로부터 돌아온 68세부터 73세까지는 애공에게 많은 정치적인 조언을 해주었습니다.

▧ 知新

#1.

"어떻게 하면 국민에게 국정 운영에 믿음을 가지게 할 수 있습니까?"

어떤 나라 대통령의 질문에 세계 최고의 정치컨설턴트는 대답했습니다.

"곧은 관료를 등용하여 삐뚤어진 공직자들을 관리하고 이끌게 하면, 국민은 국정에 믿음을 가지며 성실히 따를 것입니다. 하지만 삐뚤어진 관료를 등용하여 공직자들을 관리하고 이끌게 하면, 그것을 바라보는 국민은 마음을 돌려 외면하고 말 것입니다."

#2.

"어떻게 하면 전 직원들이 마음을 다해 일하게 할 수 있습니까?"

CEO의 질문에 세계 최고의 경영컨설턴트는 대답했습니다.

“바른 리더를 채용하여 삐뚤어진 직원들을 관리하고 이끌게 하면, 많은 직원들이 마음을 다해 따를 것입니다. 하지만 삐뚤어진 관리자를 채용하여 직원들을 관리하고 이끌게 하면, 직원들은 마음을 다해 일하지 않을 것입니다.”

#3.

“어떻게 하면 팀원들이 마음을 다해 일하게 할 수 있습니까?”

팀장의 세계 최고의 조직관리컨설턴트는 대답했습니다.

“인성 좋고 업무역량이 좋은 팀원을 승진시켜 그렇지 못한 직원들을 관리하고 이끌게 하면, 팀파워는 극대화가 될 것입니다. 하지만 실력도 없고 인성도 별로인 자를 승진시켜 팀원들을 관리하고 이끌게 되면 팀파워는 모래성이 될 것입니다. 정직하며 역량 있는 리더는 설사 삐뚤어진 팀원이라고 해도 그를 바르게 교육하고 육성시킬 수 있기 때문입니다. 하지만 임기응변만 능하고 인성이 고약한 사람이 리더가 되어 팀원들을 관리하기 시작하면 설사 성실하고 바른 직원이라 하더라도 아주 고약한 사람으로 변할 가능성이 매우 높기 때문입니다.”

36 위정 20장

계강자문 季康子問 ▶ 어떻게 하면 직원들이 따를까?

季康子問

使民敬忠以勸 如之何

子曰

臨之以莊則敬 孝慈則忠

擧善而教不能則勸

계강자문

사민경충이권 여지하

자왈

임지이장즉경 효자즉충

거선이교불능즉권

계강자가 물었다.

"백성들로 하여금 위정자를 존경하고 충성하게 하면서 서로 선(善)을 권장하게 하려면 어떻게 해야 합니까?"

공자께서 말씀하셨다.

"백성에게 임하는 데 위엄이 있으면 존경할 것이며, 효도하고 인자하면 충성할 것이며, 선한 사람을 등용하여 불선한 사람을 가르치면 서로 선을 권장하게 될 것입니다."

▧ 集註

‖ 季康子 묻자오데 民으로하여금 敬하며 忠하며써 勸케하되 어찌 하리 잇고, 子 가라사대, 臨하되 莊으로써 하면 敬하고, 孝하고 慈하면 忠하고, 善을 擧하고 能치 못한 이를 가르치면 勸하나니라. (이이)

‖ 계강자가 물었다. 백성으로 하여금 공경하고 충성하게 하며, 이것으로 권하여 행하게 하려는데 어찌하면 되겠습니까? 공자께서 말씀하셨다. 장엄하게 임하면 공경하고, 효도하고 자애하면 충성하고 선한 사람을 등용하고 능력 없는 사람을 가르치면 격려하여 힘쓰게 될 것입니다. (오규 소라이)

‖ 계강자가 물었다. 백성들에게 공경하고 충성하도록 권면하면 어떻겠습니까? 공자께서 말씀하셨다. 백성을 위엄으로 대하면 공경할 것이며, 효도와 자애로 대하면 충성할 것이며, 착한자를 등용하고 무능한 자를 가르쳐 주면 권장됩니다. (남회근)

‖ 계강자가 백성들로 하여금 윗사람에게 공경하고 충성하게 하며 이것을 권면하게 하려는데 어찌하면 되겠습니까? 하고 묻자 공자께서 말씀하셨다. (백성을) 대하기를 장엄함으로써 하면 백성들이 공경하고, 부모에게 효도하고 아랫사람을 사랑하면 백성들이 충성하고, 잘하는 자를 등용하고 잘못하는 자를 가르치면 권면 될 것이다. (성백효)

‖ 계강자가 여쭈었다. 백성으로 하여금 경건하고 충직하여 스스로 권면하

게 하려면 어떻게 해야 좋겠습니까? 공자께서 말씀하시었다. 자신을 장엄케 하여 사람을 대하면 백성이 경건하게 되고, 자신이 효성스러움과 자비로움을 실천하면 백성이 충직하게 되고, 능력 있는 자들을 등용하고 능력이 부족한 자들을 잘 교화시키면 백성들이 스스로 권면하게 될 것이요. (김용옥)

▧ 意譯

"비슷한 사례지만 하나 더 말하겠다. 계씨 집안의 종주인 계강자를 일전에 만났을 때 백성들로 하여금 윗사람을 존경하고 충성하게 하면서 서로 선을 권장하게 하려면 어떻게 해야 하는가를 나에게 이렇게 물었다.

이에 나는 이렇게 답해주었다. 백성 대하기를 위엄 있고 장엄하게 대하면 백성들이 공경할 것이오, 부모에게 효도하고 아랫사람을 자애롭게 대하면 백성들은 자연스럽게 충성할 것이오, 착하고 능력 있는 자를 등용하고 잘못하고 능력이 떨어지는 자를 가르치면 권장될 것이라 해주었다."

▧ 溫故

계강자(季康子). 노나라 15대 군주인 환공(桓公)에게는 왕위를 이어받은 장자 외에도 세 아들이 있었습니다. 이 세 아들의 후손들은 17대 왕이었던 희공 이후에 노나라의 공실(公室)의 정치를 무력화시키고 노나라 땅을 나누어 분권정치를 실시했습니다. 이후 공자 말기를 함께했던 노나라 27대 애공(哀公) 때까지 노나라 정치를 쥐락펴락하고 있었습니다. 이 세 대부가문이 바로 삼환(三桓)이라 칭했던 맹손씨(孟孫氏), 숙손씨(叔孫氏), 계손씨(季孫氏)입니다. 그중 계손씨의 세력이 가장 강했습니다.

공자가 활동했던 당시의 노나라는 사실상 계손씨에 의해 통치되고 있었다고 해도 과언이 아니었습니다. 공자가 정계로 들어서기 전 사십 대 후반까지는 계평자가 노나라의 대부였고, 50대 초반부터 정치를 했던 시기는 계평자의 아들인 계환자가 대부였습니다. 천하 주유 시기였던 공자 나이 60대 초반에 계강자(季康子)가 대부를 이어받았습니다.

계강자는 제(齊)나라가 여러 차례 노나라를 공격했는데, 공자의 제자인 염유(冉有)를 재(宰)로 삼고 좌사(左師)를 이끌고 나가 싸워 공을 세우기도 했습니다. 계강자는 또한 공자 68세 때 공자를 노나라로 돌아오게 했습니다. 공자가 돌아오자 계강자는 공자에게 많은 가르침을 받게 됩니다. 논어에는 공자와 계강자 간의 대화가 여러 곳에서 등장합니다.

한번은 계강자가 공자에게 공자의 제자였던 자로와 자공과 염유에 대해 관료로 쓸 만한 인재들인가를 물었습니다. 이에 공자는 자로는 과단성이 있고, 자공은 사리에 통달하고, 염유는 재주가 많으니 정치에 종사하는 데 무슨 문제가 있겠냐고 대답을 했습니다.

계강자가 제자들 중에 누가 배우기를 좋아하는 지를 공자에게 물었을 때 공자는 이렇게 대답하기도 했습니다. "안회라는 사람이 배우기를 좋아했는데 불행하게도 명이 짧아서 벌써 죽었습니다. 지금은 그런 사람이 없습니다."

계강자가 공자께 정치에 관해 물었을 때 공자는 이렇게 단호하게 대답했습니다. "정치란 바로잡는 것입니다. 대부께서 스스로 바름으로써 본을 보인다면 누가 감히 바르지 않겠습니까?"

계강자가 도둑이 많음을 걱정하여 공자께 물었을 때도 공자는 묻자 공자는 단도직입적으로 대답했습니다. "진실로 대부께서 욕심을 내지 않는다면 사람들에게 상을 준다고 해도 훔치지 않을 것입니다."

▧ 知新

"제가 직접 아침조회 때마다 직원들에게 열심히 일하도록 권하면 어떻겠습니까?"

어느 중견기업 CEO가 물었을 때 경영전문 컨설컨트가 대답했습니다.

"직원들을 성실하고 믿음직하게 대하면 말하지 않아도 직원들은 사장님을 공경할 것입니다. 사장님께서 스스로 인간적인 면모로 모범을 보이십시오. 예를 들어 부모님께 효성스러운 모습, 혹은 자녀들에게 자상하고 사랑 깊은 아버지의 모습을 보여준다면 직원들은 인간적으로 사장님을 좋아하게 될 것입니다. 사장님께서 정직하고 실력 있는 사람들을 채용하여, 실력이 좀 떨어진 직원들을 모아 가르치게 한다면 직원들은 말하지 않아도 열심히 일하게 될 것입니다."

37 위정 21장

해불위정 奚不爲政 ▶ 정치다운 정치는 무엇일까?

或謂孔子曰

子奚不爲政

子曰

書云 孝乎 惟孝 友于兄弟 施於有政

是亦爲政 奚其爲爲政

혹위공자왈

자해불위정

자왈

서운 효호 유효 우우형제 시어유정

시역위정 해기위위정

어떤 사람이 공자에게 말하였다.

"선생님께서는 어찌하여 정치를 하지 않으십니까?"

공자께서 말씀하셨다.

"'서경'에서 효에 대해 말하길 '부모에게 효도하고 형제간에 우애 있게 하여 그것을 정사로 시행한다.' 하였으니, 이 역시 정치를 하는 것이다. 어찌 벼슬하는 것만이 정치하는 것이 되겠느냐."

▧ 集註

‖ 或이 孔子를 일어 가로대 子는 엇디 政을 하지 아니하시니 잇고. 子 가라사대, 書에 孝를 일렀는데 孝하며 兄弟에 友하야 政에 베푼다 하니 이 또한 政을 함이니 어찌하여 아 그 政을 한다 하리오. (이이)

‖ 어떤 사람이 공자에게 말했다. 선생께서는 어찌하여 정사를 잡지 않습니까? 공자가 말했다. 서경에 말하기를 위대한 효도여! 오직 효도하며 형제간에 우애하여 정사를 잡는다고 하였는데, 이것 역시 정사를 잡는 것이니 무엇이 정사를 잡는 것이 되겠는가?" (오규 소라이)

‖ 어떤 사람이 공자에게 말하였다. 선생님께서는 어찌하여 정치를 하지 않으십니까? 공자께서 말씀하셨다. "서경에 이르기를 효도할진저! 오로지 효도하고 형제와 우애하여 정치에 베풀어지게 하라고 하였소. 이것도 정치를 하는 것인데, 어찌 따로 정치를 할 것이 있겠소. (남회근)

‖ 혹자가 공자에게 이르기를 선생께서는 어찌하여 정사를 하지 않으십니까? 하자 공자께서 말씀하셨다. ≪書經≫에 孝에 대하여 말하였다. '효 하며 형제간에 우애하여 정사를 베푼다.'고 하였으니, 이 또한 정사를 하는 것이니 어찌 지위에 있어야만 정사를 하는 것이 되겠는가. (성백효)

‖ 어떤 사람이 공자에게 일러 말하기를 선생님께서는 어찌하여 정치를 하지 않으십니까? 공자께서 말씀하시었다. ≪서경≫에 효성스럽도다. 효성스

럽도다. 형제간에 우애가 깊도다. 이를 정치에 베풀도다. 라고 하였으니, 이 또한 정치함이 아니겠는가? 어찌 내가 직접 정치를 하는 것만이 정치라 할 수 있겠는가? (김용옥)

▧ 意譯

"어떤 사람이 나에게 왜 정치를 하지 않느냐고 물은 적도 있다. 그래서 이렇게 답해주었다. 정치란 바르게 하는 것이다. 바르게만 할 수 있다면 그게 바로 정치라는 말이다. 나라를 바르게 하는 것이 형벌과 법으로서도 가능은 하지만 도덕과 규범으로도 가능한 것이다. 집안을 위엄으로 바르게 할 수도 있지만 도덕과 사랑으로도 가능한 것이다. 나의 정치란 그런 것이다. 경대부가 되어 높은 위치에 앉아 권력과 강권으로 호의호식하면서 나라를 관리하는 것이 아니라 부모에게 효도하고 형제간에 우애 있게 하여 그것이 바로 가정을 바르게 하는 것이요, 나라를 바르게 하는 것이니 이게 곧 정치가 아니겠는가.라고 말해주었다.

너희들도 알고 있겠지만 나는 늘 준비하면서 임금님의 부르심을 기다리고 있었다. 정치다운 정치를 하여 나라와 백성들을 편안하고 풍요롭게 하는데 일조를 하고 싶었다. 50여 년을 기다린 끝에 정공(定公)의 부르심을 받기도 했으나, 대부 계씨와 제나라의 농간에 오십 대 중반에 노나라를 떠났던 것이다. 진정한 풀뿌리 정치는 나부터 바른 사람이 되는 것이다. 우리 집안부터 바르게 관리하면 되는 것이다. 그러면 우리 사회가 건강하게 되고, 나라도 건강하고 정의로운 나라가 될 것이다. 조금 전에 이야기했던 대부 계강자와 같은 고민은 없을 것이다. 자기 자신도 자기 집안도 제대로 관리하지 못하는 사람이 나라를 위한 정치를 하겠다고 하니 그런 사단이 일어나는 것은 어쩌면 당연한 일인 것이다."

▧ 溫故

유가의 기본 경전인 『논어(論語)』, 『맹자(孟子)』, 『중용(中庸)』, 『대학(大學)』을 가리켜 사서(四書)라 하고, 『시경(時經)』, 『서경(書經)』, 『역경(易經)』, 『예기(禮記)』, 『춘추(春秋)』를 오경(五經)이라 합니다. 『중용』, 『대학』은 원래 『예기(禮記)』 중의 두 편을 각각 독립시켜 송나라 때 단행본으로 만든 책입니다. 논어, 맹자, 중용, 대학, 4서는 송나라 주자(朱子)가 사서집주(四書集註: 논어집주, 맹자집주, 중용장구, 대학장구)를 지으면서 완성되었습니다. 원나라 이후 과거시험의 주요 기본교재로 삼으면서 이후 학자들이 사서를 중시하게 되었습니다.

『논어(論語)』는 공자의 언행을 담은 가장 오래된 기록으로 공자 사후 제자들에 의해 편찬된 유가 경전 중 가장 확실하고 중요한 경전입니다. 총 20편으로 구성되어 있으며, 등장인물로는 공자를 비롯하여 수 십 명의 제자들과 노나라 왕들과 귀족, 주변국의 왕들과 고위관료, 당대 유명한 학자를 비롯하여 일반인들까지 총 500여장의 어구에 수많은 사람들이 등장합니다. 도덕, 윤리, 정치, 경제, 교육, 효도, 인, 리더십등 다양한 주제를 간결, 명료하고도 함축성 있게 설명하고 있습니다.

『맹자(孟子)』는 공자 사후 약 100여 년 후에 태어난 맹자(BC372~ BC289)가 쓴 유교 경서로 맹자의 사상과 언행이 총 7권으로 나누어 기록된 책입니다. 맹자는 인의(仁義)와 왕도정치(王道政治)를 중심으로 각국의 제후들에게 유세를 했습니다. 맹자는 성선설(性善說)을 주장했으며, 호연지기(浩然之氣), 왕도(王道), 대장부(大丈夫), 군자삼락(君子三樂) 등 많은 명구들이 등장합니다.

맹자 첫 어구는 하필왈리(何必曰利)로 시작합니다. 양혜왕은 맹자를 맞이하면서 "천 리를 멀다 하지 않고 와 주셨으니 장차 우리나라를 이롭게 해주시겠습니까?"하고 물었을 때 맹자는 이렇게 답했습니다. "何必曰利 왕께서는 하필 이(利)를 말씀하십니까? 다만 인의(仁義)가 있을 뿐입니다."

『중용(中庸)』은 원래 『예기(禮記)』 49편 중 31편이었는데 북송시대의 주희(朱熹)가 사서에 편입시켰습니다. 중용은 공자의 손자인 자사(子思)가 지은 것으로 알려졌으며, 내면적인 수련을 통해 참된 인격을 형성하도록 이끄는 내용으로 송학(宋學)의 중요한 교재가 되었습니다.

전체 33장으로 구성되어 있는데 전반부는 중용(中庸)사상을 후반부는 성(誠)에 대해 설명하고 있습니다. 인간의 본성은 천부적인 것이기 때문에 인간은 그 본성을 따라야 하는데 본성을 좇아 행동하는 것이 인간의 도(道)이며, 도를 닦는 것을 교(敎)라고 하는 '천명지위성 솔성지위도 수도지위교(天命之謂性 率性之謂道 修道之謂敎)'로 시작됩니다.

『대학(大學)』은 「예기」 49편 중 31편이었는데 북송시대의 주희(朱熹)가 사서에 편입시켰습니다. 『대학(大學)』은 공자의 제자인 증자(曾子)가 지은 것으로 알려졌으며, 경(經) 1장과 전(傳) 10장으로 구성되었습니다. 대학은 학문의 대요(大要)로 삼강령(三綱領)과 팔조목(八條目)으로 되어있으며 삼강령은 교육의 목적, 팔조목은 이 목적을 이루는 방법입니다. 삼강령은 명명덕(明明德), 친민(親民), 지어지선(止於至善)이며, 팔조목은 평천하(平天下), 치국(治國), 제가(齊家), 수신(修身), 정심(正心), 성의(誠意), 치지(致知), 격물(格物)을 말합니다.

『시경(時經)』 중국에서 가장 오래된 시가집(詩歌集)으로서 주나라 초기부터 춘추시대에 이르는 동안의 시 311편을 수록하였는데 현재는 305편이 전해지고 있습니다. 3,000여 편이었던 것을 공자가 300여 편으로 간추려 정리했다고 합니다. 시경은 풍(風),아(雅), 송(頌) 셋으로 크게 나뉘는데 풍(風)은 여러 나라의 민요이며, 아(雅)는 궁궐이나 연회에서 주로 사용되는 노래이며, 송(頌)은 종묘의 제사에서 쓰는 악시(樂詩)입니다. 논어에는 시경의 시(詩)가 공자와 제자들의 입을 통해 자주 인용되고 있습니다.

『서경(書經)』은 중국 고대 요, 순, 하, 상, 주나라의 각종 정치 문헌을 기록한 책으로 공자가 편찬하였다고 전해집니다. 서경은 시경과 함께 가장 먼저 경으로 정착된 문헌으로 가장 오래된 정치 산문집입니다. 고대 중국의 정치 문헌들을 보통 서(書)라고 불렀는데, 전한 시대에 존중의 의미를 담아 상(尙)자를 붙여 상서라고 불렀고, 송나라 때 서경(書經)이라고 칭해졌습니다. 역대 제왕들이 천명(天命)의 보존을 위해 지켜야 할 규범에 대해 다루고 있는 정사(政事)에 관한 문서를 수집, 편찬한 책으로 한자 문화권의 국가에서 오랫동안 국가 통치의 기준으로 삼았던 경서입니다.

『역경(易經)』은 원래 점서(占書)로 알려져 있지만 중국의 고대 철학서로 삼라만상을 음양의 원리로 이원으로 설명하고 있는 유가의 경전입니다. 자연의 변화 법칙을 응용하여 인사의 규칙으로 삼으려는 노력이 담겨 있으며 우주의 원리를 상징이나 수리로 표현하여 다루고 있습니다. 그 으뜸을 태극이라 하고 그로부터 64괘를 만들었는데, 이에 따라 철학, 윤리, 정치적 해석을 덧붙였습니다. 8괘는 복희씨가 만들고, 주나라 문왕이 64괘로 나누어 괘사를 만들고, 주공이 효사를 지었으며, 공자는 주역의 철학적 주석을 단 계사전(繫辭傳)을 썼다고 알려져 있습니다. 역경을 주역(周易)이라고도 합니다.

『예기(禮記)』는 중국 고대 하, 상, 주의 예법에 대한 기록 혹은 그에 대한 주석서로 의례의 해설, 음악, 정치, 학문뿐만 아니라 예의 근본정신까지 다방면에 걸쳐 서술되어 있어 당시 '예'에 관한 생각을 알 수 있음과 동시에 하은주의 생활상에 대해 다소나마 파악할 수 있는 중요한 책입니다. 예(禮)의 이론과 실제를 기록한 책으로 한나라 때 공자와 그 제자들이 지은 책 130여 편을 모아 정리한 뒤 유향(劉向)이 214편으로 엮었습니다. 사서의 하나인 대학(大學), 중용(中庸)도 이 예기의 한편이었습니다.

『춘추春秋』는 최초의 편년체(編年體)로 쓴 역사서로 춘추시대 노나라 은공으로부터 애공에 이르는 12대代, 242년(BC722-BC481)간의 역사를 담고 있습니다. 춘추는 노(魯)나라에 전해지던 사관史官의 기록을 공자가 스스로의 역사의식과 가치관에 따라 새롭게 편수(編修)한 것으로 알려져 있습니다. 동주(東周) 시대의 전반기를 춘추시대(春秋時代)라고 부르는 것도 이 책의 명칭에서 비롯되었습니다. 전체 16,500여 자로 구성된 춘추는 역사적 사실 뿐만 아니라, 그것의 대의명분을 밝혀 줌으로써 나라의 질서를 바로 세우려 하였고, 이로부터 명분(名分)에 따라 준엄하게 기록하는 것을 '춘추필법(春秋筆法)'이라는 말이 만들어지기도 했습니다. 춘추의 주석서(註釋書)로는 춘추공양전(春秋公羊傳), 춘추곡량전(春秋穀梁傳), 춘추좌씨전(春秋左氏傳)이 있습니다.

▧ 知新

공자의 그 기본으로 돌아가라는 가르침을 받은 증자는 이후에 대학을 쓰고, 그 대학을 송나라 주희가 사서로 삼으면서 대학장구(大學章句)를 써 넣게 됩니다. 다음은 주자(朱子)가 쓴 대학장구의 내용의 일부입니다.

欲明明德於天下者 先治其國 欲治其國者 先齊其家 欲齊其家者 先修其身
욕명명덕어천하자 선치기국 욕치기국자 선제기가 욕제기가자 선수기신
欲修其身者 先正其心 欲正其心者 先誠其意 欲誠其意者 先致其知 致知在格物
욕수시신자 선정기심 욕정기심자 선성기의 욕성기의자 선치기지 치지재격물

"자신의 밝은 덕을 천하에 밝혀 보고자 했던 사람들은, 먼저 자기 나라부터 잘 다스렸고, 자기 나라를 잘 다스리고자 했던 사람들은, 먼저 자기 집안부터 잘 단속하였으며, 자기 집안을 잘 단속하고자 했던 사람들은, 먼저 자신의 몸(몸가짐, 언행)부터 닦았고, 자신의 몸을 닦고자 했던 사람들은, 먼저 자신의 마음을 바르게 하였으며, 자신의 마음을 바르게 하고자 했던 사람들은, 먼저

자신의 생각을 진실되게 가졌고, 자신의 생각을 진실되게 가지고자 했던 사람들은, 먼저 자신의 앎을 극대화했는데, 자신의 앎을 극대화하는 방법은 사물의 이치를 연구하는 데에 달려 있다."

이는 곧 자신의 리더십을 세상에 밝혀 보고자 했던 사람들은, 먼저 자기 일터부터 잘 이끌었고, 자기 일터를 잘 이끌고자 했던 사람들은, 먼저 자기 집안부터 잘 단속하였으며, 자기 집안을 잘 단속하고자 했던 사람들은, 먼저 자신의 몸가짐, 언행부터 닦았고, 자신의 몸을 닦고자 했던 사람들은, 먼저 자신의 마음을 바르게 하였으며, 자신의 마음을 바르게 하고자 했던 사람들은, 먼저 자신의 생각을 진실되게 가졌고, 자신의 생각을 진실되게 가지고자 했던 사람들은, 먼저 자신의 앎을 극대화했는데 자신의 앎을 극대화하는 방법은 사물의 이치를 연구하는 데에 달려 있다는 말입니다.

物格而後知至 知至而後意誠 意誠而後心正 心正而後身修 身修而後家齊 家齊而後國治 國治而後天下平

물격이후지지 지지이후의성 의성이후심정 심정이후신수 신수이후가제 가제이후국치 국치이후천하평

"사물의 이치가 연구되어야 앎이 극대화되고, 앎이 극대화되어야 생각이 진실해지며, 생각이 진실해져야 마음이 바르게 되고, 마음이 바르게 되어야 몸이 닦여지며, 몸이 닦여져야 집안이 잘 단속되고, 집안이 잘 단속되어야 나라가 잘 다스려지며, 나라가 잘 다스려져야 천하가 모두 평안할 수 있다."

이는 곧 사물의 이치가 연구되어야 앎이 극대화되고, 앎이 극대화되어야

생각이 진실해지며, 생각이 진실해져야 마음이 바르게 되고, 마음이 바르게 되어야 몸가짐, 언행이 닦여지며, 몸이 닦여져야 집안이 잘 단속되고, 집안이 잘 단속되어야 일하는 곳이 잘 이끌어지며, 일터가 잘 다스려져야 세상이 모두 평안할 수 있다. 그러니 리더를 꿈꾸는 사람들은 한결같이 모두 자신을 닦는 일을 근본으로 삼아야 한다는 말입니다.

38 위정 22장

인이무신 人而無信 ▶ 신뢰가 무너지면 끝이다.

子曰

人而無信 不知其可也

大車無輗 小車無軏

其何以行之哉

자왈

인이무신 부지기가야

대거무예 소거무월

기하이행지재

공자께서 말씀하셨다.

“사람이 신의가 없으면 사람 노릇을 잘할 수 있을지 모르겠다. 큰 수레에 멍에 채가 없고 작은 수레에 멍에 갈고리 걸이가 없는 격이니, 그렇게 되면 어떻게 수레가 굴러갈 수 있겠는가.”

▧ 集註

‖ 子 가라사대, 사람이 信이 없으면 그 可함을 알지 모르겠다. 大한 車 輗없으며, 小한 車 軏없으면 그 무엇으로써 行하리오. (이이)

‖ 공자가 말했다. 사람이 믿음이 없으면 사람 노릇을 잘할 수 있을지 모르겠다. 큰 수레나 작은 수레에 끌채 끝의 가로 막대기가 없으면 무엇으로 끌고 갈 수 있겠는가. (오규 소라이)

‖ 공자께서 말씀하셨다. 사람이 신의가 없으면 그 무엇이 옳은지 알 수가 없다. 소가 끄는 큰 수레에 멍에 채가 없다든가 말이 끄는 작은 수레에 갈고리 걸이가 없다면 그 수레를 어떻게 가게 할 것인가. (남회근)

‖ 공자께서 말씀하셨다. 사람으로서 신(信)이 없으면 그 가함을 알지 모르겠다. 큰 수레에 수레채 마구리가 없고 작은 수레에 멍에 막이가 없다면 어떻게 수레가 갈 수 있겠는가. (성백효)

‖ 공자께서 말씀하시었다. 사람으로서 신실함이 없으면 그 사람됨을 도무지 알 길이 없다. 큰 수레에 큰 멍에가 없고 작은 수레에 작은 멍에가 없다면, 도대체 무엇으로 그 수레를 가게 할 것인가. (김용옥)

▧ 意譯

"자신을 바로 세우고, 집안을 제대로 관리하고 나라를 이끄는 훌륭한 리더가 되기 위한 여러 가지에 관해 오늘 여러분들과 격의 없는 토론을 했다. 자 이제 결론을 내야 할 시간이 거의 다 되었구나. 나라의 큰 정치도, 집안의 여러 대소사도 결국엔 신뢰를 기반으로 한다는 것을 너희들은 잊어선 안 된다. 사람이 신의가 없으면 사람 노릇을 제대로 할 수 없는 것이다. 큰 수레를 끄는 소의 멍에 끝에 채가 없다면 소와 수레를 어떻게 연결할 수 있겠느냐? 작은 수레를 끄는 말의 멍에에 거는 갈고리가 없다면 수레와 말을 어떻게 이을 수 있겠느냐? 모두 불가능한 일이다. 그러니 그렇게 되면 어떻게 수레가 굴러갈 수 있겠는가 말이다. 사람에게 믿음과 신뢰는 사람 노릇을 제대로 하게 하는 멍에 채와 멍에 갈고리와 같은 것이다. 사람 간의 관계에도 이런 핵심 고리가 매우 중요하다. 외형적으로 보면 왜소하기 짝이 없는 작은 쇠붙이 고리에 불과하지만 이 고리가 허술하면 만사가 물거품이 되는 경우가 많다는 말이니 잘 알아 새겨야 하느니라."

▧ 溫故

인이무신(人而無信). 사람에게 신의가 없다면 이는 더 이상 볼 것도 없다는 말입니다. 신의가 없는 사람과 그 어떤 것을 함께 도모할 수 있겠습니까? 그래서 그런지 논어의 시작인 학이편에서 공자와 제자들이 각각 3번씩, 6번이나 신(信)을 반복하여 강조하고 있습니다.

학이04. 曾子曰 吾日三省吾身 爲人謀而不忠乎 與朋友交而不信乎 傳不習乎

증자왈 오일삼성오신 위인모이불충호 여붕우교이불신호 전불습호

증자가 말했다. 나는 매일 세 가지로 나 자신을 반성한다. 남을 위해 일을 도모하면서 최선을 다하지 않았는가? 친구와 교류하면서 신의를 지키지 않

았는가? 스승에게 배운 것을 익히지 않았는가?

학이05. 子曰 道千乘之國 敬事而信 節用而愛人 使民以時

자왈 도천승지국 경사이신 절용이애인 사민이시

공자께서 말씀하셨다. 천승의 나라를 다스리는 일은 매사를 성실히 하여 신의가 있어야 하며, 물자를 절약하고 사람을 사랑하며, 때에 맞게 백성을 부릴 줄 알아야 한다.

학이06. 子曰 弟子入則孝 出則弟 謹而信 汎愛衆而親仁 行有餘力 則以學文.

자왈 제자 입즉효 출즉제 근이신 범애중이친인 행유여력 즉이학문

공자께서 말씀하셨다. 제자는 집에 들어가서는 효도하고 밖에 나와서는 공손하며, 행실은 삼가고 말은 믿음직해야 한다. 널리 사람을 사랑하며 인자를 가까이해야 한다. 이를 행하고 여력이 있으면 글을 배워야 한다."

학이07. 子夏曰 賢賢易色 事父母能竭其力 事君能致其身 與朋友交言而有信 雖曰未學矣 吾必謂之學矣

자하왈 현현역색 사부모 능갈기력 사군능치기신 여붕우교언이유신 수왈미학 오필위지학의.

자하(子夏)가 말했다. 현자를 본받아서 태도를 바꾸고, 부모를 섬길 때에는 자기의 있는 힘을 다하며, 임금을 섬길 때에는 자기 몸을 다 바치고, 친구와 사귈 때 말에 신의가 있으면, 비록 그가 배우지 못했다 하더라도 나는 반드시 그를 배운 사람이라 하리라."

학이08. 子曰 君子不重則不威 學則不固 主忠信 無友不如己者 過則勿憚改

자왈 군자부중즉불위 학즉불고 주충신 무우불여기자 과즉물탄개

공자께서 말씀하셨다. "군자가 자중하지 않으면 위엄이 없고, 배워도 학문이 견고하지 않게 된다. 충실함과 신의를 위주로 하고, 자기보다 못한 벗은 없으니 잘못이 있으면 고치기를 꺼리지 말아야 한다."

학이13. 有子曰 信近於義 言可復也 恭近於禮 遠恥辱也 因不失其親 亦可宗也

유자왈 신근어의 언가복야 공근어례 원치욕야 인불실기친 역가종야

유자가 말하였다. "약속이 의(義)에 가까우면 그 약속한 말을 실천할 수 있으며, 공손함이 예(禮)에 가까우면 치욕을 멀리할 수 있다. (그렇게 함으로써) 가까운 사람들을 잃지 않으면 또한 존경할만하다.

학이편 이외의 편에서도 신(信)은 여러 번 반복하여 등장합니다. 공자가 믿음, 신뢰라는 것을 얼마나 강조하고 있었는지를 간접적으로 알 수 있습니다. 몇 어구만 더 소개해 보도록 하겠습니다.

술이25. 子以四教 文行忠信

자이사교 문행충신

공자께서는 네 가지를 가르치셨으니, 문(경전), 행(덕행), 충(정성), 신(믿음)이 그것이다.

태백16. 子曰 狂而不直 侗而不愿 悾悾而不信 吾不知之矣

자왈 광이부직 동이불원 공공이불신 오부지지의

공자께서 말씀하셨다. "고지식하면서도 정직하지 않고, 미련하면서도 성실하지 않고, 어리석으면서도 미덥지 않은 것, 나는 그것을 이해할 수가 없구나."

안연07. 子貢問政 子曰 足食 足兵 民信之矣 子貢曰 必不得已而去 於斯三者何先 曰 去兵 子貢曰 必不得已而去 於斯二者何先 曰 去食 自古皆有死 民無信不立

자공문정 자왈 족식 족병 민신지의 자공왈 필부득이이거 어사삼자하선

왈 거병 자공왈 필부득이이거 어사이자하선 왈 거식 자고개유사 민무신불립

자공이 정치에 관하여 묻자 공자께서 "식량을 풍족하게 하고, 군비를 풍족하게 하고, 백성들로 하여금 믿게 하는 것이다"라고 하셨다. 자공이 "부득이하여 한 가지를 버려야 한다면 이 세 가지 중에서 어느 것을 먼저 버립니까?" 라고 하자, 공자께서 "군비를 버린다."라고 하셨다. 자공이 "부득이하여 한 가지를 버린다면 이 두 가지 중에서 어느 것을 먼저 버립니까?"라고, 하자 공자께서 "식량을 버린다. 옛날부터 누구에게나 다 죽음은 있었지만 백성들이 믿지 않으면 국가가 존립할 수 없다"라고 하셨다.

양화06. 子張問仁於孔子 孔子曰 能行五者於天下爲仁矣 請問之

曰 恭寬信敏惠 恭則不侮 寬則得衆 信則人任焉 敏則有功 惠則足以使人

자장문인어공자 공자왈 능행오자어천하위인의 청문지

왈 공관신민혜 공즉불모 관즉득중 신즉인임언 민즉유공 혜즉족이사인

자장이 공자께 인에 관하여 여쭈어보자 공자께서 말씀하셨다. "천하에 다섯 가지를 행할 수 있으면 그것이 인이다." "부디 그것이 무엇인지를 여쭈어보겠습니다"라고 하자 공자께서 "공손함, 관대함, 믿음직스러움, 민첩함, 은혜로움이다. 공손하면 모욕당하지 않고, 너그러우면 대중의 지지를 얻고, 믿음직스러우면 사람들이 그에게 일을 맡기고, 민첩하면 공로가 있게 되고, 은혜로우면 다른 사람을 부릴 수 있다"라고 하셨다.

▧ 知新

믿음(信)=사람(人)의 말(言). 신뢰할 수 있는 말이 사람의 말이라는 뜻입니다. 믿을 수 없는 말은 사람의 말이 아니라 금수(禽獸)의 언어, 즉 개소리입니다. 그러니 신뢰가 있다, 없다는 단순히 믿을 수 있느냐 없느냐가 아니라, 사람인지 아닌지를 구분하는 무거운 기준이 되는 것입니다. 그러니 사람의 입에서 나온 말에는 믿음이 있어야 합니다. 신뢰할 수 있는 말을 해야 합니다. 책임질 수 있는 말을 해야 합니다.

그러나 우리 사회 현실엔 개소리가 넘쳐납니다. 믿을 만한 지위에 있는 사람도 개소리를 하고, 믿어야만 하는 사람의 입에서도 종종 개소리가 튀어나옵니다. 대놓고 개소리를 해대는 사람들도 많습니다. 정녕 일부러 그러는 것은 아닐진대 늑대 소리보다도 더 큰 개소리를 매일 짖어대는 양반들도 많이 있습니다. 신뢰할 수 없는 가짜뉴스도 개소리입니다. 아무리 반듯하고 그럴듯한 미사여구로 귀를 파고들어도 실행하지 못하는 말은 모두 개소리입니다. 그건 사람의 말이 아닙니다. 우리 사회가 정상적이며 선진 사회로 가는 기준은 사람 소리가 개소리를 이기는 데 있습니다. 2500년 전에도 1000년 전에도 그리고 지금도 우리에게 신뢰(信)가 필요한 이유가 여기 있습니다.

39 위정 23장

자장문십 子張問十 ▶ 미래를 예견하는 기준

子張問 十世可知也

子曰

殷因於夏禮 所損益可知也

周因於殷禮 所損益可知也

其或繼周者 雖百世可知也

자장문 십세가지야

자왈

은인어하례 소손익가지야

주인어은례 소손익가지야

기혹계주자 수백세가지야

자장이 물었다. "십 세후의 일을 알 수 있습니까?"

공자께서 말씀하셨다.

"은나라는 하나라의 예를 따랐으므로 무엇을 덜어내고

더했는지 알 수 있고, 주나라는 은나라의 예를 따랐으므로 무엇을

덜어내고 더했는지 알 수 있다.

그러니 누군가 주나라를 계승해 간다면 백 세후의 일이라도 알 수가 있다."

▧ 集註

‖子張이 묻자오데, 十世를 可히 알게시니잇가. 子 가라사대, 殷이 夏의 禮에 因하니 損하며 益한바를 可히 알겠으며, 周 殷의 禮에 因하니 損하며 益한바를 可히 알겠으며, 그 或 周를 이을 者 면 비록 百世라도 可히 알게시니라. (이이)

‖자장이 물었다. 십 세를 알 수 있습니까? 공자가 말했다. 은나라는 하나라의 예를 따랐는데 하나라의 우왕은 은나라가 덜고 더할 것을 알 수 있었으며, 주나라는 은나라의 예를 따랐는데 은나라의 탕왕은 주나라가 덜고 더할 것을 알 수 있었다. 혹 주나라를 계승하는 나라가 있다면 비록 백 세 뒤의 예라도 알 수 있다. (오규 소라이)

‖자장이 물었다. 십 세후의 일을 알 수 있습니까? 공자께서 말씀하셨다. 은나라는 하나라 문화를 따랐으니, 거기에서 빼거나 보탠 것들을 알 수가 있다. 주나라는 은나라의 문화를 따랐으니, 거기에서 빼거나 보탠 것들을 알 수가 있다. 누군가 주나라를 계승해 간다면 백 세후의 일이라도 알 수가 있다. (남회근)

‖자장이 (지금부터)십 세(열 왕조 뒤의 일)를 미리 알 수 있습니까? 하고 묻자, 공자께서 말씀하셨다. 은나라가 하나라의 예를 인습 하였으니 거기에서 가감한 것을 알 수가 있으며, 주나라가 은나라의 예를 인습 하였으니 거기에서 가감한 것을 알 수 있다. 혹시라도 주나라를 계승하는 자가 있다면 비록

백 세후의 일이라도 알 수가 있을 것이다. (성백효)

‖자장이 여쭈었다. 10세대의 일을 미리 알 수 있습니까? 이에 공자께서 말씀하시었다. 은나라는 하나라의 예를 본받아 덜고 보태고 한 바 있어 10세대의 일을 미리 알 수 있다. 주나라는 은나라의 예를 본받아 덜고 보태고 한 바 있어 10세대의 일을 미리 알 수 있다. 그러나 어떤 자가 주나라를 계승한다면 100세대의 일이라도 미리 알 수가 있는 것이다. (김용옥)

▧ 意譯

토론이 마무리될 때쯤, 조금 전에 녹(祿)을 구하는 방법을 물었던 자장이 또 나섰다.

"스승님 마지막으로 질문을 하나 해도 되겠습니까? 지금까지의 가르침을 저희와 많은 사람들이 따른다면 이 나라는 앞으로 계속 유지될 수 있을까요? 10년 후 혹은 500년 후까지도 가능할까요?"

공자가 말에 힘을 주어 자장의 질문에 답을 했다.

"당연한 일이다. 은(殷)나라는 하(夏)나라의 예를 따랐으므로 무엇을 덜어내고 더했는지 알 수 있고, 주周나라는 은나라의 예를 따랐으므로 무엇을 덜어내고 더했는지 알 수 있다. 그러니 혹여 주나라를 계승하는 나라가 있다면 비록 100 왕조 이후라도 알 수 있을 것이다."

"스승님, 주나라를 계승하는 나라가 있다면 비록 100 왕조 이후라도 알 수 있다는 말은 무슨 의미인지 조금 더 설명해 주세요."

"지금부터 500여 년 전 주나라를 장건한 문왕 무왕 주공을 생각해 보면 너도 바로 알 것이다. 은나라의 좋은 전통은 유지하면서 번성했던 주나라의 초창기 모습대로만 우리 노나라가 유지만 될 수 있다면 그렇다는 것이다.

나는 내 인생 전체를 들여 주나라의 초기 모습으로 돌아가려고 노력했다. 날이 새기만 하면 나라의 일부분이 없어지고, 백성이 수없이 죽어 사라지는 이 무도한 춘추시대의 한가운데 살고 있지만, 나의 꿈은 초기 주나라로의 복귀에 있었다. 그것이 정치로 가능하다고 믿었기에 나는 평생 정치를 하고 싶어 공부하고 준비하면서 왕의 부름만을 기다리고 있었다. 하지만 이제 나이 일흔을 넘고 보니 정치하기에는 이미 때가 다된 것 같다는 생각이 든다. 이제 이 모든 것을 너희들에게 넘기야 할 것 같다."

▧ 溫故

십 세후의 일을 알 수 있는가? 십세가지야(十世可知也)에서 세(世)를 어떻게 해석하느냐에 따라 그 세월의 길이가 달라지겠지만 한세대를 20 혹은 30년의 기간으로 잡는다면 십세(十世)는 200년 혹은 300년 정도의 기간으로 볼 수 있습니다. 그러니 자장의 질문은 200~300년 후의 일을 미리 알 수 있느냐의 질문으로 볼 수 있습니다.

이는 1700~1800년경에 살았던 조선 후기 사람들이 2000년대의 모습을 알 수 있습니까 라고 질문한 것이나 다를 바가 없습니다. 2020년대를 살아가는 현대인들이 2300년대는 어떤 모습의 삶이 펼쳐질지를 묻는 것과 같습니다. 4차 산업혁명의 시기라고 떠들어대는 요즘, 단 1년 후도 예측하기 어려운 시기에 300년 후의 모습을 자신 있게 말해줄 사람이 있을까요?

어린 제자 자장이 노철학자 공자에게 물었던 것은 역사의 어떤 패턴이나 법칙이었을 것으로 생각해 볼 수 있습니다. 200, 300년이 지나도 변하지 않는 역사불변의 패턴이 무엇인지가 궁금했던 것 같습니다. 어찌 보면 당돌한 질문처럼 보이기도 하지만, 자장처럼 진취적이고 도전적인 사람들이 던질 수 있는 질문이기도 합니다.

조금은 당돌한 어린 제자의 질문에 공자는 정성껏 실증 사례를 들어 답을 해주고 있습니다. '은나라는 하나라의 예를 따랐으므로 무엇을 덜어내고 더했는지 알 수 있고, 주나라는 은나라의 예를 따랐으므로 무엇을 덜어내고 더했는지 알 수 있다. 그러니 누군가 주나라를 계승해 간다면 백 세후의 일이라도 알 수가 있다.' 이를 다산 정약용은 논어고금주에서 다음과 같이 풀었습니다.

'하(夏)나라의 예(禮)는 완벽하게 좋지는 않았다. 그래서 은나라가 비록 그것을 계승했음에도 불구하고 빼고 더한 바가 있다. 은(殷)나라의 예(禮)도 완벽하게 좋지는 않았다. 그래서 주나라가 비록 그것을 계승했음에도 불구하고 빼고 더한 바가 있다. 전장법도(典章法度)는 주나라에 이르러 크게 구비되었고 완벽하게 좋고 완벽하게 아름답게 되었다. 그래서 더이상 더하고 뺄 것이 없는 것이다. 만약 이상적 군주가 일어난다면 반듯이 주례를 따를 것이니 백세라도 변함이 없을 것이다. 그래서 공자가 누군가 주나라를 계승한다면 백세라도 미리 알 수 있다고 말한 것이다. 만약 이상적 군주가 일어나지 않는다면 망령되게 역사를 운영할 것이니 망망하여 정해진 기준이 있을 수 없을 것이다. 그렇게 되면 역사의 변화를 예측할 길이 없어진다. 그래서 "그 누군

가"라고 말한 것이다. 여기서 "누군가"라는 것은 미정을 나타내는 표현이다'

공자는 손에 답을 쥐어 주기보다는 역사 진행의 원칙을 알려주고 있습니다. 현재를 정확히 잘 알고 있으면 있을수록 미래를 판단, 예측하기가 쉬어진다는 것을 알려주고 있습니다. 또한 공자는 주나라의 예법에 대한 믿음과 자신감이 있었음을 알 수 있습니다. 주나라의 예법을 그대로 이어나가기만 하면 200, 300년, 1000년 후라도 무궁할 것이라는 주나라에 대한 자긍심이 있었습니다. 하지만 실제 역사에서는 "그 누군가(이상적인 군주)"가 나타나지 않았습니다. 공자가 사후 격변의 전국시대가 열렸고 결국 약 10세의 기간이었던 250여 년 후에 주나라는 역사에서 사라지고 진시황의 진나라가 들어서게 됩니다.

▧ 知新

"300년 후를 알 수 있습니까?"

2500년 전에 노 스승에게 청년 제자 자장이 던졌던 질문입니다.

"2300년 대한민국의 모습을 미리 알 수 있습니까?"

오늘을 살아가는 어떤 젊은이가 이런 질문을 할 수 있을까요? 아니 그 어떤 지성인이 2300년 대한민국의 모습을 상상해 가며 오늘의 여러 가지 문제들을 걱정하고 있을까요? 그 어떤 현인이 있어 공자처럼 대답을 해줄 수 있을까요? 코로나19라는 전 세계적인 전염병이 창궐하고 있는 시대를 살면서 300년 후를 염려하고 상상하는 사람들이 과연 몇이나 있을까요? 현실을 생각해 보면 2500년 전 자장의 질문이 얼마나 대단한 질문이었는지를 알 수 있을 것 같습니다.

"2300년이 되었을 때 나는 누구일까요?"

내 자식에 자식 또 그 자식에 자식, 그렇게 10번을 내려가 살고 있을 2300년의 나의 자손에게 나는 누구로 남아 있을까를 생각해 보게 됩니다. 나의 아버지에 아버지 또 그 아버지의 아버지, 그렇게 10번을 올라가 1700년대에 살았을 나의 선조는 지금 나에게 누구로 기억할 수 있을까를 생각해 봅니다. 분명 그 선조가 있었기에 지금 내가 있듯이, 지금 내가 있음으로 300년 후에 내 후손이 있을 것입니다. 1700년대를 살았던 나의 옛날 할아버지는 지금의 나를 상상이라도 해보았을까요?

2500년 전 자장의 질문을 통해, 지금의 내가 얼마나 열심히 살아야 하는지를 다시 한번 되돌아보게 됩니다. 비록 1년 앞도 내다볼 수는 없어도, 300년 후를 궁금해하는 자장을 닮을 수 있다면 너무 좋을 것 같다는 생각을 해봅니다.

40 위정 24장

견의불위 見義不爲 ▶ 의를 보고도 행하지 않는다면

子曰

非其鬼而祭之 諂也

見義不爲 無勇也

자왈

비기귀이제지 첨야

견의불위 무용야

공자께서 말씀하셨다.

"제사를 지낼 귀신이 아닌데 제사를 지내면 그것은 아첨이고,

의를 보고도 행하지 않으면 그것은 용기가 없는 것이다."

▧ 集註

‖ 子 가라사대, 그 鬼아닌 것을 祭함이 諂이오, 義를보고 하지 아니 함이 勇이 없음이니라. (이이)

‖ 공자가 말했다. 제사 지낼 귀신이 아닌데 제사 지내는 것은 아첨이고, 의를 보고도 하지 않은 것은 용기가 없는 것이다. (오규 소라이)

‖ 공자께서 말씀하셨다. 자기 조상귀신도 아닌데 그를 제사 지내는 것은 아첨이다. 의로운 것을 보고도 행하지 않는 것은 용기가 없는 것이다. (남회근)

‖ 공자께서 말씀하셨다. 귀신(자기가 제사 지내야 할 귀신)이 아닌 것을 제사 지내는 것이 아첨이요, 의로운 일을 보고하지 않음은 용맹이 없는 것이다. (성백효)

‖ 공자께서 말씀하시었다. 제사를 지내야 할 하느님이 아닌데도 제사를 지내는 것은 아첨하는 것이요, 의를 보고도 실천하지 않는 것은 용기가 없는 것이다. (김용옥)

▧ 意譯

"이제 오늘의 마지막 발언을 하도록 하겠다. 지난번 학이편을 통해 우리는 학문(學問)과 학문(學文)의 내적 수양과 활용을 토론했었다. 그리고 이번 토론에서는 학문의 외적 활용에 대해서 지금까지 토론을 했다. 학문의 외적 활용으로 국가, 가정, 개인으로 나누어 볼 수 있고, 국가는 덕의정치가, 가정은 효가, 개인은 온고지신의 정신이 필요하다고 말했다.

그것을 담당할 군자 즉 리더는 믿음과 용기를 가지고 스스로 변화하는 사람이 되어야 하며, 말보다 실천을 앞세우는 사람이 되어야 할 것을 나는 강조했다. 바르지 못한 정치가로 애공과 계강자를 실례로 들어 설명하기도 했으니 마음에 잘 새겼을 것이라 생각한다.

군자 즉 리더는 믿음이 있어야 한다. 지금까지 어떤 것이 국가를 위하고 가정을 위하고 개인을 위한 의로움 인지를 토론했다. 리더는 남다른 믿음과 용기가 있어야 한다. 제사를 지내야 할 자기가 제사 지내야 할 조상이 아닌데도 그에게 제사를 지내는 것은 아첨하는 일일 뿐이라는 것을 명심해야 한다. 또한 의(義)를 보고도 행하지 않으면 그것은 진정 용기가 없는 것이다. 너희들은 옳은 것을 보았다면 남다른 용기와 믿음으로 이를 행해야 한다. 이상으로 오늘의 토론을 마치도록 하겠다."

▧ 溫故

견의불위 무용야 見義不爲 無勇也

정치를 논했던 위정편의 마지막 어구는 '의를 보고도 행하지 않는 것은 용기가 없는 것'이라는 말입니다. 논어에는 심심치 않게 용기에 관한 내용이 등장합니다. 다음은 용(勇)에 대한 어구들입니다.

태백02. 子曰 恭而無禮則勞 愼而無禮則葸 勇而無禮則亂 直而無禮則絞 君子篤於親 則民興於仁

故舊不遺 則民不偸

자왈 공이무례즉로 신이무례즉사 용이무례즉란 직이무례즉교 군자독어친 즉민흥어인 고구불유 즉민불투

공자께서 말씀하셨다. "공손함이 예를 벗어나면 수고롭게 되고, 신중함이 예에 벗어나면 겁약해지고, 용감하지만 예가 없으면 난폭해지고, 강직함이 지나쳐서 예의를 벗어나면 냉혹해진다. 군자가 친척에게 돈독하면 백성들 사이에 어진 기풍이 일어나고, 옛 친구를 버리지 않으면 백성들이 각박해지지 않는다."

태백10. 子曰 好勇疾貧 亂也 人而不仁 疾之已甚 亂也

자왈 호용질빈 란야 인이불인 질지이심 란야

공자께서 말씀하셨다. "용맹스러운 것을 좋아하면서 가난을 싫어하면 난을 일으키고, 사람이 어질지 못함을 너무 심하게 질시하면 세상을 어지럽힌다."

헌문28. 子曰 君子道者三 我無能焉 仁者不憂 知者不惑 勇者不懼 子貢曰 夫子自道也.

자왈 군자도자삼 아무능언 인자불우 지자불혹 용자불구 자공왈 부자자도야.

공자께서 말씀하셨다. "군자의 도는 셋인데 이 가운데 내가 할 수 있는 것은 없다. 어진 사람은 근심하지 않고, 지혜로운 사람은 미혹되지 않고, 용감한 사람은 두려워하지 않는다."

자공이 "선생님께서 자신을 두고 하신 말씀이다"라고 했다.

양화08. 子曰 由也 女聞六言六蔽矣乎 對曰 未也 居 吾語女 好仁不好學 其蔽也愚 好知不好學 其蔽也蕩 好信不好學 其蔽也賊 好直不好學 其蔽也絞 好勇不好學 其蔽也亂 好剛不好學 其蔽也狂.

자왈 유야 여문륙언륙폐의호 대왈 미야 거 오어여 호인불호학 기폐야우 호지불호학 기폐야탕 호신불호학 기폐야적 호직불호학 기폐야교 호용불호학 기폐야란 호강불호학 기폐야광.

공자께서 "유야! 너는 여섯 마디 말과 그에 따른 여섯 가지 폐단이 무엇인지 들은 적이 있느냐?"라고 하자 자로가 "아직 없습니다."라고 대답했다. "앉아라. 내가 너에게 알려주마.

어짐을 좋아하면서 배우기를 좋아하지 않으면 그 폐단은 어리석게 되는 것이고, 지혜를 좋아하면서 배우기를 좋아하지 않으면 그 폐단은 독선적이 되는 것이며, 신의를 좋아하면서 배우기를 좋아하지 않으면 그 폐단은 도적의 무리를 이루게 되는 것이고, 곧기를 좋아하면서 배우기를 좋아하지 않으면 그 폐단은 가혹해지는 것이고, 용맹스럽기를 좋아하면서 배우기를 좋아하지 않으면 그 폐단은 세상을 어지럽게 하는 것이고, 굳세기를 좋아하면서 배우기를 좋아하지 않으면 그 폐단은 과격함이다."

양화21. 子路曰 君子尙勇乎 子曰 君子義以爲上 君子有勇而無義爲亂 小人有勇而無義爲盜.

자로왈 군자상용호 자왈 군자의이위상 군자유용이무의위란 소인유용이무의위도.

자로가 "군자는 용기를 숭상합니까?"라고 하자 공자께서 말씀하셨다. "군자는 의로움을 최상으로 여긴다. 군자가 용기는 있지만 의로움이 없으면 난을 일으키고, 소인은 용기가 있지만 의로움이 없으면 도둑질을 하게 된다."

양화 22. 子貢曰 君子亦有惡乎 子曰 有惡 惡稱人之惡者 惡居下流而訕上者 惡勇而無禮者 惡果敢而窒者.

자공왈 군자역유오호 자왈 유오 오칭인지악자 오거하류이산상자 오용이무례자 오과감이질자.

자공이 "군자도 미워하는 것이 있습니까?"라고 하자 공자께서 "미워하는 것이 있다. 다른 사람의 나쁜 점을 말하는 사람을 미워하고, 밑에 있으면서 윗사람을 비방하는 사람을 미워하고, 용감하지만 예의가 없는 사람을 미워하고, 과감하기만 하고 융통성이 없는 사람을 미워한다."라고 말했다.

▧ 知新

논어 전편에 걸쳐 공자가 말하고 있는 용(勇), 용기, 용감함을 정리해 보면 다음과 같습니다.

"진정 용기 있는 사람은 그 어떤 것이 다가와도 두려워하지 않지만, 옳은 것임에도 이를 보고 행하지 않는 것은 용기가 없기 때문이다. 사회 규범이나 법에 어긋남에도 불구하고 자신의 생각대로 용감하게 행동을 하는 사람이 바로 세상을 어지럽히는 사람이다. 사람을 미워하지 않는 군자도, 용감하지만 예의가 없는 사람을 미워한다.

용감한 사람이 가난을 견디지 못하고, 그 가난을 싫어하게 되면 결국 세상을 어지럽히는 사람이 되기 쉽고, 용감하지만 배우기를 좋아하지 않으면 이 또한 결국 세상을 어지럽게 하는 사람이 되기 쉽다. 옳고 바른 것에 대한 정의가 없는 군자나 리더가 용기를 가지게 되면 난을 일으킬 확률이 높고, 옳고 바른 것에 대한 정의가 없는 소인이나 평범한 사람이 용기를 가지게 되면 도둑질이나 하는 사람이 되기 쉽다."

3

논어와 공자

論語와 孔子

01. 논어 학이편 의역(전문)

기원전 482년 춘추시대 말기 어느 봄날, 노나라 수도인 곡부(曲阜)에 위치한 공자학당에서 토론이 열렸습니다. 공자 곁으로 제자들이 모였습니다. 오늘의 대표 토론자는 유약(유자), 증삼(증자), 단목사(자공) 복상(자하)입니다. 공자의 핵심 제자로 알려진 다섯 명의 석학들입니다. 70살의 스승인 공자와 39세의 자공, 27세의 자유, 26세의 자하, 24세의 증자였습니다.

공자가 먼저 강론의 시작을 알렸다.

"여러분이 군자로 혹은 리더로 당당히 되기 위해 먼저 해야 할 일이 있다면 그것이 무엇이라 생각하느냐? 리더가 되기 위해 우리는 어떻게 준비하고 어떤 수양을 쌓아야 좋을까? 너희들이 모두 리더를 꿈꾸고 있다면 가장 먼저 학습을 통해 스스로가 서야 한다. 친구를 비롯한 주변 사람들과 함께 잘 지낼 수 있어야 한다. 학습을 통해 한 인간으로서 당당히 독립하는 것은 진정으로 기쁜 일이며, 가까운 사람은 물론 먼 사람들과도 잘 지내는 것은 인생에 더도 없는 즐거운 일인 것이다. 그렇게 학습으로 자신을 세우고, 함께하는 사람들과 잘 지내면서 해야 할 일이 하나 더 있다. 그것은 주변 사람들이 자신을 잘 알아봐 주지 못하는 것에 너무 마음을 두어서는 안 된다는 것이다. 학습, 어울림, 서운해 하지 않는 마음, 이 세 가지가 바로 리더가 되기 위한 가장 중요한 핵심 요건으로 생각하면 좋을 것이다. 말은 쉬워 보여도 리더가 된다는 것은 결코 만만한 일은 아니라는 것을 이미 알고들 있겠지만 말이다." 학이01

그러자 공자 바로 곁에 앉아있던 제자 유약有若(유자有子)이 공자의 핵심 사상인 인(仁)에 대한 자신의 생각을 조심스럽게 꺼냈다.

"사람들이 스승님의 인(仁)을 어렵다고들 하시는데, 인은 결코 어렵거나 멀리 있는 것이 아니라고 생각합니다. 인은 어떤 특별한 것이라기보다는 부모님께 효도하고 형제들과 우애하며 지내는 것을 말함입니다. 제가 알기로 무릇 그 사람 됨됨이가 부모에게 효도하고 동생을 사랑하며 형을 공경하는 사람치고, 윗사람을 범하는 경우는 거의 없습니다. 윗사람에게 함부로 하지 않는 사람이 국가나 조직을 어지럽게 하는 경우를 저는 지금껏 본 적이 없습니다. 그러니 리더를 꿈꾼다면 우리는 기본에 충실해야 합니다. 근본이 서야 인생의 도가 생기는 것이기 때문입니다. 이 효도와 우애를 인(仁)의 근본이라 말할 수 있는 것입니다." 학이02

유자의 말을 듣고 있던 공자가 인에 대해 한마디를 더했다.

"유약이 맞는 말을 했구나. 다른 사람에게 말이나 듣기 좋게 하고, 가식적인 얼굴로 비위를 맞추는 사람치고 자고로 인(仁)한 사람을 나는 보질 못했다. 그러니 그럴듯하게 들리는 사람들의 유창한 말이나, 비위를 맞추려는 듯 살랑거리는 아부의 모습을 가지고 그 사람을 판단하면 안 된다. 방금 유약이 말한 것처럼 사람은 먼저 그

기본에 충실해야 하는 것이야." 학이03

이번에는 공자와 유자의 대화를 듣고 있던 제자 증삼(曾參)이 말을 이어받았다.

"유약 선배와 스승님의 말씀에 절대 공감합니다. 그래서 저는 그 기본에 충실하기 위해 매일 저녁 하루를 정리하면서 스스로에게 세 가지 기준을 가지고 성찰을 하고 있습니다. 남을 위해 일을 도모하면서 최선을 다하지 않았는지? 맡은바 소임에 충심을 다해 열심히 일했는지? 친구와 교류함에 신의를 지키지 못함은 없었는지? 친구들은 물론 낮에 만나는 여러 사람들과의 관계에서 신뢰에 금가는 행동이나 말을 하지는 않았는지 반성을 해봅니다. 세 번째로는 스승님께 배운 것을 익히고 실천함에 게으름은 없었나를 생각해 보면서 잠자리에 듭니다. 이것이 인에 합당하는지는 잘 모르겠습니다만 제가 매일 지키려고 노력하는 기본이라 말할 수 있습니다." 학이04

증자의 발언을 듣고 있던 공자가 다시 말을 이었다.

"증삼의 이야기 또한 한치 그릇됨이 없다. 개인의 입장에서 그렇게 한다고 했지만 이는 개인뿐만 아니라 나라를 통치하는 이치와도 매우 유사한 것이다. 자고로 4000필의 말과 1000대의 전차, 3000명의 병력을 운용할 수 있는 제후국을 다스리는 위정자는 어떤 일을 하던지 신중하게 하여 백성들로 하여금 신뢰를 갖게 하는 것이 그 무엇보다 중요하다. 국가재정은 개인의 자산처럼 절약해서 운용해야 하며, 사람들을 사랑하고 백성을 부릴 때는 농한기를 피하는 등 그 시기에 특히 신중을 기해야만 한다." 학이05

드디어 학이편의 중심 주제를 공자가 꺼낸다.

"자, 그렇다면 학문(學問)이란 무엇이며 학문(學文)은 언제 시작하는 것이 좋은가라는 주제를 토론해 보자. 여러분은 학문(學問)을 한다는 것이 무엇으로 생각하느냐? 내가 생각하는 학문(學問)은 사람 됨됨이가 바르고 행위 또한 바른것을 배우고 묻는 것이다. 먼저 인간다운 사람이 되는 것이 중요하다는 말이다. 제대로 된 인간이 된 후에 육예(六藝)와 같은 학문(學文)을 해도 늦지 않을 것이다. 그러니 너희들은 집에서는 부모님께 효도를 다 하고, 집 밖의 사람들에게는 늘 공손하고 다정해야 한다. 행동은 삼가서 하고 말은 믿음직스럽게 해야 한다. 사람들을 사랑하면서 학문과 도덕을 갖춘 어진 사람을 늘 가까이하려고 노력해야 한다. 이를 충분히 행한 후 육예를 비롯한 학문(學文)은 해도 늦지 않다는 말이다. 어려운 역사를 줄줄 외우고 외국어에 능통하며 계산에 신속하다고 해도, 밖에서 어른들을 볼 때 인사도 제대로 못하고, 안에서는 어버이의 속을 썩게 한다면 이는 다른 사람을 이끄는 리더가 되기에 아직 멀다는 말이다." 학이06

자하(子夏)

공자의 말이 끝나자 이번에 자하가 조금 더 구체적인 사례를 들어 스승의 가르침에 확신을 더했다.

"스승님, 저도 그렇게 생각합니다. 학문(學文)을 하기 전에 먼저 사람이 되어야 합니다. 현자를 만나 배울 때는 얼굴색을 신중히 하고 바른 배움의 자세를 유지해서 현자를 본받아야 합니다. 앞에서도 말씀하셨듯이 부모를 모실 때는 열과 성을 다해 자기의 있는 힘을 다해야 합니다. 공직에 나가거나 공무를 진행할 때는 온몸을 바친다는 각오로 해야 할 것입니다. 친구들과는 늘 신의를 지켜야 하며 말에는 믿음이 있어야 합니다. 저는 이것이 학문(學問)을 한 사람의 모습이라 생각합니다. 그러니 만약 어떤 사람이 학문(學文)을 배우지 못했다고 하더라도 저는 그를 이미 배운 사람이라고 말하고 싶습니다." 학이07

자하의 발언을 귀담아듣던 공자가 자하의 말에 한마디를 더 했습니다.

"역시 복상의 말이 옳도다. 그것이 진짜 학문을 하는 리더의 모습이라 할 것이다. 거기에 한두 가지 더 첨언하자면 자고로 사람과 조직을 이끄는 리더는 자중감이 있어야 한다. 자중감은 스스로를 중히 여기는 자존감과 같은 말이다. 자신은 중요한 존재라는 것을 스스로 알고 있어야 한다. 그 자중감이 없으면 속으로나 겉으로나 떳떳함을 드러내기가 어렵다. 스스로 중요한 사람이라는 자존감이 있어야 겸손하면서도 당당한 모습을 보일 수 있게 된다. 자존감이 없으면 배워도 배움이 견고하게 되지 못하고, 다른 사람의 주장이나 의견에 쉽게 빠져들게 된다. 우리는 늘 자신의 일에 최선을 다하면서 사람들과의 관계에는 신뢰를 유지해야 한다.

너희들은 잘 보거라. 이 세상에 과연 너희들보다 못한 사람이 얼마나 있겠느냐? 사람에겐 누구나 최소 한두 가지씩은 다른 사람보다 나은 것이 있게 마련이다. 세상에 자기보다 못한 사람은 없다는 겸손한 마음으로 주변의 친구들이나 사람들로부터 배우기를 게을리해서는 안 된다. 그러니 세상 사람은 모두 나의 선생이 될 수 있는 것이다. 그들을 보면서 자기 스스로를 되돌아보고 자신에게 잘못이 있으면 고치기를 게을리하지 말아야 한다." 학0108

공자의 보충 설명이 끝나자 자신의 수양에 대해 매일 세 가지 측면에서 성찰과 실천을 한다고 말했던 증삼이 다시 말을 이었다.

"어떤 일의 마무리를 완벽하게 마치거나 성공적인 결과를 얻기 위해서 우리는 그 시작점을 생각해 보아야 합니다. 시작이 제대로 되었는지를 추적해 볼 필요가 있지요. 시작이 반이라는 말도 있듯이 시작을 제대로 하는 것이 매우 중요합니다. 학문의 시작도 사업의 시작도 모두 처음에 어떻게 하느냐에 달려 있다고 생각합니다. 지금껏 여러분들이 하신 말씀이 다 그것에 대하여 지적하신 거지요. 부모에게 효도하고 현자에게 현인의 모습을 배우고 동료나 친구들과는 신의를 무엇보다 중요하게 여기는 것이 인생 성공의 기반이 된다는 말씀이지요. 나라의 백성들 모두가 그런 마음을 갖게 된다면 그 덕은 결국 우리 모두에게 되돌아오지 않겠습니까?" 학0109

공자가 잠시 개인적인 용무로 자리를 뜨자 지금껏 묵묵히 듣고만 있던 자공(子貢)이 입을 열었다.

"스승님이 잠깐 자리를 뜨셨으니 한 말씀 드리겠습니다. 제가 얼마 전에 후배인 자금(子禽)에게 이런 질문을 받은 적이 있습니다. '공자님께서는 어떤 나라에 도착하시면 반드시 그 나라의 정치에 대해 듣는데, 공자님이 정치에 관심이 있어 듣기를 먼저 요구하는 것입니까, 아니면 그 나라 임금이 스스로 스승님께 들려주는 것입니까?' 아마도 그 친구가 스승님께서 제나라나 위나라 등을 방문하셨을 때 제나라 환공이나 위나라 영공이 정치에 대해 질문을 하신 것을 보고 조금 이상하게 생각했던 것 같습니다. 우리 스승님께서 정치에 관심이 많은 것이 아닌가 하는 궁금증을 가지고 있었던 것이지요.

그래서 그에게 제가 가지고 있던 생각을 말해주었습니다. 저의 말을 들어보시고 혹시 제가 잘못 말한 것이 있지나 않은지 헤아려주십시오. '자네도 알다시피 우리 스승님은 온화하고 진실되고 공손하고 절제하고 겸양하는 덕이 있어 자연히 듣게 되는 것이니, 스승님이 그것을 구하는 방법은 아마도 다른 사람이 구하는 방법과는 다르다 할 것이네.' 라고 말했습니다. 우리가 알고 있듯이 스승님은 그 누구보다도 온화하시고, 거짓이 없으시며, 지위 고하를 막론하고 누구에나 공손하시며, 절제가 있으시고, 겸손과 사양의 덕을 가지고 계신분이기 때문에, 그 어느 나라를 가시더라도 각국의 임금들이 서로 앞을 다투어 스승님의 고견을 듣고 싶어 하는 거라 생각합니다.

우리 스승님이 구하는 정치라는 것은 제나라나 위나라 임금이 생각하는 것과는 다르지요. 전쟁에서 이기고 사람을 죽이는 그런 패도 정치를 말함이 아니라, 백성을 사랑하고 전쟁이 없는 평화로운 나라 경영을 위한 덕의정치, 예의정치라고 생각합니다. 따라서 스승님이 정치를 구하는 방법은 아마도 다른 임금들이 구하는 방법과는 다르다 할 것이라고 말해주었습니다. 혹시 제가 스승님을 오해하고 있는 것은 아니겠지요?" 자공의 말에 앉아있는 그 누구도 이견을 달지 않았다. 역시 오늘 모인 유약(유자), 증삼(증자), 복상(자하) 중에는 가장 연장자인 자공이 스승인 공자의 생각을 잘 가늠하고 있었다. 학이10

잠시 후 공자가 자리로 돌아왔다. 토론이 계속 이어졌다. 인(仁)의 근본인 효(孝)에 대하여 공자가 부연 설명을 했다. 효의 개념을 조금 더 분명하게 제자들에게 알려주기 위함이었다.

"선한 부모의 마음을 따르는 것도 효라 할 수 있다. 그러니 부모가 살아계실 때는 부모님께서 어떤 뜻을 가지고 계신지를 늘 살펴서 그것이 도의에 어긋나지 않는 것이라면 충실히 따라야 하는 것이다. 혹 부모의 뜻이 도의에 어긋나는 것이라면 조심스럽게 말씀을 드려야 한다. 부모님이 돌아가신 뒤라 할지라도 그간 부모님이 남기신 선한 행위를 계속 따르는 것이 효라 할 수 있는 것이다. 아버지가 돌아가신 뒤 최소 3년 동안은 아버지가 하던 방식을 고치는 일이 없어야 효(孝)라고 할 수 있을 것이다.

우리는 주변에서 이런 효의 사례를 언제든 찾아볼 수 있다. 아버지가 살아계시는데도 자식이 마음대로 행동을 한다거나, 아버지의 선한 뜻에 어깃장을 놓고 부모의 속을 아프게 하는 자식은 효자라 볼 수 없는 것이다. 혹여 아버지가 돌아가시자마자 이제는 내 세상이라 여겨 하루아침에 아비의 흔적을 지우는 것을 보면서 이를 효자라 여길 사람 또한 없을 것이다." 학이11

인(仁)의 기본은 효제(孝悌)라고 말문을 열었던 유자가 이번에는 예(禮)라는 주제를 꺼내들었다. 부모에 대한 효도와 형제간의 우애, 윗사람에 대한 공경이 인의 근본이 되며, 이 근본이 제대로 서야 사회생활과 성공적인 인생의 길(道)이 열린다고 열변을 토했던 유자였다.

"예의, 예도, 예의범절, 사회규칙 등 예(禮)가 우리 사회에 중요한 것이라는 것에 그 누구도 이견을 달지 않겠지만 우리가 살고 있는 가정이나 사회, 이 나라에서 과연 예의 용도는 무엇일까요? 제가 판단하기에 예의 용도는 조화를 중요하고 귀하게 여기고 있기 때문일 것입니다. 우리가 혼자 살아간다면 무엇이 문제가 되겠습니까? 그 무슨 예의가 필요하겠습니까? 그저 자기가 하고 싶은 대로 해도 아무런 문제가 없지요. 하지만 나와 다른 사람들과 함께 살아가는 공동사회에서는 나도 편하고 너도 편한 그런 조화로움이 있어야 하는데 그것이 바로 예라는 것입니다. 그래서 자고로 우리의 정치 사회 문화의 전통에서는 이 조화로움을 아름답다고 했던 것이지요. 그간 우리 사회, 나라의 대소사는 모두 이런 바탕 위에서 행해졌던 것입니다. 하지만 유의할 것도 있습니다.

예의 쓰임이 조화를 이루는 데 있다는 것만을 강조하여, 그 어떤 일이든 조화만을 강조해서는 안 됩니다. 예를 행함에 끊고 맺는 절도가 있어야 정치하는데, 이가 없다면 이런 조화만을 위한 예는 제대로 실행하기 어려울 것이라 생각합니다." 학이12

공자를 비롯한 다른 동료들은 유자의 발언을 계속 듣고 있었다. 유자가 잠시 말을 멈추었으나 다른 사례를 하나 더 들어 예(禮)를 계속 설명했다.

"약속을 하나 예로 들어보겠습니다. 약속은 우리 서로에게 중요한 것입니다. 그러니 지키지 못할 약속은 아예 애초부터 하지 말아야 합니다. 그럼 서로 약속을 하고 지키지 않는 혹은 지키지 못하는 이유는 무엇일까요? 그것은 서로의 약속이 올바른 의(義)와는 멀어서입니다. 올바른 것을 약속한 것이 아니기 때문입니다. 부정적인 것이나 바르지 못한 것을 어떤 강압이나 불편한 상태에서 한 약속이기 때문에 그럴 가능성이 높지요. 분명 서로 간의 약속이 공평 공정하고 바른 것이었다면 그 약속을 실천할 수 있을 것입니다.

공손한 태도 역시 비슷한 개념입니다. 상대에게 공손한 태도를 보이는 것은 리더로서 꼭 필요한 인성입니다. 하지만 도를 넘어 지나치게 공손한 모습을 보인다면 자칫 비굴하게 보일 수도 있기에 예의범절에 맞게 공손함을 적절히 표해야 합니다. 그래야 상대로부터의 치욕에서 멀리할 수 있습니다. 예를 표하는 것에도 적절함과 절도가 있어야 합니다. 그러니 이런 리더들은 하는 일에 동기에 어느 정도 사사로움이 있다고 해도 존경할만하다 하겠습니다." 학이13

어느덧 토론은 중반을 넘어 결론을 향해 갔다. 리더(군자)가 되기 위해서는 배우고 익혀야 된다는 공자의 첫 가르침에 유자는 효제가 인의 기본이라 했고, 공자 역시 묻고 배우는 학문(學問)을 통해 먼저 사람이 되고 난 후에 책을 통한 학문

(學文)을 해도 늦지 않다고 했다. 효는 만행의 근본이라는 것에 공자와 여러 제자들은 어떤 간극도 없었다. 예의 또한 조화로운 사회를 위해 꼭 필요한 덕목임을 유자를 통해 듣고 있던 공자가 이번 토론의 기본 주제인 배움으로 다시 화제를 돌렸다.

"너희들은 진정 배움을 좋아하느냐? 배우기를 좋아한다는 것이 무엇을 의미하는지 생각해 보았느냐? 진정한 리더라면 먹을 때 배부르길 바라지 않을 것이다. 굶지 않을 정도만 되면 먹는 것에 대해 집착을 가지지 않아야 리더로 불리는데 모자람이 없을 것이다. 마찬가지로 진정한 리더는 거처할 때 편안함을 추구하지 않는다. 집이란 춘하추동 눈비 피하고 더위만 피하면 되지 대궐 같은 집에 살기를 바라지 않는 사람이다. 정말 리더다운 리더란 자신의 일에 누구보다 민첩하고 치밀하며 성실한 사람을 말한다. 신중하게 말하며 말이 행동을 앞서지 않는 사람이다. 주변에 진정한 현인이나 도를 따르는 사람을 찾아가서 그에게 옳고 그름을 배워 정진해 나가는 사람이 리더인 것이다. 그런 리더의 자세야말로 배우기를 좋아하는 사람의 표본인 것이다. 리더는 그런 태도로 배우기를 좋아하는 사람인 것이다. 그러니 학문을 즐겨한다고 하는 사람이, 혹은 배우기를 좋아한다고 하는 리더가 부와 권세에 목을 매고 있다면 그건 겉으로만 배우기를 좋아하고 겉모습만 리더인 척하는 가짜 리더인 것이다. 말과 행동이 다른 사람이고 앞뒤가 다른 위인인 것이다."

학이14

이번엔 자공이 마지막 토론 주자로 나서 공자에게 관련 질문을 한다.

"스승님이 저를 두고 하신 말씀 같습니다. 잘 새겨듣도록 하겠습니다. 여러분들이 잘 알듯이 저는 스승님의 은덕으로 우리 노나라에서 몇 손가락 안에 꼽히는 부를 일구었습니다. 하여 사람들이 저를 보고 배우기를 좋아하기보다는 부를 일구는데 더 뜻이 있지 않은가 하는 눈초리를 보내는 것 같습니다. 그래서 스승님께 감히 여쭙겠습니다. 저는 어려서 매우 가난했습니다. 하지만 그 누구에게도 아첨하지 않았습니다. 불평불만이 없는 것은 아니었지만 주어진 환경을 탓하지 않고 성실히 일한 결과 적지 않은 부를 일구게 되었습니다. 저는 부자가 되었습니다만 지난 어려웠던 시절을 생각하여 교만을 부리지는 않았습니다. 스승님, 제가 이렇게 살아왔다면 저는 배우기를 좋아한 사람이라고 말할 수 있을까요?"

공자가 잠시 생각을 하더니 빙그레 웃으면서 자공에게 말했다. "사야, 잘 살아왔구나. 그것도 괜찮지만 가난하면서도 즐겁게 살고 부유하면서도 예(禮)를 좋아하는 것보다는 못하다고 나는 생각한다. 가난하다고 모두가 불행한 것은 아니란다. 가난하게 보낸 시간도 너에겐 소중한 삶의 시간이 아니겠는가? 그러니 그 가난함을 인정하면서 한편으로는 즐거운 마음으로 살아갈 수 있다면 그게 더 멋진 인생이라 생각한다. 부유하면서도 다른 사람에게 뽐내지 않고 사는 것도 쉬운 일은 아니다만, 예에 맞게 조금 더 절도 있는 모습을 보인다면 사람들로부터 더 많이 존경받는 리더가 될 수 있기에 하는 말이다."

역시 리더인 자공은 스승의 가르침을 바로 알아차렸다. "스승님, 지금 하신 말씀은 더 노력하라는 말씀이지요? 시경에 이런 시가 있음을 알고 있습니다. 옥석을 가지고 옥 반지를 만들 때 톱으로 돌을 자르고, 자른 돌을 줄로 갈고, 반지 모형을 만들기 위해 정으로 쪼고, 다시 모래 종이로 윤이 나게 문지르라는 시가 있습니다. 지금 스승님이 저에게 내린 말씀이 바로 이를 두고 하신 말씀이 아니신지요? 절차탁마하라. 이 말씀이지요?"

공자께서 자공의 말을 듣고 크게 흡족해하시면서 한마디를 더했다. "기특하구나. 사(賜)야, 이제 너와 함께 시(詩)를 말할 수 있게 되었구나. 지난 일을 말해주니 앞일을 예견하고, 오래된 옛 시를 통해 미래를 통찰하는구나!" 학이15

공자와 네 명의 제자들 사이에 오간 토론이 막바지에 이르렀다. 공자가 말을 했다.

"자 이제 토론을 마칠 시간이 되었구나. 그럼 마지막으로 오늘 나왔던 내용을 정리해 보도록 하겠다. 오늘 너희들과 '학문의 내적 수양'에 관해 토론을 해 보았다. 오늘 내가 맨 처음 했던 말을 다시 한번 강조하면서 오늘 강론을 마쳐야 할 것 같다. 리더(군자)가 되기 위해서는 어떻게 해야 하는 것이 좋을까? 리더가 되기 위해서는 먼저 학습으로 스스로가 서야 하며, 친구를 비롯한 주변 사람들과 함께 잘 지낼 수 있어야 하고, 주변 사람들이 잘 알아봐 주지 못하는 것에 너무 마음을 두어서는 안 된다.

여기 마지막 문장을 생각해 보자. 리더는 다른 사람들에게 주도권을 빼앗겨서는 안 된다는 말이다. 다른 사람들이 나를 어떻게 평가하든지 그것에 마음의 상처를 받아서는 안 된다. 비록 하고자 하는 일이 많은 사람들에게 부딪쳐도 그게 세상의 법도에 맞는 일이라면 묵묵히 끌고 나가는 것이 리더인 것이다. 그게 군자의 길이라는 말이다. 그러니 남이 나를 알아주지 않는다고 걱정할 것이 아니라, 내가 남을 알아보지 못하는 것을 걱정해야 한다는 말이다. 내가 리더인데 사람들이 나를 몰라주는 것은 분명 마음 상하는 일이기는 하나, 거기엔 분명 어떤 연유가 있을 것이기 때문이다. 상대가 나를 알아주고 몰라주는 것이 중요한 것이 아니라 정작 중요한 것은 내가 상대를 잘 모르고 있다는 데 있는 경우가 더 많다는 말이다."

이렇게 학이편 토론이 끝났다. 학이16

02. 논어 위정편 의역(전문)

첫 번째 강론이 열리고 난 뒤 얼마 지나지 않아 두 번째 강론이 열렸다. 공자께서 먼저 입을 열었다.

"오늘은 학문의 가장 큰 활용이라 할 수 있는 정치에 대해서 토론해 보고자 한다. 세상에는 정치를 덕으로 하는 군주와 정치를 법으로 하는 군주가 있다. 덕으로 정치를 하는 것은 마치 북극성은 제자리에 있고 여러 별들이 북극성을 에워싸서 돌고 있는 것과 같은 이치로 자연스럽고 좋은 것이다." 위정01

정치로 말문을 열었던 공자께서 시경의 편집 이유를 설명한다.

"내가 그간 시 삼백 편으로 시경을 편집한 이유는 한 마디로 사람들 특히 리더들의 생각에 사악함을 없게 하려는 뜻이었다." 위정02

시(詩)와 시경(詩經)의 중요성을 언급한 후에 덕치(德治)와 법치(法治)의 차이를 들어 정치에 대하여 계속 이어나갔다.

"군주가 정치를 함에 백성들을 단지 정치적 법령으로만 이끌고, 백성의 잘못을 형벌만으로 다스린다면 어떻게 되겠는가? 백성들은 형벌이 무서워 법을 어기지는 않게 되지만, 자기 스스로의 잘못에 대한 부끄러움이나 수치심은 모르게 된다. 왜냐하면 이미 벌로써 자신의 잘못을 용서받았다고 생각하기 때문이다. 하지만 군주가 백성들을 덕으로 이끌고, 예의 정신으로 다스린다면 백성들은 자신의 잘못에 대한 부끄러움을 알게 되고 또 정치의 목적에도 도달하게 되는 것이다." 위정03

그러면서 공자는 자신의 일생을 되돌아보면서 정치에 대한 소회를 밝혔다.

"너희들이 보는 대로 나는 이미 일흔이 넘었다. 지난 칠십여 년의 세월이 한순간인 듯하구나. 나는 어려서 매우 미천했다. 아버지 얼굴은 기억에도 없으며 어머니마저 내 나이 열일곱에 돌아가셨다. 나는 열다섯에 공부하기로 마음을 먹었다. 돈도 권력도 없는 내가 미래를 위해서 할 수 있는 것은 학문을 파고드는 것만이 최선이라 생각했던 것 같다. 나름대로 열심히 공부한 결과 서른 즈음에는 학문적인 독립을 어느 정도 할 수 있었다.

너희들도 잘 알고 있듯이 지난 500여 년간 유지해오던 주나라의 종법 봉건제도 사회질서가 완전히 붕괴되어 덕의 정치와 예의 정치는 사라지고 법과 형벌로 정치를 하는 세상으로 바뀌었다. 제후들은 천자를 무시하고 스스로 패자가 되려는 욕심만 커진 세상이다. 제후들은 대부들의 등쌀에 힘을 잃고, 대부들은 가신들의 득세에 흔들리는 혼란한 세상이 되었다. 안타까움 속에 나는 500년 전의 덕치와 예치로 다스려지는 대동 사회를 꿈꾸면서 왕의 부름만을 기다리면서 공부를 해왔다. 하지만 나이 50이 되도록 대부(계손씨 맹손씨 숙손씨)들의 등쌀에 기를 피지 못하는 왕으로부터의 호출 기회가 나에겐 없었다. 그러다 드디어 51세에 중도재를 시작으로 단숨에 대사구라는 중요한 일을 맡게 되어 나는 최선을 다했다.

조국인 노나라를 주나라의 초기처럼 만들고 싶었기 때문이었다. 예의 정치와 덕의 정치를 펼 수 있도록 왕을 보필하고 틀어진 국정을 하나씩 바로잡는데 박차를 가했다. 적지 않은 성과도 있었지만 주변 강대국인 제나라의 간계와 아직도 정신 차리지 못한 대부(계손씨)의 농간에 나는 노나라를 떠나지 않을 수 없었다. 그리고 14년 동안 풍찬노숙 7개 나라 천하주유를 마치고 몇 년 전에 돌아와 지금에 이른 것이다.

내 나이 마흔에는 의혹이 없었다. 덕치와 예치로 우리나라는 강국이 될 수 있다는 것에 한 치의 의혹도 없었다. 하늘이 도와 50대 중반에 대사구가 되어 정치를 하는 천명을 얻었으나 뜻을 이루지 못했다. 열국을 떠돌아다니면서 보냈던 나의 60대는 그야말로 모든 것을 들어야 했을 뿐이었다. 내가 아무리 조언을 해도 7개국의 제후들은 나를 등용하지 않았다. 이제 70이 넘었으니 나의 마지막 소임을 다하고자 한다. 그래서 춘추를 지었고 시경을 편집했으며, 서경을 편찬했다. 아쉽지만 어쩌겠는가?" 위정04

학이(學而)편에서 사람이 학문(學問)을 한다는 것은 사람 됨됨이가 바르고 행위 또한 바른 것을 배우고 묻는 것이며, 먼저 인간다운 인간이 되는 것이 중요하다고 공자는 자주 말했다. 집에서는 부모님께 효도하고 사람들에게는 늘 공손해야 하며 제대로 된 인간이 된 후에 육예(六藝)와 같은 학문(學文)을 해도 늦지 않는다고 가르쳤다. 위정(爲政)편을 시작하면서 학문의 가장 큰 활용이라 할 수 있는 정치에 대한 공자의 가르침이 끝나자 이번에는 학문을 한 사람들은 집안에서 어떻게 처신을 해야 하는지에 대해 학문의 주제를 계속 이어나갔다. 공자는 먼저 효의 문제를 거론했다. 공자는 먼저 효를 주제로 일전에 공자의 수레를 몰았던 번지와 나누었던 이야기를 사례로 들었다.

“그날 맹의자가 나에게 효도란 무엇인가를 물었다. 그래서 나는 어기지 않는 것이라 대답을 해주었다. 맹의자가 떠나간 뒤 번지가 그 뜻이 궁금하여 내게 질문을 했다. 번지에게 자세히 설명을 해주었지. 그 의미는 부모가 살아 계실 때에는 예에 맞게 섬기고, 돌아가시면 예에 맞게 장사를 치르고, 예에 맞게 제사를 지내라는 뜻이었다고 말이다.” 위정05

“그 일이 있고 난 얼마 뒤에 이번에는 맹의자의 아들인 맹무백이 찾아와 또 효에 대해서 물었다. 그래서 그에겐 이렇게 말해주었다. ‘부모는 자식이 아프지는 않을까, 병들지 않을까를 늘 걱정하기 때문에 건강한 자신을 유지하는 것이 바로 효도를 하는 것이다.’라고 말해주었다. 맹무백의 몸 관리가 안 좋아 보였기 때문에 내가 그렇게 말한 것이다.” 위정06

맹의자, 맹무백 부자(父子)의 효에 관한 사례를 공자 곁에서 듣고 있던 자유가 물었다.

“스승님, 요즘 사람들이 행하고 있는 효도에 대해서 한 말씀 해주십시오.”

“요즘 사람들은 아침저녁으로 부모님께 밥상 차려드리는 것으로 효도를 다하고 있다고 생각을 하는데 효란 그런 것이 아니다. 집에서 기르는 개나 소에게도 아침저녁으로 먹이를 챙겨주고 있는데, 부모님에 대한 공경하는 마음이 빠진다면 개나 소에게 먹이를 주는 것과 무엇이 다르겠는가 말이다. 사랑하고 공경하는 마음이 없는 행위는 효도라 볼 수 없는 것이다. 효도의 근간은 물질에 앞서는 마음이다.” 위정07

자하(子夏)

그러자 이번엔 곁에 있던 자하가 효를 물었다.

"스승님, 효에 대한 다른 사례를 하나 더 들어 설명해 주십시오."

"부모 앞에서 한결같이 좋은 얼굴을 유지하기가 쉬운 일이 아니다. 하지만 그것을 잘하는 것이 효라 할 수 있다. 집안에 일이 있을 때 자식들이 부모의 노고를 대신하고, 맛있는 음식이 있을 때 부모께 먼저 드리는 것만으로 어찌 효를 다했다 하겠는가? 싫은 기색을 보이면서 부모의 일을 대신하고 있다면 그것을 보는 부모의 마음이 편하겠는가? 찡그린 자식의 얼굴을 보면서 그 음식이 제대로 입으로 넘어가겠는가?" 위정08

국가는 덕의정치가 기본이 돼야 하고 가정은 효가 기본이 돼야 하며 개인에겐 실천이 중요함을 강조했다. 이후 9장부터는 개인의 실천에 관련한 공자의 가르침이 이어진다. 학문 실천의 개인적인 모범사례로 먼저 안회로 예를 들었다.

"안회와 하루 종일 얘기해 보면 그는 단 한 번도 나의 뜻을 어기지 않았기에 얼핏 보기에 안회는 마치 자기 생각이 없는 어리석은 사람 같아 보였다. 그러나 물러난 뒤의 그의 사생활을 살펴보면 그는 나의 뜻을 잘 실행하고 있음을 볼 수 있었다. 안회는 내가 생각했던 그런 어리석은 사람이 절대로 아니다. 학문에 대한 가르침을 그 누구보다도 빈틈없이 실천하고 있는 제자임이 틀림없다." 위정09

그러면서 공자는 사람을 평가하는 기준과 3가지 방법을 가르쳤다.

"첫째로 그가 하는 행동이나 하는 짓을 보면 그가 어떤 사람인지 알 수 있다. 두 번째로 그가 걸어온 길을 살펴보면 그가 어떤 사람인지를 알 수 있다. 세 번째로 그가 어떤 것에 만족을 느끼는지를 관찰한다면 그가 어떤 사람인지를 알수 있다. 이렇게 그의 현재 행동을 보고, 그의 과거 행적을 살리고, 그가 편안해 하는 것이 무엇인지를 관찰해본다면 그 사람 됨됨이를 숨김없이 볼 수 있게 된다." 위정10

"이제 이번 강론의 본론으로 들어가 보도록 하자. 우리가 학문을 하는 이유는 분명하다. 학문, 학습, 공부로써 먼저 개인은 사람다운 사람이 되어야 한다. 가정도 국가도 그 기반은 모두 사람이기 때문이다. 그런 다음엔 가정을 세워야 한다. 그 다음엔 나라를 위한 큰 리더가 되어서 국가를 부강하고 만들고 백성들을 편안하게 하는데 기여해야 한다. 우리에겐 그런 군자가 필요하다. 그런 리더가 필요한 것이다.

그런 군자가 되기 위해서 우리는 무엇을 해야 할까? 어떤 정신을 가지고 살아야 할까? 너희들이 나를 스승이라고 여겨 따르는데 과연 내가 했던 일은 무엇이었나를 곰곰이 생각해 보면 나는 단지 공부하기를 좋아해 옛것을 배워 여러 사람의 질문에 답해준 것에 불과하다. 지난 것을 무시하지 않고 그것에서 좋은 것을 찾아 현실에 적용해보고 개선해보려고 노력을 했을 뿐이다. 사람이 하루아침에 만들어진 존재가 아니듯 지난 역사 또한 한두 사람이 뚝딱 만든 것이 아니다. 우리만큼이나 똑똑하다고 자부했던 과거 수많은 사람들의 합작품이 역사인 것이다. 우리보다 훨씬 현명하고 훨씬 지혜로운 사람들의 삶의 흔적이 옛날이라는 시간 창고에 가득하기 때문에 우리는 그것을 가져다 쓰기만 해도 된다. 거기에 우리의 생각을 조금 더 첨부하여 더 새롭고 더 유익한 것을 만들어 낼 수 있다면 그것은 정말 행운인 것이다. 우리는 과거라는 거인의 어깨에 쉽게 올라가 세상을 보는 식견과 안목을 가지게 되니 이 얼마나 복 받은 일이겠느냐?" 위정11

군자가 되기 위해 온고지신의 학습과 수양방법이 필요하다는 설명을 한 후 바로 군자란 과연 어떤 사람인가를 정의했다.

"군자는 어떤 사람이어야 하는가? 나는 군자를 이렇게 정의해보고 싶구나. 군자는 그릇이 아니다. 군자는 그 쓰임새가 한정된 그릇과 같이 이미 결정된 존재가 아니라는 말이다. 학문과정을 통해 한 단계 더 발전하려고 노력하는 사람이 바로 군자의 모습이다. 가정이나 사회, 국가를 이끌어 가는 리더는 일신우일신하는 노력을 멈추지 말아야 한다. 지난해와는 다른 모습, 다른 생각을 가져야 한다. 하는 일은 같다고 해도 무엇인가 조금 더 발전하고 무엇인가 조금이라도 더 개선되어 있는 모습을 보여주어야 한다." 위정12

자공(子貢)

옆에서 공자의 강론을 듣고 있던 자공이 군자에 대해 질문을 했다. 이에 공자가 답했다.

"군자는 말을 앞세우기보다는 행동을 앞세워야 한다. 군자는 말에 대한 책임을 져야 한다. 군자의 행동이 올바르면 사람들은 설사 군자가 말을 하지 않아도 그를 따르게 된다. 하지만 말은 번지르

르하게 하지만 행동이 바르지 않다면 사람들은 그를 따르지 않을 것이다. 위정13

"군자는 누구든지 평등하게 대해 차별을 두지 않지만, 소인은 사람들마다 차별을 두고 평등하게 대하지 않는다. 사람이 자기 마음에 들거나 이익이 되면 좋게 대하고, 자기 마음에 들지 않거나 이익이 되지 못하면 차별을 하는 것은 소인의 사람 대하는 방법이다. 사람 대하는 것의 기준이 개인적인 이익에만 편중되어서는 안 된다. 또한 사람을 겪어 보거나 일을 같이 해보기도 전에 미리 편을 가르고 차별적인 선입견을 가진다면 그 사람은 리더로서의 자격이 부족한 사람임이 확실하다." 위정14

"리더는 스스로 변화하는 사람이 되어야 하며 말보다 실천을 앞세우는 사람이 되어야 한다. 그런 리더가 되려면 어떠한 학습 자세를 가져야 하는지 생각해 보자. 학문에는 늘 생각이 뒤따라야 한다. 생각 없이 하는 공부는 시간이 지나면 남는 것이 없게 되기 때문이다. 자기 생각과 주관을 가지고 학습해야 한다. 배운 것을 어떻게 실천해 볼 것인가, 다른 것들과 어떻게 연관을 지어 볼 것인가를 쉼 없이 생각하면서 학업에 임해야 학습의 결과가 분명하게 남게 되는 것이다. 실행이 중요하고 심사숙고하는 것이 우리의 삶에 큰 도움을 주는 것이기는 하지만 사람은 배움을 놓아서는 리더가 될 수 없는 것이다. 작은 아이디어와 자신의 꾀만을 믿고 배우지 않는다면 그 결과는 위험하고 위태로운 상황을 만들 뿐이다. 그러니 배움의 끝을 놓아서는 안 된다.

일에 있어서도 마찬가지다. 일을 배우기만 하고 그 이치를 생각하지 않으면 그 일의 결과가 원하던 대로 되지 않는다. 실천이나 실행 없는 배움이란 그 끝이 허망하다는 말이다. 배운 것을 반복적으로 생각하면 그 배움이 더욱 공고해지기 때문이다. 또한 생각만으로 구상하여 정확한 배움 없이 어떤 일을 시작한다면 그 결과는 실패하기가 쉽다. 더욱 그것에 큰 투자를 하는 상황이라면 결과는 더욱 위태롭게 공산이 크다. 정확히 배우고 사업을 해도 그 결과를 장담할 수 없게 되는 것이 세상사이거늘 생각만으로 사업을 시작한다는 것은 위태롭기 짝이 없는 일인 것이다." 위정15

"학습에 있어 주의할 사항이 있는데 하나만 더 너희들에게 당부의 말을 하겠다. 정설이 아닌 사이비에 빠지면 이는 해로울 뿐이다. 정확하게 배우지 않고 들은 대로 생각하거나, 자기 마음대로 상대의 이론을 생각해 몰입하게 되면 이단에 빠지기 쉬운 법이다. 이단을 공부하거나 공격하는 것 역시 해로울 뿐이다. 정설이 아닌 이단을 접하게 되었을 때는 그것에 빠져서는 안 된다." 위정16

자로(子路)

"자로야, 내 옛날이야기를 하나 해야겠다. 네가 나를 찾아온 지 얼마 지나지 않았을 때 내가 너에게 알려준 것이 하나 있는데 혹시 기억하느냐? 안다는 것이 무엇인지, 사람이 제대로 알고 있는 것이 무엇인지를 말한 바가 있었다. 아는 것을 안다고 하고 모르는 것은 모른다고 하는 것이 진정으로 아는 것이라고 했다. 내가 당시 너를 보았을 때 너는 용감한 것을 좋아해, 자신이 알지 못하는 것도 억지로 안다고 떠벌리는 경향이 있어 내 그리 가르쳤던 것이었다.

그 이유는 간단하다. 알지 못하는 것을 지기 싫어 억지로 안다고 하면 다른 사람이 알려주려고 하지 않을 뿐 아니라, 본인 또한 제대로 알기를 구하지 않아 평생 알지 못하게 되는 폐단이 있다. 용맹을 좋아하거나 드러내기를 좋아하는 사람들에게서 나타나는 현상이기에 내 당시 너에게 미리 알려준 것이다. 다른 제자들도 마찬가지 아니겠는가? 조직에 필요한 리더로의 성장에 이런 배움의 자세가 누구나 필요하기 때문이다." 위정17

지금까지 학문의 외적 활용으로 국가, 가정, 개인으로 나누어 설명하고 리더가 되기 위한 학습과 수양의 방법에 관한 이야기를 조용히 듣고 있던 자장이 질문을 했다.

"스승님 어떻게 하면 저희도 녹을 넉넉히 받을 수 있는 고위직이 될 수 있을까요?"

평소 나서기를 좋아하고 성격이 진취적인 자장이 녹봉이라는 현실적인 문제에 관해 공자는 이렇게 대답했다.

"말과 행동이 올바르면 봉록과 지위는 저절로 따라오게 되어있는 것이다. 그러니 먼저 언행일치가 되는 사람이 되고자 노력해야 한다. 자신의 말에 책임지는 사람이 되어야 한다. 어떻게 하면 말에 책임을 지는 사람이 될까? 우선 많이 들으려고 노력해야 한다. 말을 많이 하려고 하지 말고 많이 듣는 것이 먼저라는 뜻이다. 현인들의 말씀을 많이 듣고 책을 통해 많이 배워야 한다. 주변의 어른들과 동료들에게도 많이 들어야 한다. 많이 듣고서 그중에 의심스러운 것은 빼놓고 그 나머지 확실한 것만 신중히 말한다면 허물이 적을 것이다.

자기의 말에 책임지는 사람이 되어야 하며 다음으로는 행동과 행실에 유의를 해야 하는데 그것은 어떻게 수련을 하는 것이 좋겠느냐? 그것도 그리 어려운 것만은 아니다. 현인들을 본받는 것이 가장 좋을 것이다. 혹은 다른 사람의 행동이나 행위를 많이 보고 그중에서 바르지 못한 것은 빼놓고 그 나머지 믿을 만한 것만 신중히 행한다면 후회가 적을 것이다. 말에 허물이 적고 행실에 후회가 적게 한다면 녹봉은 자연 따라올 것이다." 위정18

"자 이번에는 사례를 하나 들어 설명을 해보겠다. 오늘 토론의 주제인 학문의 외적 활용의 하나인 나라 통치에 관한 이야기인데 잘 들어보도록 해라. 오늘 토론 첫머리에서 세상에는 정치를 덕으로 하는 군주가 있는 반면, 정치를 법으로만 하는 군주가 있다고 했다. 덕으로써 정치를 하는 것은 마치 북극성은 제자리에 있고 여러 별들이 북극성을 에워싸서 돌고 있는 것과 같은 이치로 자연스럽고 좋은 것이라 했다. 또한 군주가 정치를 함에 백성들을 단지 정치적 법령으로만 이끌고 잘못을 형벌로서만 다스린다면 어떻게 되겠는가? 백성들은 형벌이 무서워 법을 어기지는 않게 되지만 자기 스스로의 잘못에 대한 부끄러움이나 수치심은 모르게 된다. 왜냐하면 이미 벌로써 자신의 잘못을 용서받았다고 생각하기 때문이다. 하지만 군주가 백성들을 도덕으로 이끌고 예의 정신으로 다스린다면 백성들은 자신의 잘못에 대한 부끄러움을 알게 되고 또 정치의 목적에도 도달하게 되는 것이라 말했다.

일전에 조정에서 임금님을 뵈었을 때 '어떻게 하면 백성들이 쉽게 복종을 할까요?'라는 질문을 내게 하셨다. 나이 어린 애공께서 여러 경대부들의 등쌀에 정치하기가 쉽지 않으셨음이 분명했다. 그래서 내게 조언을 얻으시려 했을 것이다. 그래서 내가 말씀드렸다. '강직하고 곧은 사람을 등용하여 굽은 사람들을 곧게 만들면 백성들은 임금님께 쉽게 복종할 것입니다. 하지만 곧지 못한 굽은 사람을 등용하여 곧은 사람 위에 놓아 결국 곧은 사람도 굽게 만든다면, 백성들은 임금님께 복종하지 않을 것입니다.' 정치는 사람이다. 누구를 등용하느냐가 절대적으로 중요하다는 말이다." 위정19

"비슷한 사례지만 하나 더 말하겠다. 계씨 집안의 종주인 계강자를 일전에 만났을 때 백성들로 하여금 윗사람을 존경하고 충성하게 하면서 서로 선을 권장하게 하려면 어떻게 해야 하는가를 나에게 이렇게 물었다.

이에 나는 이렇게 답해주었다. 백성 대하기를 위엄 있고 장엄하게 대하면 백성들이 공경할 것이오, 부모에게 효도하고 아랫사람을 자애롭게 대하면 백성들은 자연스럽게 충성할 것이오, 착하고 능력 있는 자를 등용하고 잘못하고 능력이 떨어지는 자를 가르치면 권장될 것이라 해주었다." 위정20

"어떤 사람이 나에게 왜 정치를 하지 않느냐고 물은 적도 있다. 그래서 이렇게 답해주었다. 정치란 바르게 하는 것이다. 바르게만 할 수 있다면 그게 바로 정치라는 말이다. 나라를 바르게 하는 것이 형벌과 법으로서도 가능은 하지만 도덕과 규범으로도 가능한 것이다. 집안을 위엄으로 바르게 할 수도 있지만 도덕과 사랑으로도 가능한 것이다. 나의 정치란 그런 것이다. 경대부가 되어 높은 위치에 앉아 권력과 강권으로 호의호식하면서 나라를 관리하는 것이 아니라 부모에게 효도하고 형제간에 우애 있게 하여 그것이 바로 가정을 바르게 하는 것이요, 나라를 바르게 하는 것이니 이게 곧 정치가 아니겠는가라고 말해주었다.

너희들도 알고 있겠지만 나는 늘 준비하면서 임금님의 부르심을 기다리고 있었다. 정치다운 정치를 하여 나라와 백성들을 편안하고 풍요롭게 하는데 일조를 하고 싶었다. 50여 년을 기다린 끝에 정공定公의 부르심을 받기도 했으나, 대부 계씨와 제나라의 농간에 오십 대 중반에 노나라를 떠난 것이다.

진정한 풀뿌리 정치는 나부터 바른 사람이 되는 것이다. 우리 집안부터 바르게 관리하면 되는 것이다. 그러면 우리 사회가 건강하게 되고, 나라도 건강하고 정의로운 나라가 될 것이다. 조금 전에 이야기했던 대부 계강자와 같은 고민은 없을 것이다. 자기 자신도 자기 집안도 제대로 관리하지 못하는 사람이 나라를 위한 정치를 하겠다고 하니 그런 사단이 일어나는 것은 어쩌면 당연한 일이 아니겠는가." 위정21

"자신을 바로 세우고, 집안을 제대로 관리하고 나라를 이끄는 훌륭한 리더가 되기 위한 여러 가지에 관해 오늘 여러분들과 격의 없는 토론을 했다. 자 이제 결론을 내야 할 시간이 거의 되었구나. 나라의 큰 정치도, 집안의 여러 대소사도 결국엔 신뢰를 기반으로 한다는 것을 너희들은 잊어선 안 된다. 사람이 신의가 없으면 사람 노릇을 제대로 할 수 없는 것이다. 큰 수레를 끄는 소의 멍에 끝에 채가 없다면 소와 수레를 어떻게 연결할 수 있겠느냐? 작은 수레를 끄는 말의 멍에에 거는 갈고리가 없다면 수레와 말을 어떻게 이을 수 있겠느냐? 모두 불가능한 일이다. 그러니 그렇게 되면 어떻게 수레가 굴러갈 수 있겠는가 말이다. 사람에게 믿음과 신뢰는 사람 노릇을 제대로 하게 하는 멍에 채와 멍에 갈고리와 같은 것이다. 사람 간의 관계에도 이런 핵심 고리가 매우 중요하다. 외형적으로 보면 왜소하기 짝이 없는 작은 쇠붙이 고리에 불과하지만 이고리가 허술하면 만사가 물거품이 되는 경우가 많다는 말이니 잘 알아 새겨야 하느니라." 위정22

토론이 마무리되어 갈 때쯤, 조금 전에 녹(祿)을 구하는 방법을 물었던 자장이 또 나섰다.

"스승님 마지막으로 질문을 하나 해도 되겠습니까? 지금까지의 가르침을 저희와 많은 사람들이 따른다면 이 나라는 앞으로 계속 유지될 수 있을까요? 10년 후 혹은 500년 후까지도 가능할까요?"

공자가 말에 힘을 주어 자장의 질문에 답을 했다.

"당연한 일이다. 은(殷)나라는 하(夏)나라의 예를 따랐으므로 무엇을 덜어내고 더했는지 알 수 있고, 주周나라는 은나라의 예를 따랐으므로 무엇을 덜어내고 더했는지 알 수 있다. 그러니 혹여 주나라를 계승하는 나라가 있다면 비록 100 왕조 이후라도 알 수 있을 것이다."

"스승님, 주나라를 계승하는 나라가 있다면 비록 100 왕조 이후라도 알 수 있다는 말은 무슨 의미인지 조금 더 설해 주세요."

"지금부터 500여 년 전 주나라를 장건한 문왕 무왕 주공을 생각해 보면 너도 바로 알 것이다. 은나라의 좋은 전통은 유지하면서 번성했던 주나라의 초창기 모습대로만 우리 노나라가 유지만 될 수 있다면 그렇다는 것이다.

나는 내 인생 전체를 들여 주나라의 초기 모습으로 돌아가려고 노력했다. 날이 새고 나면 나라의 일부분이 없어지고 수없이 백성이 죽어 사라지는 이 무도한 춘추시대의 한가운데 살고 있지만, 나의 꿈은 초기 주나라로의 복귀에 있었다. 그것이 정치로 가능하다고 믿었기에 나는 평생 정치를 하고 싶어 공부하고 준비하면서 왕의 부름만을 기다리고 있었다. 하지만 이제 나이 일흔을 넘고 보니 정치하기에는 이미 때가 다된 것 같다는 생각이 든다. 이제 이 모든 것을 너희들에게 넘기어야 할 것 같다." 위정23

"이제 오늘의 마지막 발언을 하도록 하겠다. 학이편을 통해 우리는 학문(學問)과 학문(學文)의 내적 수양과 활용을 토론했었다. 그리고 이번 토론에서는 학문의 외적 활용에 대해서 지금까지 토론을 했다. 학문의 외적 활용으로 국가, 가정, 개인으로 나누어 볼 수 있고, 국가는 덕의정치가, 가정은 효가, 개인은 온고지신의 정신이 필요하다고 말했다.

그것을 담당할 군자 즉 리더는 믿음과 용기를 가지고 스스로 변화하는 사람이 되어야 하며, 말보다 실천을 앞세우는 사람이 되어야 할 것을 나는 강조했다. 바르지 못한 정치가로 애공과 계강자를 실례로 들어 설명하기도 했으니 마음에 잘 새겼을 것이라 생각한다.

군자 즉 리더는 믿음이 있어야 한다. 지금까지 어떤 것이 국가를 위하고 가정을 위하고 개인을 위한 의로움 인지를 토론했다. 리더는 남다른 믿음과 용기가 있어야 한다. 제사 지낼 자기가 제사 지내야 할 조상신이 아닌데도 그에게 제사를 지내는 것은 아첨하는 일 이라는 것을 명심해야 한다. 또한 의義를 보고도 행하지 않으면 그것은 진정 용기가 없는 것이다. 너희들은 옳은 것을 보았다면 남다른 용기와 믿음으로 이를 행해야 한다. 이상으로 오늘의 토론을 마치도록 하겠다." 위정24

03 논어의 시작과 완성

기원전 중국의 역사는 하(夏)·은(殷)·주(周)·진(秦)·한(漢)으로 이어집니다. 하나라 400여 년(BC2000~BC1600), 은나라 550여 년(BC1600~BC1027), 주나라 800여 년(BC1027~BC256), 진나라 15년(BC221~BC206), 한나라 400여 년(BC206-AD220)입니다. 하나라는 우(禹)왕으로 시작하여 걸(傑)왕으로 막을 내렸고, 은나라는 탕(湯)왕으로 시작하여 주(紂)왕 때 막을 내렸습니다. 주나라는 문(文)왕과 그의 아들 무(武)왕, 무왕의 아들 성(成)왕, 무왕의 동생 주공(周公), 그리고 강태공(姜太公)에 의해 초기 국가의 기반을 잡은 나라로 이후 800여 년을 유지했습니다. 주나라는 다시 260여 년의 서주(西周; BC1027~BC771)와 510여 년의 동주(東周; BC770~ BC256)로 나뉘고, 동주는 다시 290여 년의 춘추(春秋; BC770~BC481)시대와 260여 년의 전국(戰國; BC480~BC221)시대로 나뉩니다.

춘추시대 말기를 살았던 공자(BC551~BC479)는 73세의 일기로 생을 마감했습니다. 당시 공자의 제자는 3000명을 넘나들었고 육예(六藝)를 익힌 뛰어난 제자만도 72명이 있었으며, 천하주유를 함께했던 10명의 핵심 제자와 십철(十哲)에는 들지 못했지만 현명한 직제자들이 여럿 있었습니다. 공자의 죽음과 함께 격랑의 춘추시대도 역사에서 막을 내리고, 260년 동안 7개 패권국이 진나라에 의해 모두 통합되는 전쟁의 역사 전국시대가 시작되었습니다.

공자가 죽고 수십 년이 흘렀습니다. 증자와 유자 그리고 그들의 제자들에 의해 최초의 논어가 편찬되었습니다. 공자가 생을 마감할 당시 증자(증삼 BC506~BC436)는 27세의 청년이었으며, 유자(유약 BC518년~BC458년)는 39세 아직 불혹도 지나지 않은 나이였기 때문에 증자와 증자의 제자들, 유약의 제자들이 주축이 되어 논어를 편찬했을 것으로 추정하고 있습니다. 노나라에서 노나라 논어(노론魯論)가 편찬되자 제나라에서도 공자의 제자들 중심으로 제나라 논어(제론齊論)가 편찬되었습니다.

공자 사후 제자들은 8개의 학파로 나뉘어 노나라, 제나라, 위나라 등 각국에서 활동을 했으나 공자라는 거인을 잃게 되자 그들의 결속력은 점점 약해져만 갔습니다. 공자가 죽던 해 송나라(혹은 노나라)에서 태어난 묵자(墨子)의 세는 상대적으로 커져만 갔습니다. 묵자는 한 때 신분 차별 없이 육예를 가르쳤던 유가의 문인들한테서 배웠으나 공자의 가르침에 불만을 품고 유가를 뛰쳐나가 차등 없이 사람들을 사랑하는 겸애사상을 중심으로 유가에서 주장하는 예와 악의 번잡함을 이유로 들어 반대했습니다. 하지만 묵가의 사상은 한무제가 유교만을 허락한다는 국가 지침을 정한 후 중국 역사에서 사라지게 되었습니다. 전국시대의 묵가사상은 유가보다 훨씬 강한 집단이었습니다. 묵자는 『묵자』라는 책을 남겼습니다.

묵자가 죽은 후 10여 년 후 맹자(BC372~BC289)가 태어납니다. 맹자가 활동했던 시기에는 유가는 많이 쇠하고, 묵가의 사상이 융성하였기에 맹자는 묵가가 유가를 위협하는 가장 큰 위험요인으로 생각하고 이들을 견제하고자 했습니다. 공자의 가장 어린 제자였던 증자는 공자의 손자인 자사를 가르쳤고, 자사의 문인들로부터 맹자는 공자의 사상을 전수받았습니다. 맹자는 묵자의 학문적인 영향을 직간접적으로 받았지만 공자 사상을 따르며 유가를 한 단계 더 발전시켰습니다. 맹자는 『맹자』라는 책을 남겼습니다. 장자(BC369~BC289)는 맹자와 비슷한 시기를 살면서 공자를 비평하기도 하고 존중하기도 하면서 도가사상에 집중했고 『장자』라는 책을 남겼습니다.

공자의 사상은 맹자와 순자를 통해 이론적으로 체계화됩니다. 덕을 숭상하고 내면적인 수양과 정신을 중시했던 공자-증자-자사-맹자로 이어지는 라인과 실행과 예의를 중시하고 객관적이며 현실성을 강조했던 공자-자하-순자로 이어졌습니다.

맹자보다 50여 년 뒤에 조나라에서 태어난 순자(BC323~238)는 공자를 이어받은 유가였지만, 인간의 본성은 원래 악하다는 주장을 했으며 예의와 함께 형벌의 올바른 사용을 강조해 이후 한비자(BC280 ~233)와 이사로 이어지는 법가사상의 시작을 알렸습니다. 순자는 『순자』 순자라는 책을 남겼고 한비자는 『한비자』라는 책을 남겼습니다. 공자 사후 260여 년간 격변의 전쟁상태인 전국시대가 이어지지만, 사상적으로는 제자백가(諸子百家)의 전성시대를 구가했습니다.

전국시대를 종식시킨 것은 진나라의 진시황이었습니다. 10대 초반에 왕이 된 진시황은 20대부터 10년 동안 치밀하게 준비하여, 30세 이후 10년 동안 한나라, 조나라, 위나라, 초나라, 연나라, 제나라를 차례로 무너트려 천하를 통일하고 진나라(BC221~BC206)를 세워 스스로 황제로 등극했지만 10년간 통치하다 50대 초반에 갑자기 죽었습니다.

진시황의 전국 통일 이후 진나라의 재상이었던 이사(李斯)의 주도하에 실용서적을 제외한 모든 사상 서적을 불태우고 유학자를 생매장하는 분서갱유(焚書阬儒) 사건이 발생했습니다. 이는 상앙(商鞅)·한비자(韓非子) 등의 법가(法家), 법치 노선을 비판할 수 있는 일체의 학문과 사상을 배격했기 때문이었습니다. 진시황은 법가를 중심사상으로 천하를 통일했지만 진나라는 통일한 지 15년 만에 역사에서 막을 내리고 한고조 유방에 의해 한나라(BC206-AD220)로 바뀌었습니다.

한나라를 세운 한고조(BC202-BC195) 유방이 죽고 난 뒤 30~40여 년이 지나자 나라에 안정이 찾아오자, 문제(BC180-BC157), 경제(BC156-BC141)는 유교로서 국정의 안정화를 기하고자 했습니다. 이에 분서갱유 이후 절벽이나 동굴 벽 사이에 숨겨져 있던 유가 경서(노론, 제론)들이 잇달아 발굴되기 시작했습니다. 6대 황제인 경제 때 공자가 살았던 고택의 벽 속에서 『상서』, 『예기』, 『논어(고론)』, 『효경』 등 수십 편이 나옵니다.

7대 황제 한무제(漢武帝; BC141~BC87)는 공안국(孔安國; BC156년~BC74년), 동중서(董仲舒)를 기용해 유교를 국교화하여 효와 충의 개념으로 국정의 안정화를 꾀하고자 합니다. 이때부터 유학을 제외한 법가, 음양가, 묵가, 명가, 종횡가, 병가, 농가, 소설가, 잡가 등 대부분의 제자백가들은 모습을 감추게 되었지요. 공안국은 공자의 11대 후손으로 이런 고문 경전들을 정리 하는 일을 했고, 이후 이를 보급 시키기 위해 많은 노력을 기울였습니다. 공안국의 제자로부터 『논어』를 배워 경학박사(博士)가 되었던 장우(張禹)는 11대 원제(元帝; BC48-BC33)때 태자에게 『논어』를 가르쳤고, 노론(魯論)을 근본으로 제론(齊論)을 가미하여 만든 현재 우리가 읽고 있는 논어의 최초본이라 할 수 있는 『장후론(張侯論)』을 만들었습니다.

그로부터 200여 년 후 후한의 정현(鄭玄; 127-200)이 『장후론』과 고론(古論)을 혼합하여 즉 노론을 중심으로 하여 제론과 고론을 감안하여 현재 판형의 논어로 편찬했습니다. 50여 년 후인 삼국시대 위나라 사람인 하안(何晏; 193?~249)이 《논어집해(論語集解)》를 편찬했고 비슷한 시기 위나라의 왕숙(195-256년)은 『공자가어』를 편찬했습니다.

우리나라에 논어가 처음으로 들어온 시기를 정확 알 수 없지만 『구당서(舊唐書)』의 기록에 '고구려는 거리마다 큰 집을 지어 경당(扃堂)이라 부르며 그곳에서 오경(五經)과 한서(漢書)등을 배운다'고 기록되어 있습니다. 이는 고구려 소수림왕 2년(372년) 대학(大學)을 세우기 이전에 이미 논어가 전해졌던 것으로 보입니다. 일본에 논어를 전해준 인물은 백제의 왕인(王仁)박사로 전해집니다.

04 논어의 구성

15000여 자(字)로 구성된 논어에는 150여 명의 다양한 인물이 등장하는데 그중 공자의 제자가 약 30여 명입니다. 논어는 20개의 편으로 구성되었습니다. 학이편, 위정편, 팔일편, 이인편, 공야장편, 옹야편, 술이편, 태백편, 자한편, 향당편, 선진편, 안연편, 자로편, 헌문편, 위령공편, 계씨편, 양화편, 미자편, 자장편, 요왈편 등입니다. 각 편명은 편의 시작되는 단어를 따서 붙였기 때문에 특별한 의미는 없습니다. 각 편은 작게는 3장 많게는 47장으로 구성되어 전체 500여 장을 이루는데 각 편의 주요 내용은 다음과 같습니다.

01 학이學而편(16장)	학습(4), 수신修身(5), 효와 군자君子(4)
02 위정爲政편(24장)	정치(5), 수신(6), 효(4), 군자(3), 지인知人(2)
03 팔일八佾편(26장)	예악禮樂(11), 정치(4), 군자(2), 도道(2)
04 이인里仁편(26장)	인仁(7), 언행言行(5), 군자(4), 도(4), 효(3), 예(2)
05 공야장公冶長편(28장)	제자평弟子評(14), 대부평大夫評(9), 공자의 당대 인물평
06 옹야雍也편(30장)	제자평弟子評(13), 인의예지仁義禮智(3), 공자의 당대 인물평
08 태백泰伯편(21장)	덕행과 수신에 대한공자의 가르침(17), 증가의 가르침(5)
09 자한子罕편(30장)	논어의 유명 어구들, 제자들이 공자의 덕행을 말하다
10 향당鄕黨편(22장)	공자의 일상 (식습관, 의복, 공적, 사적인 모습)
11 선진先進편(25장)	제자들과의 Q&A(1) : 안연, 자로, 염유, 민자건, 자장
12 안연顔淵편(24장)	제자들과의 Q&A(2) : 정치(5), 인(3), 군자(2), 자장(3)
13 자로子路편(30장)	나라를 위한 군자의 자세, 정치(6), 군자와 사士(6)
14 헌문憲問편(44장)	공직에 나가기 전에 먼저 사람이 되라. 군자, 언言

15 위령공衛靈公편(41장)	군자(11), 수신(8), 인(4) 군자의 수신修身
16 계씨季氏편(14장)	유구사, 익자삼우, 유삼건, 유삼계, 유삼외등 군자의 실천사항
17 양화陽貨편(24장)	공자의 인생지혜와 가르침
18 미자微子편(11장)	현자(殷有三仁)와 은자隱者, 광인
19 자장子張편(25장)	제자들의 (자장, 자하, 자유, 증자, 자공) 학문적 논쟁
20 요왈堯曰편(3장)	성인, 정치, 군

논어를 두 글자로 줄이면 학인(學人)입니다.

논어의 시작은 학이시습지불역열호(學而時習之不亦說乎), 논어의 마지막 어구는 부지언 무이지인야(不知言 無以知人也)로 '말을 알지 못하면 사람을 알 수가 없다'입니다.

논어의 첫 두 글자인 학이(學而)와 논어의 마지막 두 글자인 지인(知人)을 연결해보면 '학이지인(學而知人)'이 됩니다. 배우면 사람을 알게 된다. 혹은 배워서 사람을 알아야 한다. 이를 더 줄이면 '학인(學人)'이 됩니다. 배우는 사람이 되라, 혹은 사람됨을 배워라. 등으로 볼 수 있습니다. 세상을 살아가면서 리더로 살면서, 사람을 제대로 이해하는 것은 무엇보다도 중요한 일로 논어는 결국 '배우는 사람이 되라.' 혹은 '사람을 제대로 공부하라.'는 뜻으로 볼 수 있습니다.

논어는 군자학이고 리더학입니다.

제대로 공부하여 군자가 되고 군자가 되어 행복한 사회와 사람이 사는 국가를 만드는 리더가 되라는 큰 뜻이 논어 속에 서려있습니다. 논어는 군자학이고 리더학입니다.

각 편의 주요 내용은 현대 조직관점으로 바꾸어 보면 다음과 같이 쓸 수 있습니다.

01 학이學而편(16장)	리더로서의 교육과 인성함양
02 위정爲政편(24장)	효율적인 조직경영 전략과 리더의 자기개발
03 팔일八佾편(26장)	리더의 품위와 노블리스오블리제
04 이인里仁편(26장)	리더의 품성과 언행
05 공야장公冶長편(28장)	기업을 빛낸 경영자 연구보고서
06 옹야雍也편(30장)	조직 혁신을 이룩한 리더 연구보고서
07 술이述而편(38장)	핵심리더 양성 교육모델
08 태백泰伯편(21장)	중간리더 양성 학습 모델
09 자한子罕편(30장)	팔로워가 배우고 싶은 리더와 경영자
10 향당鄕黨편(22장)	최고경영자의 일상
11 선진先進편(25장)	조직의 핵심 임원 사례연구
12 안연顔淵편(24장)	조직의 핵심 임원 사례연구(2)
13 자로子路편(30장)	최고경영자와 도덕적 자세와 바람직한 모습
14 헌문憲問편(44장)	리더가 되기 전에 먼저 사람이 되라.
15 위령공衛靈公편(41장)	리더의 자기관리
16 계씨季氏편(14장)	현장에서 바로 활용하는 리더전략
17 양화陽貨편(24장)	일과 삶의 조화
18 미자微子편(11장)	역사에서 배우는 리더
19 자장子張편(25장)	리더들의 자유로운 토론 현장을 가다.
20 요왈堯曰편(3장)	경영자와 리더의 자세

05. 공자에 관한 주요 기록

(1) 『사기』, 「공자세가(孔子世家)」 사마천 BC91년

한무제(漢武帝) 때 역사가였던 사마천(BC145~BC86)은 황제(黃帝)시대부터 한(漢)나라까지 약 이천년의 역사를 다룬 역사서 『사기』를 BC91년에 완성했습니다. 사마천은 공자가 죽고 난 후 400여 년이 지난 시점에서 『사기』, 「공자세가(孔子世家)」편을 할애하여 공자의 전 생애에 관한 공식적인 일대기를 기술하게 됩니다. 당시 사마천이 연구했던 공자의 기록이 모두 사실이라고 믿기에는 의구심이 적지 않으나, 그가 어떤 의도를 가지고 기술했던지 공자에 관한 최초의 공식적인 기술이었던 점은 부인할 수 없습니다. 사마천이 『사기』,「공자세가」편에서 공자를 종합적으로 정리했지만 사마천 이전의 『묵자』, 『맹자』, 『장자』, 『순자』라는 책을 통해 공자의 모습을 간접적으로도 알 수 있습니다.

『사기』, 「공자세가」편을 완성하면서 사마천은 이렇게 소회를 남겼습니다.

"시경에 '높은 산은 우러러보고, 큰길은 따라간다'고 했다. 비록 거기에 이르지는 못하지만 마음은 그곳을 향해 있다. 내가 공자의 책을 읽을 때마다 그 사람을 생각했다. 노나라에 가서 중니의 사당에서 수레, 의복, 예기를 보았고, 유생들이 때마다 그 집에서 예를 익히는 것도 보았는데, 나는 그의 공경심에 그곳을 배회하며 떠날 수가 없었다. 많은 천하 군왕들과 현인들이 그 당시에는 영화를 누렸으나 죽고 나면 그만이었다. 공자는 평민이었지만 10여

대가 지나도록 학자들이 떠받고 있다. 천자왕후는 물론 중국에서 육예를 말하는 자들은 모두 공자를 기준으로 삼아 판단하다. 지극한 성인이라 할 수밖에 없구나!"

(2) 『사기』,「중니제자열전(仲尼弟子列傳)」 사마천 BC91년

사기 열전 67권(卷六十七). 중니제자열전(仲尼弟子列傳)은 이렇게 시작합니다.

공자孔子가 "가르침을 받고 6예에 통달한 사람이 77명이다."라고 했듯이 모두가 남다른 능력의 인재들이었다. 덕행으로는 안연(顔淵), 민자건(閔子騫), 염백우(冉伯牛), 중궁(仲弓)가 있었고, 정치로는 염유(冉有), 계로(季路)가, 언변으로는 재아(宰我), 자공(子貢)이, 문학으로는 자유(子遊), 자하(子夏)가 있었다. 사(師)는 치우친 점이 있고, 삼(參)은 느린 점이 있고, 시(柴)는 서툰 점이 있고, 유(由)는 거친 점이 있고, 회(回)는 아무것도 없이 가난했고, 사(賜)는 천명에 얽매이지 않고 재산을 불렸는데 예측마다 다 들어맞았다. 공자가 존경하며 대한 사람들로는 주(周)의 노자(老子), 위(衛)의 거백옥(蘧伯玉), 제(齊)의 안평중(晏平仲), 초(楚)의 노래자(老萊子), 정(鄭)의 자산(子産), 노(魯)의 맹공작(孟公綽)이 있었다. 자주 칭찬한 사람들로는 장문중(臧文仲), 유하혜(柳下惠), 동제백화(銅鞮伯華), 개산자연(介山子然)이 있었다. 공자는 이들보다 늦어서 같은 세대가 아니었다.

이어서 안회, 민손, 염경과 염옹, 염구, 자로, 재여, 재아, 자공, 자유, 자하, 자장, 증삼, 자우, 자천, 자사, 공야장, 자용, 계차, 증점, 안무요, 상구, 자고, 칠조개, 공백료, 사마경, 번수, 유약, 공서적, 무마시등의 제자를 소개합니다.

(3) 『공자가어』 왕숙(195-256년)

『공자가어』는 공자의 후손 혹은 제자들이 논어와 비슷한 시기에 저술되어, 진나라 진시황의 분서갱유의 화를 피해 벽속에 내려오다, 한나라 공안국(孔安國: BC156년~BC74년)이 이를 알보고 편찬했다고 합니다. 250여년 후 삼국시대 위(魏)의 왕숙(王肅: 195-256년)이 이에 다시 주석을 붙여 현재 전하는 『공자가어』가 되었는데, 『공자가어』는 공안국이 편찬한 원본에 왕숙이 좌전(左傳), 맹자(孟子), 순자(荀子), 예기(禮記), 사기(史記, 안자(晏子), 열자(列子), 한비자(韓非子)등을 참조하여 많은 부분을 첨가했다고 전해지나 확실치는 않습니다. 현재의 『공자가어』는 10권 44편으로 공자가 당시의 사대부(士大夫) 및 제자들과 서로 나눈 내용을 제자들이 보고들은 대로 기록한 정제되지 않은 다양한 글이 많습니다.

참고문헌 1

『현토석자구해 논어집주』 김혁제 교열, 명문당, 1994년

이이 栗谷 李珥, (1536~1584년) 조선시대 최고의 성리학자이자 정치가, 고향인 파주 율곡을 자신의 호로 삼았다. 13세에 진사 초시에 합격한 이래 모두 아홉 번의 과거에 합격하고 그중 일곱 번 장원을 했으며, 38세에 홍문관 직제학, 이듬해 정3품 우부승지가 되었고, 병조판서를 마지막으로 49세의 나이로 세상을 떠났다. 평생 학문과 저술에 힘써 제왕의 지침서인 『성학집요聖學輯要』, 선비들의 기본 교육서인 『격몽요결擊蒙要訣』 등 많은 저술을 남겼다.

오규소라이 지음, 임옥균외 옮김, 『논어징1,2,3』, 소명출판, 2015년

오규 소라이 荻生徂徠(적생조래, 1666-1728), 일본 에도江戶 중기의 유학자, 문헌학자, 사상가였다. 반 주자학朱子學적 태도와 현실주의적이고 정치적인 태도를 견지한 그의 사상은 소라이학으로 불리며 그의 대표저서인 "논어징"은 1763년, 조선에 들어왔다.

남회근 지음, 송찬문 번역, 『논어강의 상, 하』 마하연, 2018년

남회근南懷瑾(1918~2012년), 1918년 중국 절강성에서 태어난 남회근은 유교, 불교, 도교뿐 아니라 동서양 철학에도 두루 통달한 대가로 중국, 대만, 홍콩 등에서 큰 스승으로 존경받는 수행자, 교육가다. 서당식 교육으로 사서오경 제자백가를 공부했으며, 팔만대장경을 완독하고 티베트 밀교 고승으로부터 사사를 받았다. 1949년 대만으로 건너가 문화대학, 보인대학에서 강의와 저술에 몰두했다. 이후 줄곧 일반인과 전문가를 대상으로 유가, 불가, 도가 경전을 강의하면서 수많은 제자들을 길렀다.

성백효 『현토신역 논어집주 부 안설』, 한국인문고전연구소, 2013년

충남 예산에서 태어났다. 한학을 공부하고 민족문화추진회의 국역연수원 연수부와 고려대학교 교육대학원을 수료했다. 민족문화추진회 국역부와 단국대학교 동양학연구소 한한대사전 편찬원, 국방부 전사편찬위원회 책임연구원, 한국고전번역원 책임연구원을 거쳐 현재 한국고전번역원 부설 고전번역교육원 교수로 있으면서 동양 고전을 가르치고 있다.

김용옥, 『논어한글역주1,2,3』, 통나무, 2014년

충남 천안에서 1948년 태어났다. 도올 김용옥(金容沃)은 고려대학교, 한국신학대학, 국립대만대학(석사), 동경대학(석사), 하버드대학(박사)에서 생물학, 신학, 동서철학을 공부하였다. 원광대학교 한의과대학을 졸업하고 고려대학교 철학과 정교수를 거쳐 도올서원과 많은 대학에서 이 땅의 젊은이들을 가르치고 있다.

참고문헌 2

강신주, 『공자맹자,유학의 변신은 무죄』 김영사, 2014년

김경일, 『사서삼경을 읽다』 바다출판사, 2018년

김경집, 『인문학은 밥이다』 알에이치코리아, 2013년

김교빈,이현구, 『동양철학 에세이』 동녘,2003년

김성회, 『용인술』, 쌤앤파커스, 2014년

김세중, 『죽기 전에 논어를 읽으며 장자를 꿈꾸고 맹자를 배워라1,2,3』, 스타북스, 2013년

김영수, 『사마천,인간의 길을 묻다』, 와의서재, 2013년

김원중, 『인생을 위한 고전,논어』 휴메니스트,2017년

김학주, 『노자』 연암서가,2012년

김학주옮김, 『성학십도』 홍익출판사, 2001년

김학주옮김, 『순자』 을유문화사, 2014년

나준식, 『맹자』, 새벽이슬,2010년

남회근, 설순남옮김, 『맹자와 공손추』 부키, 2014년

남회근, 설순남옮김, 『맹자와 진심』 부키, 2017년

남회근, 신원봉옮김 ,『주역계사 강의』 부키, 2015년

도스토예프스키, 채동수옮김, 『죄와벌』 동서문화사, 2007년

리링지음, 황종원옮김, 『논어 세 번 찢다』, 글항아리, 2015년

링용팡 지음,오수현옮김, 『공자 지혜』, 북메이드, 2011년

미리내공방 편저, 『누구나 읽어야할 사서삼경』, 정민미디어, 2018년

바오펑산, 하병욺김, 『공자 인생강의』 시공사, 2012년

배병삼, 『논어, 사람의 길을 열다』 사계절, 2015년

법륜, 『금강경 강의』, 정토출판, 2018년

소준섭편역, 『사마천사 기56』 현대지성, 2017년

손잔췌편저, 진화편역, 『중국사 인물과 연표』, 나무발전소

신동준, 『난세의 인문학』 이담북스, 2015년

신영복, 『강의, 나의 고전독법』 돌베게, 2013년

신정근, 『공자의 인생강의』, 휴매니스트, 2017년

신정근, 『맹자 여행기』, h2, 2013년

신정근, 『동양철학,인생과 맞짱 뜨다』 21세기북스, 2014년

신창호, 『사서』, 나무발전소, 2018년

왕리췬 지음, 홍순도 옮김, 『진시황 강의』, 김영사, 2013년

유정년, 『맹자경영』 지식공감, 2017년

이노우에야스시지음, 양억관욺김, 『공자』, 학고제, 2013년

이덕인, 『내 인생의 논어 그 사람 공자』 옥당, 2012년

이민수, 『공자가어』 을유문화사, 2015년

이민수욺김, 『격몽요결』 을유뮨화사, 2012년

이수정, 『공자의가치들』 에피파니, 2016년

이우각, 『공자』 한림학사, 2015년

이을호, 『논어 고금주 연구』 한국학술정보, 2015년

이준희, 『공자의 논어 군자학』 어문학사, 2012년

이중천, 심규호 옮김, 『이중천, 사람을 말하다』 중앙북스, 2013년

이한우, 『논어로 논어를 풀다』 해냄, 2012년

이한우, 『논어로 맹자를 읽다』 해냄, 2015년

이한우, 『논어로 중용을 풀다』 해냄, 2013년

장만석, 『맹자에게 답을 찾다』, 머니플러스, 2016년

장승구외, 『동양사상의 이해』, 경인문화사 , 2003년
전용주, 『공자를 찾아가는 인문학 여행』, 문예출판사, 2018년
증선지지음, 소준섭편역 『십팔사략』 현대지성, 2016년
천쓰이지음, 김동민옮김, 『동양고전과 역사, 비판적 독법』, 글항아리, 2014년
최종엽, 『지금 논어』 더테라스, 2019년
최종엽, 『일하는 나에게 논어가 답하다』 한스미디어, 2016년
최진석, 『노자 생각하는 힘, 노자 인문학』 위즈덤하우스,2017년
프리초프카프카지음,김용정옮김, 『현대 물리학과 동양사상』, 범양사,2012년
한형조, 『왜 동양철학인가』 문학동네, 2013년
한형조 외, 『인문학 명강』 21세기북스,2013년
허성도, 『중국고전 명상』 사람과 책, 2006년
홍승직, 『대학중용』 고려원 북스,2005년
황태연, 김종록 『공자 잠든 유럽을 깨우다』 김영사,2015년
후웨이홍지음, 최인애옮김, 『노자처럼 이끌고 공자처럼 행하라』, 한스미디어, 2013년

에필
로그

10년이 지났지만

논어를 공부한 지 십년이 지났지만, 논어를 풀어 글을 쓴다는 것은 늘 처음처럼 어색하기만 합니다. 학위를 받으려고 했던 공부가 아니라, 그저 좋아서 했던 논어이기에 체계가 부족하고 논증이 서툴기만 합니다. 반도체 엔지니어로 십 년을 보내고, 인사와 교육업무로 십년을 더한 후, 자의반타의반 퇴직하여 인사컨설팅 회사를 경영했습니다. 나이 쉰이 넘으면서 천자문을 읽고 쓰고 외우면서 논어를 알게 되었습니다. 논어를 읽고 쓰고 외우면서 논어책을 출간하게 되고, 두 권이 되고, 이번에 다섯 권째 내게 되었습니다. 논어를 강의하고, 강의로 상을 받고, 논어로 TV 특강을 진행했습니다. 직장인으로 시작하여 인사컨설팅 대표를 거쳐 지금은 인문학 강사로 활동하고 있습니다.

논어를 공부한 지 십 년도 더 지났지만, 논어를 이해하기에 십 년은 턱없이 부족하다는 것을 해가 갈수록 더 느끼고 있습니다. 물론 컨설팅 회사를 경영하면서 틈틈이 논어 공부를 하다 보니 그렇다고 스스로에게 위안도 해보지만 핑계는 핑계일 뿐입니다. 학문적인 깊이는 천박하기 그지없지만 그래도 작은 위안은 하나 있습니다. 대기업에서의 직장생활과 현장에서 회사를 경영해본 경험은 논어를 이해하고 강의로 전달하는데 너무도 큰 자산임을 알고 있습니다.

논어를 공부한 지 십 년도 더 지났지만, 이제 겨우 지우학(志于學)을 했다고 생각합니다. 앞으로 계속 논어를 공부해야겠다고 뜻을 세우는 지난 십 년이었습니다. 앞으로 십 년을 더해 이립(而立)이 되어 논어로 독립할 수 있기를 기대하고 있습니다. 그리고 또 십 년이 지나 불혹(不惑)이 되어 그동안 함께했던 논어에 대해 다시는 고민이나 갈등하지 않고 흔들리지 않는 논어와 함께하는 삶을 고대하고 있습니다. 천운이 더해 다시 또 십 년이 가능하다면 지천명(知天命)을 이룰 수 있으면 좋겠습니다. 어떤 일을 40년을 하면 그게 바로 하늘로부터 받은 소명이나 천명이 아닐까 생각합니다.